Die Content-Revolution im Unternehmen

Klaus Eck
Doris Eichmeier

Die Content-Revolution im Unternehmen
Neue Perspektiven durch Content-Marketing und -Strategie

Klaus Eck
Doris Eichmeier

1. Auflage

Haufe Gruppe
Freiburg · München

Bibliografische Information der Deutschen Nationalbibliothek
Die Deutsche Nationalbibliothek verzeichnet diese Publikation in der Deutschen Nationalbibliografie; detaillierte bibliografische Daten sind im Internet über http://dnb.dnb.de abrufbar.

Print ISBN: 978-3-648-05617-2   Bestell-Nr. 10403-0001
EPUB ISBN: 978-3-648-05622-6   Bestell-Nr. 10403-0100
EPDF ISBN: 978-3-648-05627-1   Bestell-Nr. 10403-0150

Klaus Eck | Doris Eichmeier
Die Content-Revolution im Unternehmen
1. Auflage 2014

© 2014 Haufe-Lexware GmbH & Co. KG, Freiburg
www.haufe.de
info@haufe.de
Produktmanagement: Jutta Thyssen

Lektorat: Gabriele Vogt
Satz: kühn & weyh Software GmbH, Satz und Medien, 79110 Freiburg
Umschlag: RED GmbH, 82152 Krailling
Druck: fgb · freiburger graphische betriebe, 79108 Freiburg

Alle Angaben/Daten nach bestem Wissen, jedoch ohne Gewähr für Vollständigkeit und Richtigkeit. Alle Rechte, auch die des auszugsweisen Nachdrucks, der fotomechanischen Wiedergabe (einschließlich Mikrokopie) sowie der Auswertung durch Datenbanken oder ähnliche Einrichtungen, vorbehalten.

Inhaltsverzeichnis

Vorwort		7
1	Einleitung: Darum brauchen wir eine Content-Revolution	9
2	Der Blick zurück: Die Entwicklung der Content-Revolution	15
2.1	Vor dem Sturm: Content in der Zeit vor dem Internet	18
2.2	Die digitale Industrialisierung: Content im World Wide Web	21
2.3	Wegbereiter der Content-Revolution: Social Media	26
2.4	Content-Revolution und die postmoderne Content-Gesellschaft	28
3	Blick nach vorn: Content revolutioniert die Unternehmenskommunikation	35
3.1	Der Unterschied zwischen Content-Strategie und Content-Marketing	37
3.2	Der Content-Hype – warum gerade jetzt?	41
3.3	Viele Unternehmen zögern noch	45
3.4	Welche Ziele kann man durch Content-Engagement erreichen?	47
3.5	So machen Sie den Weg frei für Content-Strategie und -Marketing	48
3.6	Jede Content-Art besitzt einen eigenen Charakter	52
4	Ist-Soll-Analyse: So erforschen Sie Ihr Content-Potential	57
4.1	Vor dem Start: Die Bestandsaufnahme Ihres Content-Schatzes	62
4.2	Ist-Soll-Analyse der Stakeholder: Lernen Sie Ihr Publikum kennen!	72
4.3	Ist-Soll-Analyse aus Markensicht: Was macht Ihren Content einzigartig?	85
4.4	Analyse Ihrer Unternehmens-Prozesse: Wie entsteht Content?	92
4.5	Finale Analyse: Die drei Perspektiven auf einen Blick	96
5	Die Content-Strategie: Das Einbetten von Content-Strukturen in das Unternehmen	103
5.1	Content-Silos statt integriertem Management	106
5.2	Der Aufbau von Strukturen und Prozessen	111
5.3	Der moderierende Diplomat: die Aufgaben des Content-Strategen	113
5.4	Die Content-Strategie-Taskforce und ihre Aufgaben	120
5.5	Die Redaktion: Aufbau und Betrieb	122
5.6	Anforderungen an Technologielösungen	133
5.7	Die „Content Supply Chain" im Überblick	139

Inhaltsverzeichnis

6	**Das Content-Marketing**	**145**
6.1	Content als emotionaler Trigger durch Storytelling	150
6.2	Die Rolle von Social Media in der klassischen Customer Journey	172
6.3	Wie Sie den Content-Schock und die Content-Allergie durch gute Inhalte vermeiden	176
6.4	Content Curation: So lassen sich fremde Inhalte einbinden	178
6.5	Markenbotschafter übernehmen Verantwortung	191
6.6	Influencer Relations	193
6.7	Content-Vermarktung	198
6.8	Native Advertising	206
6.9	Content-Marketing mit Blogs	207
7	**So messen Sie den Erfolg Ihres Contents**	**211**
7.1	Relevanter Content & SEO	215
7.2	Die KPIs im Content-Marketing	218
8	**Budgetplanung für Content-Strategie und Content-Marketing**	**223**
8.1	Eine Content-Maschine gibt es nicht	227
8.2	So finden Sie den richtigen Content-Marketing-Dienstleister	231
9	**Von wegen Paukenschlag: Die Revolution kommt in leisen Schritten**	**237**

In eigener Sache	**243**
Klaus Eck	243
Doris Eichmeier	244
Abbildungsverzeichnis	**245**
Autoren	**247**
Quellenangaben	**249**
Stichwortverzeichnis	**257**

Vorwort

In der Dot-Com-Ära in den 90er Jahren hatte ich in einer kleinen Münchener Webagentur den wohlklingenden Titel „Senior Content Consultant". Klaus Eck kannte ich damals noch nicht persönlich — obwohl auch er in München arbeitete und das Thema Content ebenfalls bereits sehr ernst nahm. Das Gleiche bei Doris Eichmeier: Ich kannte sie noch nicht, obwohl sie zur gleichen Zeit als CIO „Chef Information Manager" einer Münchener Online-Agentur arbeitete. Heute kenne und schätze ich beide und ich weiß: Auch sie konzentrieren sich bereits seit über 15 Jahren auf die Qualität von Inhalten, vor allem im Netz. Deshalb konnten ihnen die konjunkturellen Wellen der Online-Branche nicht viel anhaben. Klaus Eck hat mit der Eck Consulting Group eine der einflussreichsten digitalen Beratungsfirmen im deutschen Sprachraum aufgebaut. Und Doris Eichmeier hat sich als Content-Strategin und -Managerin einen Namen gemacht.

Ich habe seit damals fast jeden Tag etwas über Inhalte im Web gelesen — vieles davon war vernünftig, einiges wichtig, manches originell. Trotzdem hatte ich beim Lesen dieses Buchs von Doris Eichmeier und Klaus Eck nie das Gefühl, nur etwas wiederzufinden, das ich schon kenne. Doris Eichmeier und Klaus Eck schreiben fesselnd, weil sie verstehen, was für ihre Leser wichtig ist. Sie wiederholen nicht Wörter und Slogans, die zum Ersatz für ihren Inhalt geworden sind. Sie bringen sogar das Kunststück fertig, von Content zu sprechen, ohne das Wort „Content" zu benutzen: weil sie erklären, warum Inhalte wichtig sind, was sie bedeuten und für wen sie etwas bedeuten.

Doris Eichmeier und Klaus Eck überzeugen, weil sie selbst von ihrer Botschaft überzeugt sind: Inhalte sind für Unternehmen im 21. Jahrhundert nicht eine Nebensache, die man Agenturen oder der PR- und Marketingabteilung überlassen kann. Inhalte gehören zum Kapital eines Unternehmens. Unternehmen heute müssen erklären können, was sie tun, wer sie sind und warum wir ihre Produkte kaufen sollen. Als Kunden begegnen wir Unternehmen nicht mehr vor allem in Geschäften und Büros. Wir begegnen ihnen in Medien, vor allem im Internet. Wenn sie uns als Konsumenten dort nicht ernst nehmen, dann nehmen wir sie genauso wenig ernst. Dann unterscheiden wir sie nicht von ihren Wettbewerbern. Wir verstehen sie nicht, weil sie sich nicht verständlich machen.

Content ist immer komplex, weil er in Beziehungen besteht: Beziehungen zu Empfängern und Sendern von Botschaften, Beziehungen zu Themen und Ideen, Beziehungen zu Partnern und Konkurrenten. Wer erklären will, warum Inhalte wichtig

Vorwort

sind, muss diesen Beziehungen nachgehen. Doris Eichmeier und Klaus Eck verlieren sich nicht in diesem Geflecht, und sie verwirren ihre Leser nicht. Sie gehen vielen Fäden nach und zeigen ihren Lesern, wie sie verknüpft sind.

Doris Eichmeier und Klaus Eck nehmen die verschiedenen Perspektiven ernst, aus denen man das Thema „Unternehmens-Content" sehen kann — von der Produktion über das Management bis zum Marketing. Ob Sie Entscheider sind, ob Sie selbst Inhalte für Unternehmen erstellen oder ob Sie sich einfach über eines der wichtigsten Themen der Kommunikation im 21. Jahrhundert informieren wollen: Sie erfahren, warum Unternehmen heute zu Publizisten von Inhalten werden, und Sie erfahren vor allem, wie man dieses Thema angeht. Dabei hilft Ihnen, dass sich die Autoren auf die wichtigen Punkte konzentrieren, und es hilft Ihnen, dass sie eine Fülle von Beispielen und Hintergrundinformationen kennen und teilen.

Als Autor kann man von den beiden lernen, wie man ein komplexes Thema durchleuchtet und verständlich macht, ohne es zu Tode zu sezieren. Sie schreiben über Inhalte mit Mehrwert, und sie schreiben selbst Inhalt mit Mehrwert. Sie verbinden die Perspektive des Unternehmens und ihre Erfahrungen als langjährige Berater mit der von Kunden und langjährigen Autoren. In ihrer Schreibweise kommt zum Ausdruck, dass guter Inhalt auch bei Unternehmen nur dann seine Zwecke erreicht, wenn er nicht nur Mittel zum Zweck ist, sondern wegen seiner Qualitäten gepflegt wird.

Als Leser profitieren Sie von einem über Jahre gewachsenen und durchdrungenen Wissen. Die Autoren dieses Buches hatten schon begriffen, dass Unternehmen im Web durch Inhalte überzeugen müssen, als andere noch daran zweifelten, dass Unternehmen das Internet überhaupt brauchen. Sie haben viele und unterschiedliche Unternehmen beraten — darunter einige der größten in Europa. Sie haben sich mit den wichtigsten Fachleuten für dieses Thema auseinandergesetzt. In diesem Buch fassen sie zusammen, was sie dabei gelernt haben.

Wenn Sie heute für ein Unternehmen oder eine Organisation kommunizieren, dann schaffen Sie Inhalte. Vielleicht haben Sie noch nicht gemerkt, dass Sie selbst zu den Autoren Ihrer Firma gehören, wenn Sie E-Mails, Facebook-Postings oder Erklärungen verfassen. Doris Eichmeier und Klaus Eck helfen Ihnen zu verstehen, wie Sie Ihr Unternehmen mit diesen Inhalten am wirksamsten unterstützen. Und sie zeigen Ihnen, dass Sie damit Teil einer Revolution der Unternehmenskommunikation sind — der „Content-Revolution", deren Folgen wir erst zu ahnen beginnen.

Heinz Wittenbrink

Designierter Leiter des Studiengangs „Content-Strategie/Content Strategy" an der Fachhochschule Joanneum Graz

1 Einleitung: Darum brauchen wir eine Content-Revolution

Bestimmt kennen Sie den Ausruf: „Marken müssen zu Medien werden!" Auf unzähligen Podien und Online-Medien ist er derzeit zu hören und zu lesen. Unterlegt wird er gerne mit den Paradebeispielen Red Bull und Coca-Cola: Die erste Marke war Ursprung eines mittlerweile riesigen Medienapparats und man hat den Eindruck, dass dieser mittlerweile wichtiger ist als das eigentliche Produkt, die rosa Brause. Die zweite Marke bekam eine neue Corporate Website, das Online-Magazin Coca-Cola Journey, und publiziert seitdem fleißig aktuelle Lifestyle-Artikel. Nun, was bedeuten solche Markenbeispiele für andere Unternehmen? Müssen auch sie ihre Marken zu Medien machen, um in Zukunft zu überzeugen?

Um es vorweg zu nehmen: Ja, die Richtung dieser Forderung stimmt. Viele Unternehmen erleben derzeit gesättigte Märkte mit enormen Preis- und Konkurrenzkämpfen und leiden an einem grassierenden Schwund der Kundenloyalität. Eine geradezu verfahrene Situation, aus der eine neue Qualität und Intelligenz des Unternehmens-Contents der Ausweg sein könnte. Womöglich ist er der entscheidende Wettbewerbsvorteil, um Kunden und andere Stakeholder (etwa potenzielle Bewerber) in diesen schwierigen Zeiten zu überzeugen.

Aber lassen Sie uns realistisch bleiben: Niemand erwartet, dass eine B2B- oder B2C-Marke zu einem Medienhaus in red-bull'scher Dimension mutiert. Markenunternehmen haben etliche Aufgaben zu bewältigen, um den Erfolg ihrer Marken sicherzustellen — die Kommunikation samt den dazugehörenden Inhalten ist eine davon. Vielleicht sollte man deshalb das Postulat „Marken müssen zu Medien werden" weniger effektheischend formulieren, zum Beispiel so:

> **! WICHTIG**
>
> Markeninhaber müssen künftig auch das publizistische und verlegerische Handwerkszeug exzellent beherrschen und es zu Gunsten ihrer Marke einsetzen.

Richtig angewandt, sorgt dieses Handwerkszeug für langfristigen Erfolg: für eine stärkere Markenausstrahlung, für eine neue Qualität der Kommunikation, für kaufentscheidende Impulse entlang der Customer Journey — und gleichzeitig für jede Menge Einsparungen. Selbst mit kleinen Budgets kann vieles bewegt werden. Dazu braucht es aber Konsequenz, Entschlossenheit und Geduld. Es müssen neue Strukturen und Prozesse aufgebaut werden, die über die Grenzen der Marketing-

Einleitung: Darum brauchen wir eine Content-Revolution

abteilung hinausgehen und viel frischen Wind in die Organisation bringen. Fakt ist: Content-Strategie und Content-Marketing verändern die gesamte Unternehmenskommunikation auf Dauer. Was auf Unternehmen zukommt, ist eine Content-Revolution. Genau darum geht es in unserem Buch. Wir wollen zeigen, was Unternehmen tun müssen, um davon zu profitieren.

Aktuell kursieren dazu Unmengen an Ratschlägen à la „So funktioniert's und nicht anders". Viele solcher Modelle sind sehr interessant und inspirierend, doch manche haben etwas geradezu Dogmatisches an sich. Wir sind der Überzeugung: Ein Modell muss sich dem Unternehmen anpassen und niemals umgekehrt. Jedes einzelne Unternehmen mit seinen besonderen, einzigartigen Strukturen und Prozessen braucht eine besondere, einzigartige Content-Strategie. Nur wenn es diese als Basis besitzt, kann es effektives Content-Marketing betreiben, das langfristig zum Erfolg beiträgt.

Wir sehen unser Buch deshalb als Sammlung voller Vorschläge, Inspirationen und Praxis-Tipps, die zum Teil sehr detailliert ausfallen. Wir beschreiben viele Beispiele und lassen zahlreiche Experten zu Wort kommen. Das bedeutet aber nicht, dass Unternehmen all diese Ratschläge als Ganzes zu befolgen hätten — vielmehr hoffen wir, dass sie das Buch wie einen Baukasten nutzen, aus dem Ideen und Ratschläge herausgeholt und an die Bedürfnisse des Unternehmens angepasst werden können.

Das Buch richtet sich an

- Entscheider, die erfahren wollen, ob und wie Content-Strategie und Content-Marketing den Unternehmenserfolg beflügeln,
- alle Mitarbeiter, welche die Bedeutung von Content-Strategie und Content-Marketing bereits erkannt haben und nun gute Argumente und Ideen brauchen, um Entscheider und Kollegen von ihrer Notwendigkeit zu überzeugen.

Manche Unternehmen quält dabei die Sorge, dass sie nicht genug Inhalte hätten, um von diesem Trend profitieren zu können. Diese Sorge können wir nehmen, denn das ist normalerweise eine absolute Fehleinschätzung. Meist ist sogar das Gegenteil der Fall: Unternehmen wissen oft nicht, wie viele Inhalte sie haben, mit denen sie reüssieren könnten! Oder, wie es der ehemalige CEO von Hewlett-Packard (HP), Lew Platt, ausdrückte: „Wenn HP wüsste, was HP weiß, wären wir dreimal so profitabel."

Einleitung: Darum brauchen wir eine Content-Revolution

> **! ACHTUNG**
>
> Nebenbei bemerkt: Den Begriff „Content" also solches muss man nicht mögen, dafür haben wir Verständnis. Dennoch ist er ein praktikabler Oberbegriff für alle Arten von Publikationen und Veröffentlichungen — von der Rede des Vorstandsvorsitzenden bis zum Video und Facebook-Post. Er steht für alle Arten an Inhalten, mit denen ein Unternehmen mit seinen Stakeholdern in Kontakt tritt. Deswegen benutzen wir diesen Begriff.

Das Buch haben wir in folgende Kapitel aufgeteilt:

Kapitel 2. Der Blick zurück: Die Entwicklung der Content-Revolution

Um zu verdeutlichen, dass wir es bei Content-Strategie und Content-Marketing keineswegs mit einem substanzlosen Trend zu tun haben, der aus dem Nichts aufgetaucht ist und sich irgendwann wieder in Luft auflöst, ordnen wir zunächst die Bedeutung des Contents in der Kommunikation historisch ein. Wie kamen wir in die Kommunikationskrise, in der wir heute stecken? Und welche Rolle spielten dabei die Online-Medien?

Kapitel 3. Der Blick nach vorn: Content revolutioniert die Unternehmenskommunikation

In diesem Kapitel bieten wir eine klassische Einführung und schildern den aktuellen Stand des Content-Trends: Warum findet er ausgerechnet jetzt statt? Welche konkreten Auswirkungen wird er auf Unternehmen und seine Dienstleister haben? Und was genau ist unter Content-Strategie und was unter Content-Marketing zu verstehen?

Kapitel 4. Ist-Soll-Analyse: So erforschen Sie Ihr Content-Potential

In diesem Kapitel schildern wir ausführlich, wie Sie die Qualität Ihres Content-Bestands ermitteln und Inspirationen und Verbesserungsvorschläge für die Zukunft bekommen. Häufig werden diese hier besprochenen Aufgaben übersprungen nach dem Motto: „Genug geredet, wir wollen jetzt endlich anfangen!" Wir meinen jedoch, dass Ihr Content eine wunderbare Basis ist, um die Erwartungen Ihrer Stakeholder kennenzulernen, um herauszufinden, wie stark der Content auf Ihre Marke einzahlt, und was Ihr Unternehmen in der Lage ist zu realisieren. Warum sollten Sie diese Chance nicht nutzen?

Einleitung: Darum brauchen wir eine Content-Revolution

Kapitel 5. Die Content-Strategie: Das Einbetten von Content-Strukturen in das Unternehmen

Welche Strukturen und Prozesse sollten zunächst in einem Unternehmen entstehen, damit ein erfolgreiches Content-Marketing möglich wird? Wie sieht ein Content-Workflow aus? Wer kümmert sich um den Aufbau der Content-Strategie und seine Realisierung? Und was genau macht ein Content-Stratege? Grundlegende Fragen wie diese werden in diesem Kapitel beantwortet.

Kapitel 6. Das Content-Marketing

Je besser die Content-Strategie funktioniert, desto gelungener ist das darauf basierende Content-Marketing. Dieses besteht jedoch aus weit mehr als dem Produzieren von Artikeln und Videoclips. Es geht auch um das Vernetzen und Nutzen unternehmensexterner Inhalte (Content Curation) und natürlich auch zu einem gewichtigen Teil um die konsequente Vermarktung Ihrer eigenen Inhalte. Wie man hierbei vorgehen und wie man Markenbotschafter, Social Media und andere Medienkanäle zur Vermarktung einsetzen kann, erfahren Sie in diesem Kapitel.

Kapitel 7. So messen Sie den Erfolg Ihres Contents

Hier beschreiben wir, auf welche Weise man den Erfolg und ROI von Online-Content bestimmen und messen kann und welche KPIs sich dafür eignen können.

Kapitel 8. Budgetplanung

Welche Kosten kommen auf Unternehmen zu, wenn sie es ernst meinen mit Content-Strategie und Content-Marketing? Und wie findet man den passenden Dienstleister?

Kapitel 9. Ausblick: Die Zukunft kommt in leisen Schritten

Hier wagen wir einen kleinen Blick in die Zukunft: Wie werden sich Content-Strategie und Content-Marketing entwickeln und welche Auswirkungen werden sie auf Unternehmen und die Branche der Kommunikationsdienstleister haben?

Wir hoffen, dass Ihnen das Buch genug Ideen und Inspirationen bietet, um die Realisierung von Content-Strategie und des Content-Marketings in Angriff nehmen zu können. Und natürlich freuen wir uns sehr darüber, wenn Sie uns Feedback geben.

Einleitung: Darum brauchen wir eine Content-Revolution

Übrigens: wenn wir „er" schreiben, also die männliche Form verwenden, meinen wir damit auch Frauen! Gerade die Disziplinen Content-Strategie und Content-Marketing sind voller erfahrener weiblicher Experten. Diese Disziplinen wurden zu einem großen Teil von Frauen aufgebaut und die Entwicklung in den USA wurde entscheidend von Frauen geprägt, etwa von Kristina Halvorson, Karen McGrane, Margot Bloomstein, Colleen Jones, Rebecca Lieb, Ahava Leibtag, Rahel Anne Bailie, Hilary Marsh und viele, viele weitere. Deshalb wollen wir nicht starten, ohne einen deutlichen Hinweis hierauf zu hinterlassen. Es wäre sehr schade, wenn dies hierzulande nicht entsprechend wahrgenommen würde.

Klaus Eck

Doris Eichmeier

2 Der Blick zurück: Die Entwicklung der Content-Revolution

*„Wenn wir wollen, dass alles bleibt, wie es ist,
dann ist es nötig, dass alles sich verändert."*

*Fürst Tancredi, Figur im Roman „Der Gattopardo"
von Giuseppe Tomasi di Lampedusa*

Welches Ansehen genießen Content-Produktion und Content-Management aktuell? Leider noch kein recht gutes, trotz des großen Hypes, der gerade stattfindet. Wie kam es zu ihrem schlechten Image? Warum wurden sie über lange Zeit stiefmütterlich vernachlässigt — und warum brauchen wir heute das Gegenteil davon: die Konzentration auf eine Content-Revolution? Werfen wir dazu einen Blick auf die geschichtliche Entwicklung.

Die Bedeutung des Contents beginnt sich seit einigen Jahren zu wandeln, langsam, aber dennoch wahrnehmbar. Inzwischen erkennen viele an, wie wichtig Content als Treibsatz für die Wirtschaft ist. In der heutigen Echtzeitkommunikation haben Marken die Chance, über ihre Inhalte direkt auf die Kundenbeziehungen Einfluss zu nehmen. Content gilt als wirksamer Unterstützer, wenn nicht gar Ersatz von PR und Werbung, deren Wirkung immer mehr zu verblassen scheint. Sogar das Wording in der Kommunikationsbranche ist mittlerweile „content-freundlich": In Agenturen und Unternehmen entstehen neue Berufsfelder wie Content-Marketer, Director of Content, Chief Content Office, Content-Strategen, Content-Manager, Content Architects und Content Creators. Doch Achtung vor der Schlussfolgerung, dass Content-Verantwortliche nun eine wichtige Rolle spielen, auch wenn Marketiers und PR-Manager ein altes Mantra immer und immer wieder zum Besten geben: Content is King! Jede Woche lesen oder hören wir diesen Satz in den Fachmedien. Aber lassen Sie sich nicht täuschen. Das ist eine einzige Illusion, die mit der Realität wenig gemein hat. Durch Wiederholung wird eine — bisher noch leere — Phrase leider nicht wahrer. Wenn Sie jemand zum König erheben wollen, dann Ihre Kundschaft — und nicht ein bloßes Instrument, mit dem Sie diesen erreichen wollen. Content ist kein Selbstzweck. Er dient dazu, Ihre Kunden glücklich zu machen, die eigene Reputation zu verbessern und, natürlich, mehr zu verkaufen.

Doch wenn man die Best Practices, die gerne genannt werden, genauer betrachtet, muss man feststellen: Viele davon sind lediglich eng konzipierte Content-

Der Blick zurück: Die Entwicklung der Content-Revolution

Marketing-Versuche, die das Potential nicht ausschöpfen. Red Bull, Adidas, Coca-Cola, E-Plus und Schwarzkopf gehören zu den raren Ausnahmen, die im Content-Marketing aus dem Vollen schöpfen. Wie viele weitere Beispiele kennen Sie? Das ist also der aktuelle Stand: viel Hype, wenig Realität. Doch neue Studien belegen ein wachsendes Interesse an Content-Strategie und Content-Marketing. Mehr als ein Drittel der Kommunikationsabteilungen in Unternehmen, Verwaltungen und Verbänden schätzen Content-Marketing als „sehr wichtig" oder „eher wichtig" ein.[1] Und laut „B2B Online-Monitor 2014 — Kings of Content"[2] gaben 79 Prozent der befragten Unternehmensvertreter an, dass sie das Content-Marketing für eines der wichtigsten Themen der nächsten zwei Jahre halten.

Laut einer Erhebung des Fachverbands Forum Corporate Publishing FCP (mit dem Schweizer Marktforschungsinstitut Zehnvier) verfügen Unternehmen, die mindestens 250 Mitarbeiter haben, im Durchschnitt über ein Jahresbudget von 430.000 Euro für Content. Das klingt alles vielversprechend und kündigt ein großes Wachstum an. Dennoch sollte man sich über die Content-Wirklichkeit hierzulande keine Illusionen machen: Das meiste Geld wird eher in Technologien und die IT-Infrastruktur gesteckt. Texter, Journalisten, Fotografen und andere Content-Kreative hingegen werden nicht besonders gut bezahlt. Der Durchschnittslohn eines freien Journalisten lag beispielsweise laut dem „Bericht der Bundesregierung zur Lage der Freien Berufe", der vom Bundeswirtschaftsministerium herausgegeben wird, monatlich bei mageren 1.583 Euro (2013).

Worum geht es also im Kern, wenn heutzutage Journalisten, Agenturen, Berater, PR- und Marketing-Verantwortliche vom Content-Marketing schwärmen? Sie möchten in erster Linie ihre jeweilige Bedeutung hervorheben und ihre Rolle als Vorreiter bestätigen und ihre Arbeit legitimieren.

Ein Trend, der viele Kommunikationsbranchen betrifft

Viele Agenturen und Serviceunternehmen versuchen derzeit, vom Content-Strategie- und Content-Marketing-Trend zu profitieren. Das hat einen triftigen Grund: Viele von ihnen stecken selbst in der Krise, weil ihre bisherigen Services immer weniger funktionieren.

PR-Agenturen: Die Öffentlichkeitsarbeit leidet am grassierenden Medienschwund, sie hat zunehmend Probleme, News und Themen zu platzieren. Das Interesse an weiteren Aufgaben rund um Content — etwa Corporate-Publishing-Formate und Storytelling — ist deshalb groß.

---

[1] Social-Media-Trendmonitor 2014 von der dpa-Tochter News Aktuell und Faktenkontor.

[2] http://www.b2b-online-monitor.de.

Werbeagenturen: Sie kämpfen seit Jahren mit einer schwindenden Werbeakzeptanz, gepaart mit Loyalitätsverlust der Verbraucher. Dies ist der Digitalisierung der Medien geschuldet, die diesen eine völlig neue Freiheit in der Rezeption gibt und die sie in vollen Zügen auskosten.
Corporate Publisher: Kundenmagazine in Print allein reichen nicht mehr aus, Inhalte müssen heute selbstverständlich online veröffentlicht und vermarktet werden und als Kommunikationsanreiz dienen.
Social-Media-Dienstleister: Nach Jahren des Aufbaus von Social-Media-Kanälen müssen einige desillusioniert feststellen: Ihnen fehlen der inspirierende Content und die dazu nötigen Content-Mechanismen.
SEO-Experten: Weil Google durch seine Updates immer mehr die Qualität des Contents in den Mittelpunkt stellt, entdecken auch SEO-Experten die Bedeutung qualitativ hochwertigen Contents und betten es in ihre Beratungsleistungen ein.
IT-Unternehmen: Die zum Teil sehr komplexen Content-Tools — von denen konventionelle Content-Management-Systeme nur einen geringen Teil ausmachen — machen eine intensive Betreuung der Kunden notwendig. IT-Berater positionieren sich deshalb auch als Unternehmensberater für Content-Strategien.
Eine jeder Dienstleister hat also gute Gründe, um die Trends Content-Strategie und Content-Marketing für sich zu nutzen. Ihre Fülle macht aber deutlich: Im Ursprung haben wir es nicht mit vielen einzelnen Dienstleister-Problemen zu tun, sondern mit einem generellen Problem, das in den Tiefen der beauftragenden Unternehmen wurzelt. Fehlen dort jedoch die nötigen Content-Strukturen und -Prozesse, können die Dienstleister nicht allein dafür verantwortlich gemacht werden, wenn ihre Kommunikationsunterstützung nicht die erhoffte Wirkung entfaltet.

Es scheint beinahe so, als wären die Kommunikations- und Marketingleute bei einem Adligen in die Lehre gegangen, der eine wichtige Rolle im Roman „Der Gattopardo"[3] von Giuseppe Tomasi di Lampedusa spielt: bei Fürst Tancredi. Er sagt: „Wenn wir wollen, dass alles bleibt, wie es ist, dann ist es nötig, dass alles sich verändert." Damit rechtfertigt der Adlige seine Unterstützung des Revolutionärs Garibaldis, dessen Revolte in der Mitte des 19. Jahrhunderts die Einigung Italiens unter bürgerlichen Vorzeichen erreichte.

Fakt ist also: Von einer wahren Content-Revolution sind wir noch weit entfernt. Aber es gibt einige deutliche Vorzeichen, auf die wir in Kapitel 2.4 zu sprechen kommen werden. Im deutschsprachigen Raum gehen wir ohnehin zurückhaltender mit Revolutionen um, allein der Hype um Content-Strategie und Content-Marketing ist

---

[3] Giuseppe Tomasi di Lampedusa: Der Gattopardo. Piper, 26. Auflage.

uns schon unheimlich. In dieser Hinsicht sind die Vereinigten Staaten wesentlich weiter, Content-Marketing wird dort längst gelebt. Wir aber distanzieren uns stattdessen lieber von dem neuen Wording, um es dann mit Verve ins Spiel zu bringen und die Veränderung in den Unternehmen zu unseren Gunsten voranzutreiben.

Aber kann das so funktionieren? Sind das notwendige evolutionäre Veränderungen? Oder macht es nicht vielmehr Sinn, einen radikalen Schnitt zu machen und den Blick aufs Ganze zu lenken und eine „Content-First-Kultur" zu entwickeln? Wir meinen, dass genau das gut wäre: Lassen Sie uns über eine Content-Revolution im Unternehmen sprechen, die wirklich ihren Namen verdient! Die Wertigkeit des Contents hat sich in den vergangenen Jahrzehnten gewandelt. Seine Rolle wurde in der Tat neu definiert. Wer heute mit Content erfolgreich sein will, muss dafür härter arbeiten denn je. Alles muss auf den Prüfstand, alle Content-Assets, die es bislang bei Ihnen gibt, sollten Sie mit einer gewissen Skepsis betrachten, weil vieles davon seit einiger Zeit nicht mehr funktioniert. Die Website zum Beispiel hat ihre Geschichte, die sie zu einer gewissen Bedeutung in den Organisationen geführt hat. Aber leider bildet sie nur die Unternehmenswirklichkeit ab und wird kaum mehr den Bedürfnissen der Stakeholder gerecht.

Denken Sie komplett neu und lassen Sie sich auf die Content-Revolution ein, die wir Ihnen im Laufe dieses Buchs vorstellen. Es lohnt sich aus mehreren Gründen, die wir ebenfalls in diesem Buch vorstellen werden. Doch zunächst werfen wir einen Blick zurück, um die Anfänge des digitalen Umbruchs einzuordnen.

2.1 Vor dem Sturm: Content in der Zeit vor dem Internet

Wenig revolutionär — verglichen mit heutigen Entwicklungen — war Content in der Offline-Zeit, in der die Menschheit sich lange eingerichtet hat. Inhalte waren klar strukturiert, ihre Verteilung durch eindeutige Prozesse geregelt. Die Massenmedien erhielten ihre heutige Bedeutung erst im 20. Jahrhundert. Vorher war es sehr schwierig, viele Menschen in kurzer Zeit medial mit Unternehmensbotschaften zu erreichen. Die Geschichten wurden eher in kleinen Runden verbreitet. Schon damals, in der vordigitalen Zeit, galt im Sinne des Cluetrain-Manifestes, in dem 1999 Thesen für die New Economy formuliert wurden: Märkte sind Gespräche. Seit Jahrhunderten setzen Organisationen auf Storytelling und Empfehlungen. Schon immer kam es in der Kundengewinnung und bei der Reputation auf den richtigen Inhalt an. Im Unterschied zu heute hatten Unternehmen allerdings nicht so vielfältige (multimediale) Möglichkeiten, ihre Geschichten zu inszenieren und zu ver-

2 Vor dem Sturm: Content in der Zeit vor dem Internet

breiten. Der Content, über den Unternehmen ihre Kunden damals erreichten, war oftmals nicht schriftlich fixiert, sondern wurde eher in Form von Mundpropaganda verbreitet. Das Empfehlungsmanagement spielte eine enorme Rolle. Daraus entstanden später in den Zeitungen und Zeitschriften CaseStudy bzw. Fachbeiträge, über die man seine Referenzen und Kompetenzen zeigte.

Wie man Autofahrer mit Content motiviert(e)

Zu den ersten europäischen Beispielen für Content-Marketing gehört der Reifen-Hersteller Michelin, der um 1900 ein Kundenmagazin namens „Michelin für Autofahrer" herausbrachte. Daraus wurde im Laufe von 25 Jahren der renommierte Restaurant- und Hotelführer, den wir heute kennen. Anfangs ließ Michelin 35.000 Exemplare des „Guide Michelin" drucken und gratis an die französischen Autofahrer verteilen. Ziel war es, diese zum Autofahren anzuregen, denn in dem Buch gab es zahlreiche Reisetipps. Zudem wurde erläutert, wie man seine Autoreifen wechselt. Im Jahre 1926 führte Michelin die Restaurantbewertungen mit den Sternen ein, die bis heute als Güteausweis für Restaurants gelten.

In der Anfangsphase war Content-Marketing wie bei Michelin größtenteils Corporate Publishing. Die Printobjekte wurden häufig direkt gratis an die Kunden verschickt, aber auch zum Teil, wie heute üblich, kostenpflichtig am Kiosk angeboten. Bis heute haben Unternehmen immer viel in ihre Kundenzeitschriften investiert und dafür oft renommierte Journalisten gewonnen, um darüber ihre Reputation zu verbessern und die Kundenbindung zu stärken. Nicht umsonst wächst der Corporate-Publishing-Markt seit Jahrzehnten. In den vergangenen Jahren entwickelte sich zudem der digitale Bereich des Corporate Publishing enorm. Solche Magazine sind in der Regel dann besonders erfolgreich, wenn sie nicht zu produktorientiert sind, sondern vor allem auf gute Geschichten setzen.

Radio und TV als neues Umfeld für Corporate Content

In den Zeitungen haben Unternehmen frühzeitig Anzeigen geschaltet (oder diese gleich ganz finanziert). Doch erst mit dem seit 1933 als Volksempfänger sich rasch verbreitendem neuen Massenmedium Radio konnten Millionen Menschen gleichzeitig erreicht werden. Erste Anfänge des Storytellings von Unternehmen im Radio gab es in den 30er Jahren des 20. Jahrhunderts. Es war das erste Massenmedium, über das Unternehmen mit ihren Werbebotschaften täglich Millionen Menschen synchron erreichen konnten. Mit den Soap Operas entstand ein spannendes Werbeumfeld für Marken, die darüber zum Teil täglich ihre Stakeholder erreichten. Als einer der ersten hat damals der Waschmittel-Konzern Procter & Gamble regelmäßig in den USA eigene Radio-Soaps für ein Millionenpublikum produziert. Dem folgten in den 50er Jahren von Unternehmen produzierte nordamerikanische TV-Serien, die sich allerdings zu Beginn nur große Marken leisten konnten.

Der Sender sendet, der Empfänger empfängt — so funktionierten die Massenmedien

Unternehmen mussten daneben ihren Content immer gezielt distribuieren, um ihre Zielgruppen zu erreichen. Deshalb waren Adressen von Anfang an ein wertvolles Gut im Push-Marketing. Wer seine Adressaten kannte, konnte ihnen werblichen wie fachlichen Content zukommen lassen. Dabei haben es Unternehmen gelernt, in langlebige Informationen wie Produktbeschreibungen, -Datenblätter, -Kataloge sowie Bedienungsanleitungen zu investieren. Das war lange Zeit der übliche Corporate Content. Der Nutzen dieser Informationen hat sich den Lesern in der Regel schnell erschlossen. Demgegenüber hatten werbliche Botschaften immer ein schnelles Verfallsdatum. Ihr Informationswert war sehr kurzlebig und hinterließ nichts Bleibendes, sieht man von Imageeffekten ab.

In den Content selbst steckten Unternehmen eher wenig Geld, hingegen in Gestaltung und Verbreitung sehr viel mehr, weil das in der Vor-Internet-Zeit sehr aufwändig war. Ohne eigene Adressen potenzieller Kunden waren Unternehmen auf die Medien und Direktmarketer ungleich stärker angewiesen als heute. Damals war es für Kunden eher mühsam, sich selbst aktiv über ein Unternehmen zu informieren. Im Prinzip war der Zeitschriftenversand ein hochwertiges Mailing an die eigenen Kunden, das sich vom reinen Katalogversand durch sein journalistisches Selbstverständnis abhob. Allerdings gab und gibt es auch Übergänge, wenn man die Magaloge betrachtet, die eine Mischung aus Katalog und Zeitschrift darstellen.

Die Digitalisierung veränderte die Medienlandschaft grundlegend

Content ist ein neumodischer Begriff, der erst in den 90er Jahren eine gewisse Popularität erlangte. Vorher waren Inhalte sehr eng mit ihrer Formatierung verbunden. Wir haben Bücher, Zeitschriften und Zeitungen auf Papier gelesen und die Inhalte mit dem Trägermedium verbunden. Es macht keinen Sinn, die Ideen davon losgelöst zu betrachten. Texte wurden hierarchisch definiert, es gab einen Anfang und ein Ende eines Textes oder Buchs. Selbst die Musik war mit dem Radio, den Kassetten, Platten und CDs scheinbar verbunden. Die Tonträger gaben dem Content seinen Namen. Der Film wiederum wird über Kino, TV, Videokassetten, Laserplatten und erst seit einigen Jahren über DVDs und Blue-ray distribuiert.

2 Die digitale Industrialisierung: Content im World Wide Web

Mit ihrer Elektronisierung und Digitalisierung veränderten die sogenannten Neuen Medien in den 90er Jahren alles. Content verlor seine bisherige Form, löste sich vom Physikalischen und wurde dadurch leichter kopierbar, vernetzbar und verbreitbar. Mit dem Internet hat sich der Begriff Content durchgesetzt. In der Folge bezeichnet der Content die Vermarktbarkeit aller Inhaltsformate. Content ist weit mehr, als der Begriff in seiner puren Übersetzung mit Inhalt suggeriert: Er ist ein vermarktbares und distribuierbares Handelsgut. Niemand wundert sich mehr über Content-Manager oder Content-Marketing als Terminologien. Content impliziert eben neben den redaktionellen Aufwendungen auch technologische und vermarktungstechnische Anforderungen. Erst in dieser Zeit der digitalen Industrialisierung — während der Besiedlung des Webs — konnte der Corporate Content seine ganze Kraft entfalten und seine enorme Bedeutung in den Unternehmen erhalten.

2.2 Die digitale Industrialisierung: Content im World Wide Web

Angesichts einer vollen E-Mail-Box und eines umfassenden Angebots an Informationen im Netz ist es vermutlich auch für Sie kaum mehr vorstellbar, dass es einmal eine Zeit ohne schnellen Zugriff auf Content gegeben hat. Erinnern Sie sich noch an die Anfänge des Word Wide Web, als Content ein rares Gut war und die Onliner mit Modemgeschwindigkeit auf den Seitenaufbau warteten? Von einem Information Overload und einer Wissensgesellschaft sprach damals kaum jemand. Erst langsam nahmen die freien Online-Angebote zu. Bis Mitte der 90er Jahre gab es erst einige wenige Millionen Onliner in Deutschland. Die ersten Internetnutzer konnten sich in Diskussionsforen und Chatrooms einloggen und mit einander interagieren. Mailboxen gab es schon in den 70er Jahren. Deren Nutzung war damals jedoch relativ teuer und für viele zu kompliziert. Wer sich schon in den 80er Jahren im Internet bewegen wollte, musste viele Computerbefehle beherrschen und mit komplizierten Programmen und dem Akkustikkoppler umgehen können.

Freier Content für Onliner? Noch vor wenigen Jahren nicht selbstverständlich

Freie Inhalte waren im Netz nur für Eingeweihte schnell zu finden. Der Content war oftmals in Datenbanken versteckt und in der Regel nur kostenpflichtig zugänglich. Eine Flatrate für den Online-Zugang gab es viel später. Stattdessen zählte jede Minute für den normalen Onliner. Insofern war „frei zugänglicher" Content anfangs relativ rar gesät. Unternehmen hatten ihre ersten Auftritte auf Compuserve,

Der Blick zurück: Die Entwicklung der Content-Revolution

T-Online, MSN, AOL und in den Mailboxen. 1986 hatte der Online-Dienst der Deutschen Bundespost namens Btx gerade einmal 60.000 Nutzer. Im Jahre 1993 wurde es in Datex-J integriert und später wurde es zum Teil von T-Online. Erst 1996 stieg die Zahl der T-Online-Nutzer auf eine Million.

Ebenfalls erst im Boom des Internets ab Mitte der 90er Jahre sind immer mehr kommerzielle und private Inhalte ins Web gestellt worden. Dabei waren die ersten Websites sehr einfach gestrickt, von einer guten Usability konnte nicht die Rede sein. Es kam auf den Text, nicht auf Bilder an. Auf diese haben viele zu Beginn lieber verzichtet, weil dadurch teure Ladezeiten entstanden. Multimedia-Inhalte setzten sich erst gegen Ende der 90er Jahre mit der steigenden Schnelligkeit des Internetzugangs durch. Mit dem Start des World Wide Web und der Entwicklung der ersten Browser entstand eine Infrastruktur, die es Organisationen und Privatpersonen erlaubte, ihren Content jederzeit auf einfache Weise online zu stellen und diesen abzurufen.

1993 begann der Siegeszug des Internets

Am 6. August 1991 ist mit der CERN von Tim Berners-Lee die erste Website für die Öffentlichkeit online gegangen. Das war der Startschuss für den Erfolg des Internets. Der Mosaic-Browser erleichterte ab Frühjahr 1993 den Zugang auf Websites, von denen es damals gerade einmal 130 gab. Im Vergleich dazu gab es 2012 insgesamt 630 Millionen Websites. 1994 folgte der Netscape Navigator, der das Surfen im Netz weiter popularisierte. 1997 gingen erst 4,1 Millionen Menschen in Deutschland gelegentlich online. Bis zum Jahr 2000 stieg die Zahl allerdings auf 18,3 Millionen. Das waren damals 28,6 Prozent der Bevölkerung. Zu diesem Zeitpunkt setzte sich auch Google zwei Jahre nach seiner Gründung gegenüber andere Suchmaschinen durch und machte den Content auffindbar. „Das Internet hat eine Verfügbarkeit auch von hochwertigen Informationen gebracht wie niemals zuvor in der Geschichte", erläutert der Verlagsberater Erhardt F. Heinold. „Nachrichten, Finanzinformationen, lexikalisches Wissen, Sprachwörterbücher, aber auch Fachinformationen und sogar wissenschaftliche Inhalte. Dazu kommt mit Google eine Suchmaschine, die mir auf jede Frage eine Vielzahl von Links zu kostenfrei verfügbaren Inhalten liefert. Da gibt es für immer weniger Inhaltssuchende einen Grund, für Informationen zu zahlen."

Unternehmen entdecken das Internet

Ab Mitte der 90er Jahre gingen die ersten Unternehmen ins Netz. Ihre Webangebote waren damals in der Regel einfache digitale Visitenkarten mit rudimentären Informationen über das jeweilige Unternehmensangebot. Für den Auftritt wurden Agenturen beauftragt, eine hübsche Website zu erstellen. Dementsprechend waren es oft nur bunte multimediale Werbebroschüren, die alte Ansätze ins Digitale übertrugen.

2 Die digitale Industrialisierung: Content im World Wide Web

Viele KMUs und selbst große Unternehmen bauten anfangs statische Websites in HTML auf. Dafür benötigten sie nur wenige Inhalte. Doch schnell wurde ihnen klar, dass sich auf diesem Weg komplexe Redaktionsprozesse nicht wirklich abbilden lassen. Also entstanden Content Management Systeme (CMS) zur Organisation dieser Prozesse, die anfangs sehr komplex und teuer waren. Das alles hat zur Professionalisierung von Webauftritten beigetragen, denn durch die CMS können Inhalte jederzeit in einem standardisierten Prozess auf unterschiedlichen Medienkanälen in unterschiedlichen Kontexten publiziert werden.

Während die ersten Websites noch mit Handarbeit aufgesetzt wurden, entstand die Position eines Webmasters, der entweder technisch oder konzeptionell die Verantwortung für den Online-Auftritt eines Unternehmens erhielt. Häufig war seine Rolle in der IT angesiedelt, die sich außerdem um die Ausrüstung der Mitarbeiter mit Rechnern und deren Sicherheit kümmerte. Content wurde dadurch sehr oft als technologische und organisatorische Herausforderung betrachtet: Zu den Aufgaben der Webmaster gehörte es, zu gewährleisten, dass sich jede Abteilung auf der Website des Unternehmens wiederfindet.

Die 90er waren eine Zeit des digitalen Wilden Westens, in der alle experimentierten und es noch unklar war, wo die Grenzen dieser Entwicklung verlaufen. Die Skepsis gegenüber dem Internet war in der Gesellschaft und den Medien sehr groß. Einerseits gab es eine große Aufbruchsstimmung. Schließlich schien es grenzenlose Freiheiten im Netz zu geben. Andererseits berichteten die Medien, wie gefährlich und unberechenbar das Web doch sei. Onliner seien schließlich im Netz alle nur einen Klick von Pornographie, Kriminalität und Radikalen entfernt. Lange Zeit hielt sich sogar die Idee, dass das Web ein rechtsfreier Raum sei, obwohl die nationalen Gesetze längst im Bereich des Digitalen galten.

Content ist (noch) nichts wert

Kein Wunder also, dass in diesem Umfeld Unternehmen sehr konservativ und vorsichtig agierten. Es war für sie noch nicht einzuschätzen, ob sich ein Investment ins Internet lohnt. Auf den Content schien es daher den Unternehmen nicht anzukommen. Es wurden viele Inhalte aus dem Print kostengünstig direkt übernommen und für den digitalen Bereich adaptiert, ohne dessen Besonderheiten zu berücksichtigen. Von einer crossmedialen Nutzung des Contents war man weit entfernt — und ist es oft leider heute noch. Selbst ein gutes CMS bewahrte ein Unternehmen nicht unbedingt davor, eine schlechte Website zu entwickeln und in die Content-Falle zu tappen.

Der Blick zurück: Die Entwicklung der Content-Revolution

Das nahm manchmal seltsame Auswüchse an. So meint Meike Leopold, die Senior Manager Social Marketing bei Salesforce ist: *„Es kam früher häufig vor, dass schön designte Websites gebaut wurden und den Projektleitern dann kurz vor knapp dämmerte, dass da auch etwas draufstehen muss. Dieser Content wurde dann häufig in einer Hauruck-Aktion erstellt – ohne Kommunikationskonzept und zu möglichst günstigen Preisen. Der Inhalt musste sich in die bereits vorhandene Struktur einfügen. Eine Website sollte jedoch genau umgekehrt entstehen: Erst die Kommunikationsstrategie, dann Navigation und Texte, dann die Umsetzung in Design und Technik. Ich habe den Verdacht, dass die Technik in vielen Unternehmen auch heute noch die erste Geige spielt."* Über die Auswirkungen dieser technologischen Betrachtung der Unternehmen werden wir noch in den späteren Kapiteln zu sprechen kommen.

Die Professionalisierung der Webauftritte

Warum besuchen Onliner eine Website eines Unternehmens? Sie wollen sich über das Angebot informieren und erfahren, mit wem sie es zu tun haben. Stattdessen boten in den Anfängen viele Webauftritte nicht viel mehr als eine bunte Visitenkarte. Dass das zu wenig war, wurde bald vielen Entscheidern klar. Sie suchten daher Auswege aus dem Dilemma, eine eigene teure Redaktion aufbauen zu müssen. Nach der Einführung eines CMS reduzierten zudem viele den Aufwand für den Betrieb einer Website und sparten am Content selbst. Das führte dazu, dass sich Produktmanager auf einmal in Content-Manager verwandelten und ihre Inhalte selbst online stellen sollten. Auf aufwändige Qualitätskontrollen verzichtete man dabei lieber. Die wenigsten neugebackenen Content-Manager kannten einen Content Life Cycle, der genaue Abläufe für das Online-Publishing und Freigabemodalitäten vorsieht. An die Stelle der redaktionellen Kontrolle trat stattdessen das leichtfertige Publizieren von Online-Inhalten.

> **! WICHTIG**
>
> Nach Ansicht des Crossmedia-Publishing-Experten Heinold sollte ein CMS immer den gesamten Content Life Cycle unterstützen, von der Erstellung durch einen webbasierten Texteditor über die Aufbereitung (Verlinkungen, Metadaten, multimediale Anreicherungen) bis hin zur Archivierung und der Möglichkeit, die Inhalte in einem anderen Kontext erneut zu verwenden. Dabei sollte ein gutes CMS alle Inhalte medienneutral managen können, um so eine Wiederverwendbarkeit zu ermöglichen.

Das größte Problem bei einem CMS liegt jedoch in seiner eigenen Komplexität. Viele Nicht-Journalisten sind den Umgang mit Redaktionsprozessen nicht gewöhnt und kennen auch keine entsprechenden Redaktionssysteme. Deshalb wurden und werden oftmals Mitarbeiter im Unternehmen mit dem Content-Management überfordert.

Content Syndication als Lösung gescheitert

Mit dem Internet-Hype der New Economy investierten zahlreiche Unternehmen in eigene Online-Redaktionen, um ihre Sichtbarkeit zu verbessern. Um 2001 gab es über 400.000 Unternehmens-Websites und Portale. Die meisten Firmen wollten oder konnten sich jedoch den Aufbau eigener Online-Redaktionen nicht leisten und benötigten daher guten Content von Externen. Hochwertige Inhalte lassen sich aber nur teuer produzieren, deshalb gab es bei den Unternehmen ein grundsätzliches Interesse an syndizierten, kostengünstigen Inhalten. Das schien ideal zu sein für Content-Broker wie Tanto Xipolis, 4Content und Contonomy, die syndizierte Inhalte für Websites anboten. Statt eine teure Redaktion zu unterhalten, kauften einige Unternehmen lieber business- und branchenrelevante Informationen passgenau für ihre Websites von den Medienhäusern oder anderen Dienstleistern ein und fügten sie ihren Auftritten hinzu. Auf diese Weise kamen aktuelle Inhalte auf die Websites, ohne dass eine Redaktion notwendig war.

Doch die Unternehmen sind nicht bereit gewesen, so viel Geld zu zahlen, wie die Content-Syndicators benötigt hätten, um die technischen Content-Prozesse aufzusetzen. Daran scheiterten die meisten Anbieter. Ihr größter Fehler lag darin, dass die Content-Broker glaubten, alles automatisieren zu können. Content kann man aber nicht eins zu eins übernehmen. Jeder Inhalt muss an die konkreten Bedürfnisse eines Unternehmens angepasst und entsprechend auf der Website integriert werden. Diese Erfahrung der Vergangenheit ist heute wichtiger denn je. Denn auch bei Content-Strategien und Content-Marketing-Strategien gibt es Tendenzen, vieles automatisieren zu wollen.

Content-Pflege wurde in Abteilungen aufgeteilt

Gab es zum Start ihrer Website vielleicht noch eine einheitliche Struktur für den Webauftritt, verselbstständigte sich die Content-Pflege bald in vielen Unternehmen, weil das eine Aufgabe einzelner Abteilungen wurde. Sie stellten ihre jeweiligen Inhalte losgelöst voneinander ein und oftmals fehlte das Zusammenspiel mit anderen Website-Bereichen. Selbst interne Links schienen bei vielen aktuellen Meldungen und Pressemitteilungen nicht vorgesehen zu sein. Noch heute bilden viele Websites die Struktur des Unternehmens nach: Ihre Navigation entspricht den Unternehmensstrukturen anstatt den Bedürfnissen der Stakeholder. Es fehlt die abteilungsübergreifende Sichtweise auf die Website.

2.3 Wegbereiter der Content-Revolution: Social Media

Als wäre es mit dem eigenen Online-Auftritt nicht schon kompliziert genug, änderte sich seit der Jahrtausendwende die Art und Weise, wie Content wahrgenommen und publiziert wird, radikal. Zuvor waren Inhalte in erster Linie statisch, Websites ließen sich nur in Ausnahmefällen kommentieren. Auf eine zentrale Kontrolle der eigenen Themen wollten nur wenige Entscheider verzichten. Erst nach entsprechender redaktioneller Abstimmung ging der Content jeweils online. Heute gibt es keine Redaktion mehr, die auswählt und nach einer Überprüfung den Text publiziert. Stattdessen übernehmen andere Leser diesen Prozess. Es werden nur die Informationen weitergereicht, die auf positive Resonanz stoßen. Wer nicht mit seinen Ideen überzeugt, wird in der Aufmerksamkeitsökonomie nur von wenigen wahrgenommen.

Der „User Generated Content" hatte lange Zeit in den Unternehmen keinen guten Ruf, weil es ihn nur in der (unkontrollierbaren) Grauzone auf den unterschiedlichsten Community-Plattformen gab. Dort wurden und werden Marken mitunter harsch kritisiert. Zwar tauchte dies auch in den Suchmaschinen auf, spielte aber anfangs keine allzu große Rolle in den Führungsetagen, weil es eine vergleichsweise geringe Sichtbarkeit aufwies und die Absender oftmals anonym waren. Für die Interaktionen auf den eigenen Online-Auftritten gab es bestenfalls Chat- und Community-Bereiche, die in den 90er Jahren aus den „Gästebüchern" hervorgegangen sind. Das Community-Management wurde von zahlreichen Institutionen unter anderem dazu genutzt, um Nähe zum Kunden oder Bürger zu signalisieren. Im Regelfall wurde es jedoch streng von den Content-Bereichen getrennt, zumal viele Diskussionen anonym geführt wurden. Das änderte sich mit der Popularisierung der Online-Tagebücher und Blogs, die es bis heute vielen Menschen erlauben, ohne große technische Vorkenntnisse selbst zu ihren Themen zu publizieren.

Die ersten Blogs entstehen

Social-Media-Ideen nahmen 2002 ihren Anfang und ermöglichen über Blogs und RSS den schnellen und einfachen Austausch von Content. Inzwischen gibt es vermutlich einige Hundert Millionen Blogger weltweit, die ihrem digitalen Hobby frönen und ihre alltäglichen Gedanken mit uns teilen oder sich fachlich versiert zeigen und darüber ihre Online-Reputation stärken. Businessrelevant wurde das Bloggen dennoch erst 2006. Damals fragte das Fortune Magazine: „Why There's No Escaping the Blog?" Im Mai desselben Jahres folgte die Businessweek mit einem gewissen Revolutionspathos: „Blogs Will Change Your Business." In Deutschland übernahmen mit einer kleinen Zeitverzögerung ebenfalls die Medien mit einer gewissen Emphase das Blog-Thema: „Web 2.0 — wir führen Sie durch die Wunderwelt

2 Wegbereiter der Content-Revolution: Social Media

des Internet" (Focus, 9.Oktober 2006), „Ich im Internet — Wie sich die Menschheit online entblößt" (Spiegel, 29/2006) und die „Konsumentendemokratie" (Direktmarketing, 9/2006).

Die Zahl der Corporate Blogs ist seit 2006 enorm gewachsen, weil immer mehr Unternehmen von der Flexibilität und Sichtbarkeit des Bloggings profitieren wollen. Wer darüber wertige Inhalte verbreitet, hat hohe Chancen darauf, in den Suchmaschinen eine gute Sichtbarkeit zu erhalten. Immer mehr Markenunternehmen wie Adidas, Tchibo, Audi oder R+V nutzen ein Corporate Blog im Rahmen ihrer Content-Marketing-Strategie (siehe ab Kapitel 6.1).

Das Social Web setzt sich durch

Social Media hat die Content-Revolution enorm vorangetrieben. Der digitale Content, den Unternehmen publizieren, ist direkt mit der Marke verbunden. Darauf können ihre Kunden unmittelbar Bezug nehmen. Was das Bloggen für das freie Publishing war, leisteten nicht zuletzt in einer frühen Phase MySpace und StudiVZ und inzwischen Twitter, Google+ und Facebook für das Sharing von Inhalten. Viele Onliner haben darüber das Teilen von Content gelernt. Dabei ist die Einstiegshürde im Social Web denkbar niedrig, sodass jeder sofort ohne technische Probleme selbst seine Inhalte ins Netz stellen und mit anderen teilen kann. Sie können Ihre beruflichen wie persönlichen Kontakte via Social-Networking-Plattformen wie Xing, LinkedIn oder Facebook pflegen und darüber Content austauschen. Wahrscheinlich informieren Sie sich nicht mehr über ein Brockhaus-Lexikon, sondern rufen direkt passende Wikipedia-Beiträge oder Fachartikel in Blogs auf. Bilder legen Sie auf Instagram, Pinterest, Whatsup oder Flickr ab und finden dort Ihre Inspiration. Es gibt zahlreiche Social Web Tools, über die Sie Ihren Content beziehen und austauschen können.

Niemand scheint sich mehr über das tägliche Informationsaufkommen zu wundern. Wir nehmen via Social Media und anderen Kanälen sehr viel Content zu uns. Jede Minute werden 48 Stunden Video auf Youtube hochgeladen, auf Facebook werden 845.000 Content-Stücke geteilt und 3.600 Instagram-Fotos werden geshared. Content bestimmt längst das alltägliche Leben.

Im Social Web können Unternehmen und ihre Stakeholder direkt miteinander kommunizieren. Das kann ein kritischer Dialog sein und manchmal sogar Krisen auslösen. Andererseits profitieren Marken von den Empfehlungen, die ihre Kunden auf den Online-Plattformen hinterlassen. Wenn sie in einem Blog oder auf einer anderen Content-Plattform empfohlen werden, profitiert ihre Marke unmittelbar von diesen Earned Media. Unternehmen lernen es inzwischen, auf digitale Anfragen schnell und adäquat zu reagieren. Das ist ihnen wichtig geworden, weil ihnen klar ist, dass die Inhalte dritter Parteien insgesamt als glaubwürdiger erachtet werden als die Owned Media, die Unternehmen selbst veröffentlichen. Je mehr positive Referenzen Unternehmen von ihren Kunden im Social Web erhalten, desto besser ist das für die Markenreputation. Aus diesem Grund ist beispielsweise die Deutsche Bahn im Social Web aktiv und reagiert auf Facebook und Twitter zeitnah auf Kundenbeschwerden. Das Unternehmen will seine Kunden oder Interessenten bei seiner Customer Journey begleiten und den unterschiedlichen Bedürfnissen an Kommunikation und Dialog gerecht werden: „*Guter Kundendialog ist gutes Marketing, und umgekehrt kann gutes Marketing aufklären, inspirieren und mögliche Fragen der Kunden minimieren. So entstehen zum Beispiel dynamische Frage-Antwort-Kataloge, die auf die Bedürfnisse der Kunden eingehen und leicht in Suchmaschinen – also dort wo die meisten von uns nachsehen – zu finden sind*", erklärt Svea Raßmus, Teamleiterin Social Media Management Marketing und Social Media der DB Vertrieb GmbH.

2.4 Content-Revolution und die postmoderne Content-Gesellschaft

Die digitale Revolution hat alle Branchen erreicht und die Wertschöpfung in den Unternehmen verändert. Alte Vorstellungen verlieren durch den schnellen Wandel an Bedeutung. Aufgrund des Tempos der digitalen Transformation ist ein Vergleich mit der industriellen Revolution im 19. Jahrhundert naheliegend. Es geht dabei um die Art und Weise, wie Sie sich informieren, wie Sie einkaufen und von Marken erreicht werden. Alte Regeln gelten immer weniger. Viel Zeit bleibt den Unternehmen nicht, sich auf die Veränderungsprozesse einzustellen, die in wenigen Jahren vonstatten gehen.

Wer die digitalen Entwicklungen nicht rechtzeitig für seine Branche einschätzen und darauf adäquat reagieren kann, verliert sehr schnell in der bevorstehenden Content-Revolution den Anschluss. In der neuen Kommunikationswelt haben die neuen digitalen Wege die alte Einbahnstraßenkommunikation beiseite gefegt. Kunden wollen den Dialog, suchen ihn aktiv und wollen ihn jederzeit führen können. Als bloße Objekte lassen sie sich nicht mehr behandeln. Das bekommen Unternehmen zu spüren, die sich bisher nur zögerlich oder gar nicht auf Social Media eingelassen haben. Sie müssen akzeptieren, dass über ihre Marke dennoch gesprochen und aktiv kommuniziert wird, ohne dass sie im Social Web selbst mit den Kunden und Kritikern interagieren können. Auf ihre Reputation wirkt sich das trotzdem aus.

2 Content-Revolution und die postmoderne Content-Gesellschaft

Der Anfang einer Content-Revolution

Im Industriezeitalter des Contents haben sich Unternehmen nicht allzu sehr um die Nachfrage gekümmert und die Kunden mussten sich selbst Zeit nehmen, um sich einen Marktüberblick zu verschaffen. Doch in der postmodernen Content-Gesellschaft, in der Sie nun leben, müssen sich Unternehmen darum bemühen, die Aufmerksamkeit für ihre Marken zu erhalten. An die Stelle des Suchens tritt immer mehr das Sharing der Informationen. Was nicht im Newsstream auf Twitter, Facebook oder Google+ erscheint, erhält immer weniger öffentliche Aufmerksamkeit. Trotz der schnellen Entwicklung durch die digitale Transformation sind wir aber noch immer ganz am Anfang einer Content-Revolution. Bisher haben erst einige wenige Unternehmen die Chancen erkannt, die der richtige Umgang mit Content und Social-Media-Kommunikation bietet. Statt den Marken-Content gezielt zu verbreiten, überlassen viele Organisationen das weiterhin dem Zufall und riskieren ihre Reputation. Demgegenüber sind die Kunden längst weiter in ihrem Informationsverhalten.

Der Hamburger Verlagsberater Heinold meint dazu: *„Den Begriff Content-Revolution halte ich für nicht zu hoch gegriffen. Die Menschen lieben Inhalte und die damit einhergehende Kommunikation. Das war schon zu Urzeiten so, als Geschichten am Lagerfeuer erzählt wurden. Und das ist an den digitalen Lagerfeuern so, bei denen sich Millionen von Facebook-Nutzern mit Geschichten und Statements aus ihrem Alltag versorgen. Die Herausforderung für Unternehmen liegt darin, dieses Bedürfnis nach Inhalten nicht nur über die Pressearbeit, sondern viel direkter zu adressieren. Die klassische Welt der Werbung mit ihrer Zuspitzung und Emotionalisierung wird bleiben, aber sie muss ergänzt werden durch die Welt der Informationen und Geschichten."*

In der digitalen Welt gibt es keine Content-Mittelpunkte mehr

Das Storytelling eines Unternehmens ist gefragt und findet heute vor allem an neuen (digitalen) Orten statt. So ist die Bedeutung der Homepage mittlerweile wesentlich geringer als früher, weil immer mehr Onliner über Social Media Shares auf die Unterseiten einer Website klicken oder ihre Informationen auf anderen Angeboten wie Facebook und Blogs finden. 2013 ist beispielsweise der Traffic der New York Times Einstiegsseite massiv eingebrochen. Das hatte jedoch keinerlei Auswirkungen auf die gesamten Seitenbesuche. Laut dem The NYTimes Digital Innovation Report (2014) besuchen nur ein Drittel der Website-Besucher überhaupt die Homepage. Wer es dann tatsächlich tut, sucht sehr schnell die Unterseiten auf, ohne sich länger mit deren Inhalten aufzuhalten. Denn in der Regel nehmen Onliner sowohl bei Medienseiten wie auch bei Unternehmensauftritten den Seiteneingang. Dabei kommt besonders den Überschriften der einzelnen Webseiten eine große Bedeu-

Der Blick zurück: Die Entwicklung der Content-Revolution

tung zu. Sie sind wichtiger als die Einstiegsseite oder die Navigationsstruktur, die viele gar nicht mehr wahrnehmen.

Die modularen Content-Stücke einer Marke sind viel bedeutender als die Website selbst. Bisher haben auf diese Implikationen nur wenige Unternehmen reagiert. Noch immer ähneln die Online-Auftritte einer Zeitung, die einen klaren Einstieg und Navigationshilfen anbietet. Dabei gibt es auch bei Zeitungen und Zeitschriften unterschiedliche Lesegewohnheiten. Nicht alle Leser folgen der hierarchischen Papierlogik. Einige schlagen ihr Medium mittendrin auf, lesen zunächst die Inhaltsangabe oder den Sportteil, bevor sie zur ersten Seite zurückkehren. Nur selten halten sich die Leser bei ihrem Informationsverhalten an die Vorgaben, die ihnen Medienhäuser machen. Warum sollte das im Web anders sein? Dort sehen wir die vermeintliche Seite oft noch nicht einmal, wenn wir direkt via Twitter in das Innere eines Informationsangebotes vorstoßen.

Zudem rufen einige versierte Onliner ihre Inhalte nicht mehr strukturiert über den Browser auf, sondern nehmen die einzelnen Informationen über Apps wie Instapaper, Readability, Flipboard oder Feedly etc. auf, sodass sie sich gar nicht mehr in der Navigationslogik einer Website bewegen. Mit dieser postmodernen Beliebigkeit der Onliner müssen Unternehmen rechnen. Dabei lösen die möglichen Zugangswege und Tools einander ab. Was bleibt, sind andere Content-Nutzungsformen. Immer mehr Onliner nutzen Smartphones oder Tabloids für die Informationsgewinnung. Wann rufen Sie eine Unternehmens-Website noch in einem Browser direkt auf? Wie lesen Sie Ihren Content? Wann haben Sie zuletzt über eine Website navigiert? Vermutlich eher selten. Kein Wunder also, dass sich einige Unternehmensauftritte von alten Navigationsprinzipien verabschiedet haben und stattdessen ein vielfältiges Content-Angebot auf der Einstiegsseite anbieten. Wie sehr die alte Informationsarchitektur einer Website an Bedeutung verloren hat, das können Sie exemplarisch sehr gut erkennen bei der Adidas Group Website und bei der Coca Cola Journey (vgl. Kapitel 6.1).

Die Website bleibt ein Social Hub, mit der Sie all Ihre Markenaktivitäten verbinden sollten. Aus diesem Grund lohnt es sich, die eigene Homepage als Basis für die Online-Kommunikation mit den Kunden und Influencern zu betrachten. Wer sich für Ihre Marke interessiert, muss auf Ihrem Social Hub sofort erkennen können, wo welcher Content zur Verfügung steht. Dennoch sollten Sie sich von der Website als Content-Zentrale verabschieden, auf die Sie alle Stakeholder bringen müssen. Sie brauchen alternative Zugänge im Social Web. Es müssen nicht mehr alle Wege nach „Rom" führen. Ihre digitale „Stadt" ist nicht mehr der Markt, auf dem Sie Ihre Kunden treffen. Hierbei haben sich die Gewichte stark verschoben. Stattdessen sollten Sie dorthin gehen, wo Ihre Stakeholder aktiv sind. Märkte sind Gespräche. In diesem Cluetrain-Sinne sollten Sie sich radikal von Ihrem alten digitalen Zentrum

2 Content-Revolution und die postmoderne Content-Gesellschaft

verabschieden und Ihr Glück auf den dezentralen Märkten Youtube, Facebook, Twitter, Google+, Instagram, Pinterest, Snapchat, Whatsup etc. versuchen. Auf diesen Touchpoints können Sie Ihre Blogartikel, Fachtexte, Bilder und Videos anbieten. Jedes Content-Stück zählt und verbreitet Ihre Markenbotschaft. Das ist die eigentliche Content-Revolution: der Abschied von einem zentralen digitalen Ort.

Über die Content Curation erhalten Sie ständig neue Besucher, die sich mit Ihren Markenbotschaften auseinandersetzen. Deshalb sollten Sie Ihren Content in die digitale Welt hineintragen, damit er sich teile und mehre. Eine digitale Plattform, auf der es alle Inhalte zu finden gibt, gab es ohnehin nur in Ihrer Vorstellungswelt. Sobald Sie ein Interview geben, in einem Artikel selbst erwähnt werden oder einen Gastartikel veröffentlichen, müssen Sie Ihre bisherige Plattform verlassen. Das ist empfehlenswert, weil Sie auf diese Weise Ihre Kunden über deren etablierten Kanäle erreichen können. Warum sollen Sie mit aller Gewalt diese auf Ihre Website schicken, wenn Sie Ihre Unternehmensbotschaften auch so adressieren können? Erst wenn Sie eine gewisse Kauflust geweckt haben, kommen diese ohnehin auf Sie und Ihre Marke zu. Je mehr Serviceorientiertheit Sie an den Tag legen, desto eher werden sich Ihre Kunden wohl fühlen und sich an Sie erinnern. Aufgrund dieser Reputation werden Sie mittel- oder langfristig davon profitieren, Ihre Kunden nicht auf Ihre Website abzudrängen, sondern stattdessen genau auf deren Marktplätzen und Communities zu sein, damit diese sich jederzeit an Sie wenden können.

Der Social Media Newsroom aggregiert viel Marken-Content

Die neue Vielfalt der postmodernen Content-Gesellschaft hat dazu geführt, dass einige Unternehmen über Social Media Newsroom ihre Inhalte wieder aggregieren. Auf diese Weise sind weitere Social Hubs entstanden, über die Kunden alle Content-Aktivitäten einer Marke erfassen können. Neben den Owned Media präsentieren manche Unternehmen auch Earned Media in ihren Newsrooms, das heißt: sie integrieren in ihrer Übersicht die Bewertungen ihrer Influencer und bieten dadurch neue Anreize, sich mit der Marke zu beschäftigen. In Deutschland haben unter anderem Audi, R+V, Daimler, Porsche und viele weitere ihren Content auf diese Weise aggregiert und lauffähig gemacht. Wer einen Newsroom besucht, erhält auf dieser Plattform zahlreiche Hinweise auf Social Media News einer Marke und ihrer Influencer und kann diese als Newsletter, RSS-Feed, Twitter- oder Facebook-Meldung etc. abonnieren.

Der Blick zurück: Die Entwicklung der Content-Revolution

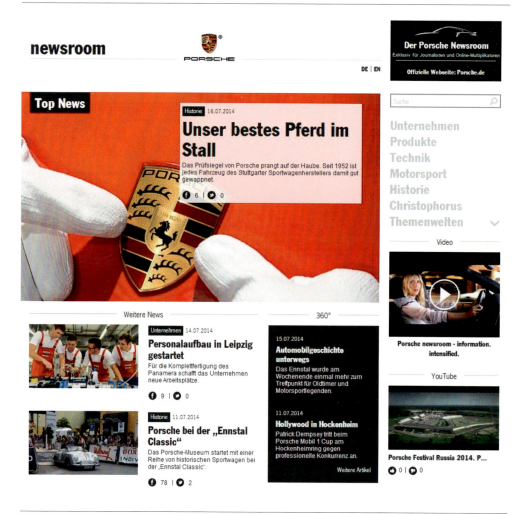

Abb. 2.1 Porsche Newsroom – http://newsroom.porsche.com

Wir brauchen eine Content-First-Kultur

Zurzeit werden die Online-Kommunikations-Aktivitäten der letzten Jahre auf den Prüfstand gesetzt. Und das ist gut so. Neuere Entwicklungen machen den meisten klar, dass ein halbherziges Vorgehen teuer erkauft ist und wenige Effekte erzeugt. Durch die geringeren organischen Reichweiten auf Facebook für den eigenen Content ist das vielen Entscheidern deutlich geworden. Sie sehen die Kosten und hinterfragen deren Sinn völlig zu Recht.

2 Content-Revolution und die postmoderne Content-Gesellschaft

Wir fordern Sie sogar nachdrücklich dazu auf, Ihre bisherigen Content-Aktivitäten vollständig zu überprüfen! Oft entstehen im Laufe der Zeit zahlreiche Content-Aktivitäten in einer Organisation, ohne dass jemand überhaupt noch den Überblick hätte. Manchmal verselbstständigt sich die Entwicklung neuer Inhalte auf einer Website in komplexen Unternehmensstrukturen, ohne dass jemand den automatisierten Prozess noch hinterfragt. Wer auf eine Überprüfung der Erfolge verzichtet, wird sich später wundern, wie viel Geld mit Content Creation verpulvert werden kann (vgl. Kapitel 8). Es entstehen ohnehin enorme Content-Halden, die manchmal erst abgetragen werden müssen, damit die Markensubstanz darunter noch erkennbar ist. In diesem Buch zeigen wir Ihnen, wie Sie sich von alten Zöpfen trennen und sich auf das Wesentliche konzentrieren können.

Je mehr Content allerdings ohne integrierte Strategie produziert wird, desto größer ist die Gefahr, damit nur auf das jeweilige Content-Silo, aber nicht auf die Gesamtmarke einzuzahlen. Diese Ressourcenverschwendung können sich Organisationen nicht lange leisten, wenn sie ihren Wettbewerbern keinen Vorteil schenken wollen. Deshalb ist eine Neuordnung der Content-Welt vonnöten. In Revolutionszeiten gibt es keine Gewissheiten mehr. Das Althergebrachte wird überprüft und wenn nötig neujustiert. Schauen Sie sich nur in den öffentlichen Räumen um, betrachten Sie die zahllosen mobilen Endgeräte, mit denen ständig Content abgerufen wird. Sie haben längst die Zeitung und Bücher in der öffentlichen Wahrnehmung abgelöst.

> **! ACHTUNG**
>
> Das Zeitalter der papiernen und statischen Information (auch einer Website) ist endgültig vorbei. Diese Formate wird es weiter geben, ihr Stellenwert verändert sich trotzdem radikal.

Wir hoffen, dass wir Ihnen mit dem kleinen Ausflug in die Content-Geschichte zeigen konnten, wie wir dorthin kamen, wo hier heute stehen. Und dass viele Probleme, mit denen wir noch heute kämpfen, eigentlich Altlasten aus der Vergangenheit sind, die wir überwinden müssen, um eine „Content First"-Kultur zu entwickeln. Seien Sie Teil der Content-Revolution! Dazu bedarf es einer guten organisatorischen Voraussetzung: einer Content-Strategie als Basis für ein fundiertes Content-Marketing. Diese wollen wir Ihnen mit unserem Buch näherbringen.

3 Blick nach vorn: Content revolutioniert die Unternehmenskommunikation

„Ein Unternehmen wird für eine Gesellschaft nicht nur wirtschaftlich wesentlich, sondern auch intellektuell."

Alexander Jutkowitz, Harvard Business Review

Auf Content-Strategie und Content-Marketing werden große Hoffnungen gesetzt, um zahlreiche Probleme der Kommunikation in den Griff zu bekommen. Können sie die hohen Erwartungen erfüllen? Ja — sofern ihre strategische Tiefe und kreative Komplexität akzeptiert und erfüllt wird.

Mal ehrlich: Sind Sie auch schon genervt von dem Content-Marketing-Hype, von den immer gleichen Paradebeispielen wie Red Bull und Coca-Cola? Und ist Ihnen im Grunde nicht klar, was nun, bitteschön, so bahnbrechend neu sein soll — solche Beispiele könnten doch genauso gut als Werbung, Corporate Publishing, Product Placement oder Agenda Setting durchgehen?

Falls Sie dieser Meinung sind, haben Sie zum einen Recht — zum andern aber liegen Sie völlig falsch. Recht haben Sie, weil tatsächlich viele Kommunikationsdienstleister derzeit versuchen, ihr konventionelles Sortiment mit diesen Trendbegriffen aufzuhübschen. In jeder Trendphase wird versucht, alten Wein in neuen Schläuchen zu verkaufen — die Phase des Content-Marketing und der Content-Strategie bildet hier keine Ausnahme. Und das nervt und verwirrt, keine Frage. Gleichzeitig aber liegen Sie falsch, weil es im Kern um etwas sehr Aufregendes und Fundamentales geht. Unternehmen und Organisationen beginnen, einen neuen Schwerpunkt in ihrer Kommunikation zu setzen: das Optimieren ihrer Inhalte! Natürlich, dieses Vorhaben klingt erst einmal so selbstverständlich wie das Aufdrehen des Wasserhahns vor dem Duschen — ist es aber nicht. Es ist sogar eine höchst komplexe Aufgabe, für deren Lösung es noch keine bewährten und somit zuverlässig verwendbaren Regeln gibt, weder für die Organisation noch für die Kreation. Die Unternehmenskommunikation steht am Anfang eines Umbruchs, der Content-Revolution, die alle daran Beteiligten mit ihren Erfahrungen und Ideen begleiten und formen dürfen. Wir haben es also nicht mit einem Trend zu tun, der sich irgendwann in Luft auflöst und dem nächsten Platz macht. Stattdessen erleben wir eine erfreuliche, aber auch

Blick nach vorn: Content revolutioniert die Unternehmenskommunikation

überfällige Neuausrichtung, die elementar ist und nicht umkehrbar. Unternehmen stehen am Anfang eines umfassenden Change-Prozesses. Die Zukunft der Kommunikation wird besonders durch eine inhaltliche Qualitätssteigerung geprägt sein.

> **! WICHTIG**
> Wer die besseren Inhalte hat, gewinnt!

Content bringt die Kommunikation wieder in Balance

Man muss sagen, wie es ist: Lang, viel zu lange haben Unternehmen die Content-Qualität vor allem im Web geradezu sträflich vernachlässigt, meist aus Kostengründen. „Das macht bei uns der Trainee" oder „Sollten wir Inhalte brauchen, kaufen wir den in einer Content-Farm" oder „Content? Den machen bei uns die User" — es ist noch nicht lange her, da waren solche Statements Usus unter Entscheidern, die sich besonders geschäftstüchtig geben wollten. Sie sind sehr leise geworden. Denn wenn es bislang eine Erkenntnis gibt, dann diese: Mindere Content-Qualität schadet. Auf vielfältige Weise.

Wer an einer Universität Kurse der Kommunikationswissenschaft besucht hat, wird sich womöglich an folgendes Dreieck erinnern, mit dem das Grundprinzip der Kommunikation erklärt wurde:

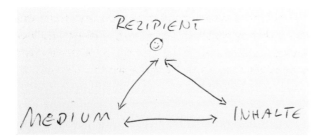

Abb. 3.1 Ein „modernes Relikt" aus Studienzeiten: Das Modell besagt, dass in der Kommunikation Ausgewogenheit herrschen muss zwischen Rezipient, Medium und Inhalten

Nie hätten wir gedacht, dass wir dieses theoretische Modell in unserem Berufsleben als Kommunikationsberater jemals werden verwenden können. Tatsächlich aber belegt es etwas sehr Wichtiges: das ausgewogene Zusammenspiel zwischen Rezipient, Medium und Inhalt, das für erfolgreiche Kommunikation nötig ist.

3 Der Unterschied zwischen Content-Strategie und Content-Marketing

In den „guten alten Print-Zeiten" war diese Balance gefunden: Die Medien informierten über etablierte Wege die Rezipienten mit für sie interessanten Inhalten. Das Anbrechen des digitalen Medienzeitalters jedoch brachte dieses Modell — vor allem in der Unternehmenskommunikation — in die Schieflage: Es wurde zwar mit Verve in die Entwicklung neuer Medienformate investiert, etwa in Websites und Social-Media-Auftritte, aber die Inhalte kamen in dieser Zeit zu kurz. Sie wurden nicht gut genug auf die neuen Medienformate abgestimmt. Die logische Folge: Die Kommunikation stockte. Viele Unternehmen sind nach sündteuren Social-Web-Fehlschlägen aufgewacht. Sie erkennen, dass sie ihren Content lebendiger und inhaltsreicher gestalten müssen, damit sie langfristige Kontakte mit den Verbrauchern aufbauen und pflegen können. Das funktioniert aber nur mit passenden Themen und praktikablen Prozessen. Und keinesfalls mit effektheischenden, aber substanzlosen Werbefloskeln. Jedes neue Medienformat braucht seinen eigenen, zu ihm passenden Content.

Insofern ist das aktuelle Interesse an Content-Strategie und Content-Marketing eine geradezu zwingende Entwicklung: Sie bringt die Kommunikation wieder in die nötige Balance. Die Gewinner sind die Rezipienten — und damit auf lange Sicht auch die Sender: die Content anbietenden Unternehmen. Das bedeutet aber nicht, dass Unternehmen nun nichts anderes zu tun hätten, als ein bisschen an ihren Kampagnen zu feilen. Bei den Aufgaben, vor denen Unternehmen tatsächlich stehen, geht es nicht um oberflächliche Korrekturen und ganz gewiss nicht um das weitere Aufblasen ihres Content-Volumens — in der Hoffnung, dann eher wahrgenommen zu werden (vor allem von den Suchmaschinen). Richtig verstanden führen Content-Strategie und Content-Marketing zu vielerlei sehr umfassenden und tiefgehenden Veränderungen, die sowohl struktureller, prozessualer als auch inhaltlicher und kreativer Natur sind. Sie betreffen das gesamte Unternehmen, aber auch ihre Kommunikationsdienstleister sowie die Zusammenarbeit mit ihnen.

3.1 Der Unterschied zwischen Content-Strategie und Content-Marketing

Das Thema Content hat sehr viele Facetten und fordert auf vielfältige Weise heraus: Zum einen müssen die Kreativen die Kommunikation neu denken und neue Formate entwickeln. Zugleich kann diese Entwicklung tiefgehende Auswirkungen haben auf Unternehmensstrukturen und -prozesse. Denn qualitativ hochwertiger Content, der sich langfristig für das Unternehmen auszahlt, braucht eine wesentliche Inspirationsquelle: das Unternehmen selbst. Die Entwicklung betrifft also sehr unterschiedliche Bereiche. Lassen Sie uns deshalb zwei elementare Definitionen erklären: die der Content-Strategie und des Content-Marketings. Beide Aufgaben sind sehr unterschiedlich — und zugleich eng miteinander verwoben.

Was ist eine Content-Strategie?

Es kursiert eine Vielzahl an Definitionen zum Begriff Content-Strategie. Eine der ersten, die weithin akzeptiert wird, weil sie in Kürze das Wichtigste auf den Punkt bringt, stammt von der Content-Strategin Kristina Halvorson (2010): „*Content Strategy = Planning for the creation, delivery and governance of useful, usable content.*" Also: Content-Strategie ist das Planen für Produktion, Auslieferung und Führung nützlichen und brauchbaren Contents. Brigitte Radl, Content-Strategin an der Fachhochschule Joanneum in Graz, führt diese Aufgabe weiter aus: „*Content-Strategie dient Organisationen, einen strategischen, langfristigen Plan für die Produktion, Bereitstellung und Verwaltung ihrer Online-Inhalte zu entwickeln. Diese Inhalte sollen für die Nutzer relevant und sinnvoll sein … Gleichzeitig sollen sie die Ziele der Organisation fördern.*"

Darum geht es also bei der Content-Strategie: um Prozesse, Strukturen, Management, Rollenverteilung, Verantwortlichkeiten, Koordination von Zeit und Inhalten und um das Entwickeln der passenden Infrastruktur. Zudem taucht derzeit ein Wort immer häufiger auf: *Repeatable* — wiederholbar. Diesen Begriff halten wir für sehr bedeutend. Ein Unternehmen muss dafür sorgen, dass es langlebige, robuste Strukturen und Prozesse aufbaut, dank derer es immer wieder neuen Content entwickeln kann. Diese Wiederholbarkeit unterscheidet sie von Content-Marketing-Strategien, die nur für einzelne Content-Marketing-Aktionen aufgebaut und nach Fertigstellung wieder abgebaut werden. Zum Beispiel sollte sich ein Unternehmen fragen, ob es eine Redaktion für nur eine Content-Marketing-Absicht gründen und am Ende wieder auflösen will. Oder ob es nicht besser ist, eine Redaktion im Haus fest zu installieren, die kontinuierlich für zahlreiche Publikationen zuständig ist.

Content-Strategen sind dementsprechend jene Personen, die den Aufbau und die Realisierung initiieren, gestalten und managen. Weil ihre Aufgaben eher unternehmensberaterischer Natur sind, steht die Frage im Raum, ob man einen solchen Strategen nur für ein paar Monate ins Haus holen sollte, um danach alleine weiterzumachen. Unserer Erfahrung nach funktioniert das aber nicht. Vielmehr geht es darum, ein Unternehmen über einen langen Zeitraum kontinuierlich, geduldig und aufmerksam begleiten zu lassen. In der Regel tauchen Hürden und Hindernisse auf, die man zu Beginn nicht erkennen kann, und allzu häufig behindern menschliche Befindlichkeiten den Erfolg — nicht ohne Grund vergleichen amerikanische Con-

Der Unterschied zwischen Content-Strategie und Content-Marketing

tent-Strategen ihren Job gerne mit Politik und Diplomatie. Deshalb ist es für jedes Unternehmen eine Überlegung wert, ob es einen Content-Strategen nicht besser fest anstellen sollte, für sie oder ihn gibt es immer genug zu tun. Das Entwickeln einer Content-Strategie ist also vornehmlich eine hausinterne Angelegenheit, sie betrifft sensible Unternehmensbereiche. Sollten Sie dazu jemand von außerhalb engagieren, muss er das absolute Vertrauen aller Beteiligten genießen, Führungsspitze inklusive. Niemand darf mit wichtigen Fakten hinter dem Berg halten. Deshalb muss dieser neue Mitarbeiter mit Bedacht ausgewählt werden.

Mit einer Content-Strategie wird also der Workflow aller Unternehmensinhalte abteilungsübergreifend und dauerhaft gemeistert. Sie ist die Basis der Content-Marketingaktivität. Für eine erfolgreiche Implementierung braucht man viel Geduld.

> *„Mit der Content-Strategie ist es wie mit dem Altern guten Käses oder exzellentem Wein: Während sie reift, wird sie sogar besser als erhofft."*
>
> *Colleen Jones, amerikanische Content-Strategin*

Also geben Sie ihr Zeit, dann wird sie immer besser, immer effizienter. Und, so hoffen wir, irgendwann so selbstverständlich wie das monetäre Management der Buchhaltung.

Was ist Content-Marketing?

Die Content-Strategie bildet also die Basis allen inhaltlichen Tuns — und ist damit die Grundlage des Content-Marketings. Das ist die Bezeichnung für Marketingmaßnahmen, die im Schwerpunkt auf Content basieren, um das Interesse der Stakeholder an verschiedenen Touchpoints und in den unterschiedlichen Kaufphasen zu gewinnen und die Kommunikation mit ihnen geschickt anzuregen und fortzuführen. Es geht um den optimalen Einsatz der unterschiedlichen Kanäle, um Personalisierung der Inhalte, um Markenbotschaften, das gekonnte Nutzen von Social Media, um Storytelling und natürlich auch um jede Menge Kreativität. Oder, wie Heinz Wittenbrink, Studienleiter an der Fachhochschule Joanneum in Graz, es ganz simpel auf den Punkt bringt: *„Content-Strategie ist die strategische – Content-Marketing die taktische und ausführende Seite."*

Blick nach vorn: Content revolutioniert die Unternehmenskommunikation

> **! WICHTIG**
>
> Ein wichtiger Punkt sei hier noch angemerkt: In den meisten der kursierenden Definitionen von Content-Strategie und Content-Marketing geht es ausschließlich um die Online-Kommunikation. Wir sind jedoch der Überzeugung, dass dies zu kurz gegriffen ist: Denn tatsächlich muss es um alle Unternehmensinhalte gehen. Stakeholder machen keinen Unterschied, ob sie nun online oder offline mit einem Unternehmen zu tun haben — sie erwarten überall die gleiche Qualität (darauf weist übrigens selbst der Online-Konzern Google mit seinen ZMOT-Analysen hin). Deshalb wäre es wenig sinnvoll, die Website zu überarbeiten, aber alle anderen Inhalte nicht. Was für einen Sinn würde es machen, wenn die Messekommunikation, das Call-Center-Angebot oder die Infos am Point of Sale (PoS) inhaltlich und qualitativ nicht zur Website passten?

Eine Schnecke erklärt das Zusammenspiel

Man könnte ohne Probleme viele Seiten füllen mit Definitionen rundum Content-Strategie und Content-Marketing. Lassen Sie uns stattdessen etwas völlig anderes machen. Betrachten wir ein Spielzeug: die Regenbogen-Schnecke. Sie erklärt auf simple Weise, wie das Zusammenspiel zwischen Content-Strategie und Content-Marketing funktioniert.

Abb. 3.2 Die Regenbogen-Schnecke: Die farblose Schnecke symbolisiert die Content-Strategie, der auf ihr ruhende bunte Ball das Content-Marketing

Die Regenbogen-Schnecke allein, ohne ihr buntes ballförmiges Haus, steht für die Content-Strategie im Unternehmen: Sie ist auf den ersten Blick behäbig und vergleichsweise uninspirierend. Ganz im Gegensatz zu der bunten Kugel mit den Regenbogenfarben, die das Content-Marketing symbolisiert: Sie ist der spektakuläre Blickfang — vor allem dann, wenn die Schnecke sich fortbewegt. Selbst wenn sie nur langsam vorankommt (typisch für die Content-Strategie), wechseln sich ihre Farben schnell ab. Sowohl die Schnecke als auch der bunte Ball sind aufeinander angewiesen: Würde die Kugel (das Content-Marketing) nicht auf der Schnecke (Content-Strategie) sitzen, wäre sie zwar hübsch anzusehen — aber völlig richtungslos. Sie könnte kein einziges Ziel erreichen — es sei denn, aus Zufall. Deshalb ist es so wichtig, keine Content-Marketing-Aktion ohne fundierte Content-Strategie zu starten. Die Schnecke wiederum (die Content-Strategie) wäre ohne Kugel einfach nur fad, keiner würde sich für sie interessieren.

Kurz: Beide Disziplinen brauchen einander, auch wenn ihre Aufgabenbereiche komplett unterschiedlich sind. Content-Strategie wäre ohne Content-Marketing eine farblose, geradezu sinnlose Kunst. Und dem Content-Marketing wird es ohne Content-Strategie nicht gelingen, seine Ziele zu erreichen und das Spezifische an Unternehmen, Marke und Produkt hervorzuheben.

3.2 Der Content-Hype – warum gerade jetzt?

Aber warum kommt der Trend gerade jetzt? Das liegt an mehreren wesentlichen und gleichzeitig auftretenden Marktveränderungen, denen sich kommunizierende Unternehmen stellen müssen, und auf die sie mit Content-Strategie und Content-Marketing sehr gut reagieren können:

Immer mehr Kommunikationskanäle

Unternehmen müssen ihre Inhalte über immer mehr Kanäle spielen, von denen viele nach neuartigen interaktiven Gesetzmäßigkeiten funktionieren. Sie stellen fest, dass sie dazu eine übergeordnete Systematik und Kreativität brauchen, wie sie durch Content-Strategie und Content-Marketing entstehen können.

Blick nach vorn: Content revolutioniert die Unternehmenskommunikation

Schwindende Wirkung von Inhalten

Der Content, mit dem Unternehmen auf sich aufmerksam machen, wird immer wirkungsloser und geht in der Informationsflut unter. Es sind Strategien und Konzepte nötig, um die Aufmerksamkeit der Stakeholder und der Suchmaschinen wiederzugewinnen.

Loyalitätsschwund und gesättigte Märkte

Gelungener Marken-Content („Branded Content") wird in Zukunft wesentlich an wirtschaftlicher Bedeutung gewinnen. Denn aktuell haben Marken große Probleme: In den meisten Warengruppen gibt es kaum noch Wachstumspotential, dazu kommt ein rasanter Treueschwund. *„Die nachlassende Kundenloyalität gegenüber Marken generell aufzuhalten ist eine der größten Herausforderungen des Marketing und der Kommunikation in den nächsten Jahren"*, sagt Peter Haller, Gründer der Agenturgruppe Serviceplan. Gemeinsam mit dem Marktforschungsexperten und GfK-Manager Wolfgang Twardawa beleuchtet Peter Haller jedes Jahr den Status quo von Marken — und nehmen dabei kein Blatt vor den Mund: So gehörten mittlerweile rund 42 Prozent aller Marken zu den „Burnout Brands", denen die Kunden weglaufen. Und nur noch ein gutes Viertel dürften sich zu den Wachstumsmarken zählen, so die beiden Markenexperten.

Erfolgreiche Marken erkenne man daran, dass der Werte-Fit zwischen Marke, Käufer, Kreation und Media besser passt. „Sie haben eine dramatisch höhere Erfolgswahrscheinlichkeit zu wachsen und Marktanteile zu gewinnen", so Haller. Um diesen erfolgsentscheidenden Werte-Fit zu erreichen, spielt qualitativ hochwertiger Content, der das Besondere eines Unternehmens, des Produkts und der Marke hervorhebt, eine bedeutende Rolle — jenseits von Preis-Promotions, Launches und Werbedruck, der immer weniger bringt. Verbraucher haben genug von leeren Werbeillusionen. Laut einer Umfrage von Unisphere Research vertrauen 71 Prozent der Käufer jenen Marken, die mit nützlichen Informationen aufwarten, ohne gleich etwas verkaufen zu wollen. *„Unternehmen dürfen heute nicht einfach behaupten, dass sie großartig sind – sie müssen es beweisen"*, heißt es in der Dokumentation „The Naked Brand"[1], in der die schwierige Lage der Marken herausragend geschildert wird. Zugespitzt ausgedrückt: Ohne ehrlichen, brauchbaren Content gibt es keine Markenzukunft.

---

[1] http://thenakedbrand.com.

Der Content-Hype – warum gerade jetzt?

3

Verändertes Mediennutzungsverhalten

Weltweit besitzt jeder Mensch durchschnittlich vier digitale Endgeräte (TNS Infratest). Diese werden gerne gleichzeitig mit TV genutzt: So posten, e-mailen und shoppen rund die Hälfte der Deutschen, während sie abends fernsehen. Ein werbetreibendes Unternehmen, das gerade eine Werbekampagne am Laufen hat, wäre also gut beraten, seine Online-Touchpoints passend zur TV-Kampagne zu optimieren — mit darauf abgestimmtem, weiterführendem Content. Werber und Content-Marketer müssen lernen, gemeinsam erfolgreiche Choreografien zu entwickeln, auch für den steigenden „on the go"-Medienkonsum.

Die neue „Customer Journey"

Noch vor wenigen Jahren wurde der Kaufentscheidungsprozess gerne anhand eines einfachen Modells namens AIDA dargestellt (Attention, Interest, Desire und Action). Doch dieses hat ausgedient, denn dank der Digitalisierung von Informations- und Shopping-Kanälen haben Konsumenten ihr Kaufverhalten deutlich geändert. Es ist kaum noch möglich, Gesetzmäßigkeiten für den Weg vom ersten Interesse bis zum Kauf zu finden. 2012 verfolgte Google mit den Marktforschern von Shopper Sciences die Spur von 3000 Käufern (Technik, Auto, Finanzen) im Netz — und ermittelte 3000 komplett unterschiedliche Wege bis zum Kauf. „*Die Käufer sind heutzutage selbstbestimmt und ihr Verhalten unvorhersehbar*", resümieren die Forscher (ZMOT-Analyse 2012). Weil der Entscheidungsweg zum Kauf nicht mehr zuverlässig nachvollziehbar ist, kommt es heute darauf an, an wesentlichen Touchpoints brauchbare Informationen bereitzustellen — etwa für den „Zero Moment of Truth", wie es Google nennt: für jenen essentiellen Moment, in dem die Kaufentscheidung fällt. Bevor sie kaufen, recherchieren Konsumenten immer mehr: Allein zwischen 2011 und 2012 verdoppelte sich die Zahl an Informationsquellen, die vor dem Kauf frequentiert wurden, ermittelte Google in seiner ZMOT-Analyse.

Zudem zeigte eine Studie[2], dass Konsumenten mittlerweile in jeder einzelnen Entscheidungsphase nützliche Informationen wünschen. In dieser Studie wurde der B2B-Markt für Technologien untersucht: 2008 legten die Konsumenten vor allem in der ersten Phase, der Kennenlern-Phase, Wert auf Angebote wie WhitePaper, Videos oder Broschüren. Das hat sich geändert: Heute erwarten sie vor allem in der Mitte ihres Entscheidungsprozesses nützliche Informationen. In der finalen Phase ist die Bedeutung des Contents hingegen deutlich gesunken, vor allem Detailliertes und Ratgeber werden zu diesem Zeitpunkt gewünscht. Das bedeutet, dass mitt-

---

[2] 2014 B2B Technology Content Survey Report von Eccolo Media.

Blick nach vorn: Content revolutioniert die Unternehmenskommunikation

lerweile vor allem in den Phasen vor der Kaufentscheidung Content genutzt wird. Zugleich warnt die Studie davor, Kunden nach ihrem Kauf nicht mehr zu beachten. Vor allem WhitePaper und CaseStudys seien dann beliebt und selbst Broschüren werden noch gelesen. Content hat also nicht nur eine kaufanregende, sondern auch eine kundenbindende Funktion. Es kommt daher heute darauf an, alle Phasen — von der ersten vagen Wahrnehmung bis zum Kauf — mit passenden Inhalten zu begleiten. Und natürlich über den Kauf hinaus, immerhin sind zufriedene Kunden und Stammkunden der größte Schatz, den ein Unternehmen hat.

Für die einzelnen Content-Angebote kann dieses neue Einkaufs- und Entscheidungsverhalten starke Auswirkungen haben. So müsste es zum Beispiel einer Case Study gelingen, zum einen die Neugier potenzieller Kunden zu wecken als auch bestens informierte Stammkunden zufriedenzustellen. Für die Produzenten — Journalisten wie Designer — ist das eine neue Herausforderung. Aber sie ist machbar!

Hier einige weitere Erkenntnisse über das aktuelle Content-Konsumverhalten:

- **Es hat sich deutlich geändert.**
  Konsumenten sind heute während des Kaufprozesses fünfmal stärker auf Content angewiesen als noch vor fünf Jahren (Nielsen, laut Daniel Newman).
- **Es variiert je nach Produkt.**
  Die Zahl der konsumierten Content-Quellen unterscheidet sich je nach Produkt. Beim Automobil sind es über 18, während für OTC-Produkte (rezeptfreie Apothekenware) nur 9,8 Quellen genutzt werden (Google/Shopper Sciences 2011).
- **Es weist Unterschiede zwischen Mann und Frau auf.**
  Männer haben vor einem Einkauf offenbar ein stärkeres Informationsbedürfnis als Frauen. Sie nutzen durchschnittlich 4,1 Informationsquellen, Frauen nur 3,4 (BitKom).
- **Es unterscheidet sich je nach Preisklasse.**
  Bei niedrigpreisigen Produkten legen Verbraucher beim ersten Kennenlernen vor allem Wert auf Content von Experten. In der finalen Kaufphase hingegen schätzen sie primär Branded Content. Genau andersherum sieht es bei hochpreisigen Produkten aus: In Phase 1 ist Branded Content am wichtigsten, doch später, bei der Kaufentscheidung, zählt vor allem das Expertenurteil. Die Urteile anderer Verbraucher werden interessanterweise vor allem bei niedrigpreisigen Produkten geschätzt, bei teuren weniger (Nielsen Company 2014).

Diese Veränderungen haben nicht nur Auswirkungen auf den Kaufprozess, sondern auch auf die inhaltliche Gestaltung der Content-Angebote. Laut Tony Zambito — einem Experten für B2B-Käuferforschung, der über 1000 qualitative Käuferinterviews durchgeführt hat — legen Verbraucher heutzutage vier Verhaltensweisen an den Tag, auf die Content-Produzenten reagieren sollten:

- **Aktives Lernen**
  Verbraucher sind wissbegierig wie nie zuvor. Sie wünschen nicht nur Infos, sondern auch Erklärungen. Sie wollen begreifen, verstehen.
- **Unmittelbares Informationsbedürfnis**
  Internet und Mobilität haben die Verbraucher verwöhnt: Sie wollen zu jedem Zeitpunkt auf alle relevanten Informationen zugreifen können. Das hat nicht nur Auswirkungen auf alle mobile Devices, sondern auch auf den PoS und auf Kundengespräche.
- **Kontinuierliche Lösungssuche**
  Wenn Käufer nach Antworten für ihr Problem suchen, gehen sie in drei Stufen vor:
  1. Sie recherchieren tiefgehend.
  2. Sie lassen die Meinungen anderer eher locker auf sich wirken (etwa im Social Web).
  3. Sie recherchieren intensiv nach informativen Verbraucherurteilen. Dies bedeutet, dass vor allem in der Startphase der richtige Content zur Verfügung stehen muss.
- **Transparenz ist Bedingung**
  Käufer erwarten von Unternehmen eine bislang unbekannte Offenheit, etwa über ihre ethische Einstellung (Tony Zambito 2014).

3.3 Viele Unternehmen zögern noch

Was ist denn nun der aktuelle Stand? Arbeiten kommunizierende Organisationen und Institutionen bereits unter Hochdruck an ihrer neuen Content-Qualität, um der Kommunikationszukunft gerecht zu werden? Bislang eher weniger. Content-Marketing und Content-Strategie scheinen eher Themen topmotivierter Dienstleister zu sein, die ein neues Geschäftsfeld zu erschließen versuchen. Die potenziellen Auftraggeber hingegen zeigen sich noch weitaus zurückhaltender. Zu den raren Vorzeigeunternehmen gehören IBM, Bosch und E-Plus, die auf sehr intelligente und vielfältige Weise Content-Marketing betreiben, mit dem sie die Markenwerte deutlich machen. Doch in den meisten Unternehmen ist der Mut, diese Aufgabe in aller Konsequenz anzupacken, noch eher dünn, berichtet Professor Heiko Beier, ein erfahrener Content-Managementspezialist und Gründer des Technologie-Beratungsunternehmens moresophy. *„Unsere Erfahrung ist, dass die Schmerzgrenze sehr hoch ist, bis ein Unternehmen wirklich seinen Umgang mit Content hinterfragt"*, so Beier. Dennoch ist er zuversichtlich, weil immer mehr Unternehmen verstehen, dass sie um diese Herausforderung nicht herumkommen.

Blick nach vorn: Content revolutioniert die Unternehmenskommunikation

Ein schmerzhafter Mega-Trend

Dass Unternehmen zögern — vor allem, wenn es um content-strategische Vorhaben geht —, ist durchaus verständlich. Denn die Veränderungen können stark und auch schmerzhaft sein, weil sie

- die bisher geleistete Kommunikationsarbeit kritisieren, ob direkt oder indirekt;
- unnütze Eitelkeiten aufdecken und Content-Besitzern ihr Eigentum streitig machen;
- alte Strukturen und Prozesse infrage stellen;
- Unternehmensprozesse betreffen, die ohnehin schon kränkeln oder starken Veränderungen unterworfen sind;
- klarmachen, dass man sich von dem einen oder anderen Dienstleister trennen sollte;
- Investitionen in Content erfordern;
- die Kosten aufgrund von neuem Personal heben könnten;
- neuartige Tools und Managementideen brauchen;
- viele bislang unbeteiligte Mitarbeiter mit ungewohnten Aufgaben piesacken;
- Überzeugungsarbeit bei Menschen nötig machen, die abblocken;
- „Content-Fettpolster" thematisieren und Diäten vorschlagen.

Viele Entscheider schauen deshalb erst einmal lieber weg und versuchen stattdessen die „Light-Variante": Sie beauftragen eine Agentur, Content zu entwickeln, der ihre etablierten Strukturen nicht ankratzt. Diese Entwicklung ist gut für Content-Marketing-Dienstleister, aber langfristig gefährlich für das Unternehmen, weil es womöglich Inhalte einkauft, die nicht überzeugen — und deshalb wirkungslos verpuffen.

Es geht nicht um mehr, sondern um bessere Inhalte

So unangenehm und vielleicht auch schmerzhaft es zu Beginn sein mag: Um langfristig erfolgreich zu sein, brauchen Unternehmen zuerst die richtigen Strukturen und Prozesse, mit denen sie alle Arbeiten, die für die Content-Qualität nötig sind, sinnvoll kombinieren, verschmelzen und auch vereinfachen. Oder wie es die US-Content-Strategin Hilary Marsh ausdrückt: *„Erst die Wurzel, dann die Pflanze."* Wer hier richtig plant, profitiert nicht nur von besseren Inhalten, sondern spart langfristig Kosten, weil viele Überschneidungen und Dopplungen erkannt und eliminiert werden und vielleicht sogar neue Geschäftsfelder — zum Beispiel E-Learning-Plattformen — mit wenig Aufwand aufgebaut werden können.

> **ACHTUNG**
>
> Um es deutlich zu sagen: Hier müssen Unternehmen tatsächlich aufpassen, nicht Opfer ihrer eigenen Verdrängung und Bequemlichkeit zu werden. Natürlich gibt es mittlerweile unzählige Dienstleister, die nur darauf warten, Content produzieren zu dürfen. Und natürlich geben viele vor, sie würden „All in One" bieten, also die Content-Strategie gleich mit dazu. Trotz solcher Versprechen sollten Unternehmen sehr behutsam vorgehen und nicht gleich im ersten Schritt Content-Marketing-Produkte ordern.

Wir leben im Zeitalter der Informationsflut, die Konsumenten sind ob der Fülle der Content-Angebote ohnehin schon völlig überfordert. Deshalb darf es nicht um mehr Inhalte gehen, sondern um bessere. Je schlanker und kräftiger diese sind, und je mehr sie die Bedürfnisse Ihrer Stakeholder befriedigen, umso besser. Auch sollten Sie sich nicht von großen, budgetstarken Beispielen wie Coca-Cola und Red Bull verunsichern lassen. *„Sie müssen nicht Jungfrauen in Vulkane werfen, um großartigen Content zu bekommen"*, beruhigt die Content-Strategin Ahava Leibtag. Das heißt: Auch mit kleinem Budget können Sie vieles bewirken. Zahlreiche Beispiele dafür werden Sie in den folgenden Kapiteln kennenlernen.

3.4 Welche Ziele kann man durch Content-Engagement erreichen?

Natürlich: Letztendlich geht es einem wirtschaftlich arbeitenden Unternehmen immer um Wachstum und Umsatz, das gilt selbstverständlich auch dann, wenn es Content-Strategie und Content-Marketing in Angriff nimmt. Das heißt aber nicht, dass Content vor allem eine Aufgabe des Vertriebs wäre, um Konsumenten zügig zum Kauf zu bewegen oder wenigstens ihre Adresse abzuknöpfen. Das wäre zu kurz gegriffen. Es gibt vielmehr zahlreiche Ziele, die man stecken kann und die dann indirekt, aber deutlich zum Erfolg des Unternehmens beitragen. Solche Ziele — außer den vertrieblichen wie Leads und Umsatz — können sein:

- eine höhere Attraktivität der Marke/Produkte/Unternehmen,
- ein besseres oder modifiziertes Image,
- den Unterschied zur Konkurrenz betonen,
- einen neuen Markt inhaltlich erschließen,
- eine erhöhte Kundenbindung, Kundenloyalität,
- Aufbau einer Stammkundschaft,
- Unterstützung des Kundenservice (Kostenersparnis),

Blick nach vorn: Content revolutioniert die Unternehmenskommunikation

- weitere Zielgruppen/Stakeholder ansprechen, z. B. Bewerber oder Zulieferer,
- Krisenprävention,
- mehr Bewerbungen,
- mehr Verbrauchermeinungen initiieren (für Produktverbesserungen),
- Kostenersparnis bei der Content-Produktion,
- Vereinfachen und Beschleunigen des Content-Managements.

Zahlen aus den USA machen zuversichtlich, dass Ziele wie diese auch erreicht werden. So erfuhr der Content-Marketing-Dienstleister Curata in einer Studie viel Positives: Rund 85 Prozent der Befragten sagten, dass ihr Unternehmen durch Content-Marketing nun stärker wahrgenommen werde. Jeweils über 70 Prozent betonten, dass sich die Bereiche Kundenengagement, Meinungsführerschaft sowie Web Traffic besser entwickelt hätten. Auch die Lead-Qualität und -Quantität hätten zugelegt, bestätigten jeweils über 60 Prozent.

Für jedes dieser möglichen Ziele müssen die dazu passenden Key Performance Indikators (KPIs) formuliert werden, mit denen beobachtet werden kann, ob es tatsächlich erreicht wurde. Weil Content-Strategie und Content-Marketing so vielfältige Einsatzgebiete haben können, ist es zudem schwer, einen Return of Investment (ROI) zu bestimmen. Das gilt vor allem für die Aufgaben der Content-Strategie. Der Erfolg von Content-Marketing-Aktionen hingegen kann leichter anhand solcher Parameter gemessen werden.

3.5 So machen Sie den Weg frei für Content-Strategie und -Marketing

Fassen wir zusammen: Es gibt offensichtlich viele wirtschaftlich relevante Gründe, warum sich ein Unternehmen dem Implementieren einer Content-Strategie widmen sollte — und dem Initiieren darauf fußenden Content-Marketings gleich mit. Obwohl dies so offensichtlich und so wichtig erscheint — trotzdem gehört es zu den schwierigsten Aufgaben, ein Unternehmen von der Notwendigkeit zu überzeugen.

Sie brauchen die Unterstützung der Führungsspitze

Warum? Weil Sie das Okay von ganz oben brauchen, denn eine ordentliche Content-Strategie betrifft viele Unternehmensbereiche. Wenn Sie die Führungsetage nicht hinter sich haben, wird es Ihnen weder gelingen, eine abteilungsübergreifende Content-Strategie einzuführen, noch Content-Marketing-Aktionen zu star-

So machen Sie den Weg frei für Content-Strategie und -Marketing

ten. Ohne die ausdrückliche Genehmigung von oben wird die Motivation einzelner Abteilungen wie Marketing, PR oder Vertrieb vermutlich zu gering sein. Warum sollten sie das Entwickeln neuer Strukturen und Prozesse unterstützen, wenn diese ihre Aufgabenbereiche und die Zusammenarbeit mit anderen Abteilungen womöglich empfindlich verändern?

Deshalb ist das Überzeugen der Führungsspitze eine Hürde, die genommen werden muss — und dementsprechend ein wichtiges Thema für Content-Strategen weltweit. Sie müssen sich dazu bestens vorbereiten, aus drei Gründen:

- **Das Top-Management hat zahlreiche Baustellen.**
  Viele Unternehmen stecken in wirtschaftlich schwierigen Zeiten. Trotz handfester aktueller Probleme müssen sie sich zeitgleich mit der Zukunft auseinandersetzen, etwa mit Enterprise 2.0, Online-Vertrieb und -Kommunikation. Während sie also vollauf damit beschäftigt sind, zwischen Gegenwart und Zukunft eine praktikable Balance herzustellen, kommt nun zu allem Überdruss der Vorschlag, grundlegend neue Strukturen und Prozesse aufzubauen, damit der Content besser fließt. Es ist also nur verständlich, wenn Ihr Ansinnen als „Single-Lösung" nicht auf Begeisterung stößt. Machen Sie deshalb deutlich, inwiefern ihre Content-Strategie Enterprise-2.0- und wichtige Online-Projekte unterstützen und bereichern kann.

- **Viele Entscheider trauen der hauseigenen Kommunikation nicht.**
  In den höheren Etagen scheint es ein Vertrauensdefizit gegenüber professionellen Kommunikationsmaßnahmen aller Art zu geben (Universität Leipzig 2013). So halten 88 Prozent der Top-Manager ihre persönliche Kommunikationsleistung für erfolgreicher als jene ihrer Kommunikationsabteilungen (66 Prozent). Gut 40 Prozent von ihnen arbeitet lediglich projektbezogen mit ihnen zusammen und 15 Prozent hat sogar nie oder nur ganz selten mit ihnen zu tun. Aus diesem Grund sollten Sie aufpassen, dass Sie nicht in diese Schublade geraten. Entwickeln Sie dazu Argumente, was das Top-Management direkt von Content-Strategie und Content-Marketing hat und warum diese die angezweifelte Qualität der Kommunikation heben können.

- **Top-Manager haben wenig Zeit.**
  So umfangreich Ihr Vorhaben auch sein mag — Sie müssen es mit wenigen Sätzen erklären können (auch ohne Präsentation). Ihre Argumente müssen einprägsam und klar formuliert sein. „*Don't Speak Geek!*", betont etwa Professor Eric Reiss, CEO des dänischen Usability-Unternehmens FatDux. Also bitte keine technischen oder trendigen Fachbegriffe verwenden. Das trifft selbst auf das Wort „Content" zu: Vermeiden Sie es! Verzichten Sie auf Details und konzentrieren Sie sich auf das große Ganze. Oder, wie es Eric Reiss ausdrückt: „*Sell crackers, not crums.*" („*Verkaufen Sie Kräcker, keine Krümel.*")

Blick nach vorn: Content revolutioniert die Unternehmenskommunikation

Mit Argumenten wie diesen (die natürlich an das betreffende Unternehmen angepasst werden müssen) könnten Sie Interesse wecken:

- Kosteneinsparungen,
- Erhöhung (bzw. Bewahrung) der Markentreue und Stammkundschaft,
- bessere Versorgung des Top-Managements mit wichtigen Informationen,
- konturierte und klare Positionierung gegenüber der Konkurrenz,
- der öffentliche Auftritt des gesamten Unternehmens ist „aus einem Guß",
- Qualitätssteigerung für alle Kommunikationsmaßnahmen — und damit eine bessere Awareness,
- Krisenprävention,
- Optimierung des E-Commerce.

Die amerikanische Content-Strategin Margot Bloomstein hat die Erfahrung gemacht, dass das Argument „Kosten sparen" am besten wirkt. *„Unternehmen, die auf ihre Profitabilität achten, sind bereit, das Thema Content-Strategie anzugehen"*, sagt Bloomstein. Man müsse deutlich machen, dass sich das Unternehmen Verschwendung und Ineffizienz, resultierend aus mangelnden Absprachen zwischen den Abteilungen, nicht leisten könne. *„Schon allein ein guter Style Guide spart Zeit und Kosten, die sonst in Überarbeitungen, Freigaben und komplizierte Redaktionsprozesse fließen"*, argumentiert Bloomstein (PR-Blogger 2014).

Von Vorteil wäre es unbedingt, wenn Sie all die wohlklingenden Argumente anhand eines praktischen Beispiels veranschaulichen könnten. Deshalb wäre es geschickt, vor dem Gespräch mit der Führungsspitze ein kleines, abgegrenztes Projekt durchzuführen, an dem man das Optimierungspotential von Content-Strategie und Content-Marketing erkennen kann — und das Lust macht auf mehr. Auf solche Projekte stößt man, wenn man sich auf die Suche nach den „wunden Punkten" in der Kommunikation macht. Davon kann es eine Menge geben. Indizien, dass eine Content-Strategie im Unternehmen Sinn macht, könnten zum Beispiel sein:

Mangelnde Resonanz:

- Die Besucheraktivität in den Online-Kontaktpunkten steigt nur bei Kampagnen (Gewinnspiele).
- Die Mitarbeiter werden nie auf die Inhalte angesprochen, die sie zum Beispiel im Blog anbieten.
- Aufwändige Marketingaktionen wie Vorträge der Geschäftsführung, Gastartikel in der Presse oder Messeauftritte wirken sich nicht auf die Besucherfrequenz in den Online-Kontaktpunkten aus.

So machen Sie den Weg frei für Content-Strategie und -Marketing

Die Inhalte, die über unterschiedliche Kanäle eingesetzt werden, passen nicht zusammen:

- Die Inhalte der Online-Angebote korrespondieren nicht mit den Inhalten in Broschüren, Vorträgen etc.
- Die Vertriebsmitarbeiter argumentieren mit anderen Inhalten als jenen, die auf der Website stehen.
- Die Inhalte der Social-Media-Seiten ergeben kein sinnvolles Ganzes.
- Auf allen Kanälen werden ähnliche Informationen verbreitet und langweilen dadurch.

Unternehmensinterne Hindernisse:

- Jedes neue einzelne Content-Projekt (etwa ein Vortrag) macht extrem viel Mühe.
- Es ist sehr schwer, Infos über die Entwicklung des Unternehmens zu bekommen.
- Der Vertrieb arbeitet nur ungern mit den Inhalten aus dem Marketing.
- Das Call Center arbeitet nicht zufriedenstellend und schnell, weil es scheinbar kaum gute Inhalte hat.
- Jede einzelne Abteilung argumentiert in der Öffentlichkeit unterschiedlich.
- Die hausinternen Content-Produzenten müssen bei einer Agentur anrufen, um mehr über das eigene Unternehmen zu erfahren.

Verdächtig viel Arbeit, Aufwand und Kosten:

- Das Unternehmen muss seine Broschüren etc. häufig neu anfertigen lassen, weil sie schnell veralten.
- Die Website wird lieber einem Relaunch unterzogen statt kontinuierlich aktualisiert.
- Auffallend oft werden neue Content-Marketing-Kampagnen in Auftrag gegeben, um die Resonanz zu erhöhen.
- Die Agenturdienstleister sind mit dem Briefing nicht zufrieden, wollen mehr Details.

Qualität der kommunizierten Inhalte:

- Weil die Inhalte vor allem von Agenturen angefertigt werden, sind diese zu oberflächlich und treffen den Kern der Unternehmensmarke nicht.
- Die Online-Angebote wirken zu statisch oder zu werblich, es fehlt der „Esprit".
- Die Website ist langweilig und bietet zu alten Content.

Blick nach vorn: Content revolutioniert die Unternehmenskommunikation

- Das Unternehmen besitzt keine Geschichten. Die Historie des Unternehmens spielt in der Kommunikation keine Rolle. Storytelling ist dort ein Fremdwort.
- Die Inhalte sind generell zu produktlastig und zu werblich.
- Die Slideshare-Präsentationen sind inhaltlich dünner als die Pressemitteilungen.

Bestimmt gibt es auch in Ihrem Unternehmen einen oder mehrerer solcher Punkte, die sehr gut anhand von Methoden der Content-Strategie und des Content-Marketing behoben werden könnten — und mit denen Sie ihr Potential verdeutlichen können.

> **TIPP**
>
> Ein solches Vorgehen hat einen weiteren positiven Nebeneffekt: Sie können mit einem solchen Testlauf schon einmal herausfinden, wie groß die Bereitschaft einzelner Personen ist mitzuwirken, welche Begrifflichkeiten sie verwenden und welche Hürden es im Unternehmen gibt, die Ihnen womöglich noch zu schaffen machen werden. Sie können wichtige Mitarbeiter langsam ans Thema heranführen und einbinden. Wenn Sie einen Mitstreiter gewonnen haben, der im Unternehmen Ansehen genießt, könnte es von Vorteil sein, diesen zu bitten, am Gespräch mit dem Top-Management teilzunehmen.

Letztendlich wären Sie also bestens vorbereitet: Sie haben triftige und gut formulierte Argumente, mit denen Sie attraktive Lösungen skizzieren (bloß keine Problematisierungen!), eine CaseStudy, mit der Sie das Potenzial deutlich machen, und einen Mitarbeiter des Unternehmens, der mit Ihnen Überzeugungsarbeit leisten kann.

3.6 Jede Content-Art besitzt einen eigenen Charakter

Woran erkennt man ein Unternehmen mit einer ausgereiften Content-Strategie plus passendem Content-Marketing? Daran, dass sämtliche Inhalte optisch und inhaltlich wie aus einem Guss wirken. Damit sind nicht nur die Inhalte auf der Website und der Social-Media-Kanäle gemeint. Wenn man sich die Mühe macht und das gesamte Content-Angebot zusammenträgt, das ein Unternehmen produziert und veröffentlicht, kommt schnell einiges zusammen. Zu den typischen Content-Arten eines Unternehmens gehören:

Jede Content-Art besitzt einen eigenen Charakter

1. WhitePaper
2. CaseStudys, Best Practice
3. Broschüren
4. Videos
5. Gebrauchsanweisungen
6. Geschäftsberichte
7. Kundenmagazine
8. Website-Texte
9. Landing Pages
10. Podcasts
11. Content für E-Commerce
12. Blog-Artikel
13. Newsletter
14. Mailings (Dialogmarketing)
15. Infografiken
16. Workshop-Unterlagen
17. Webinare
18. Podcasts
19. Apps
20. Gamifiction
21. Social-Media-Inhalte
22. E-Books
23. Präsentationen auf Slideshare
24. Vorträge auf Veranstaltungen
25. PoS-Informationen
26. Verpackungen
27. Kundenservice- und Call-Center-Unterlagen
28. Pressemitteilungen
29. Messeunterlagen
30. Gastbeiträge Fremdmedien
31. Bücher, Buchbeiträge
32. Stellenausschreibungen
33. Mitarbeiterzeitschrift
34. Intranet
35. Vorgaben zur Korrespondenz

Jede dieser Content-Arten hat ihren besonderen Charakter. Sie stammen aus verschiedenen Quellen, weshalb sie inhaltlich auch unterschiedlich geraten können. Eine der wichtigen Aufgaben der Content-Strategie muss es deshalb sein, Prozesse zu entwickeln, die eine sinnvolle Synchronisierung aller Content-Arten gewährleistet.

Blick nach vorn: Content revolutioniert die Unternehmenskommunikation

Aber es geht in Zukunft nicht nur um eine bessere Organisation und Abstimmung. Content-Strategie und Content-Marketing werden die einzelnen Content-Arten auch inhaltlich verändern. Zum Beispiel jene, die seit jeher gerne intern produziert werden, weil sie immer auf dem neuesten Stand sein und deshalb regelmäßig aktualisiert werden müssen — etwa Gebrauchsanweisungen, Kundenservice-Infos und Stellenausschreibungen. Sie sind häufig spröde und einfallslos gestaltet. Sie müssen aber ansprechender, emotionaler werden, weil sie im Web gemeinsam mit anderen, weitaus ansprechenderen Content-Arten angeboten werden, etwa bunten LandingPages und Apps. Was früher nicht unbedingt zusammenpassen musste — heute kommt man nicht mehr darum herum. Wie wäre es zum Beispiel mit

- einem optisch und inhaltlich ansprechenden Wiki, in dem das Durchstöbern tatsächlich mal Spaß macht?
- Kundenmails, die nicht nur lesbar sind (trocken bewertet anhand der Punktezahl aus der Korrespondenzanalyse), sondern auch erfrischend unterhaltsam?
- aussagekräftigen und womöglich gar unterhaltsamen Storys, mit denen das Call Center Kundenpflege betreiben könnte?
- mit Gebrauchsanweisungen, die nutzerorientiert und damit leicht verständlich sind?

Umgekehrt können Kreative, die für eher effektheischende Content-Arten zuständig sind, von der systematischen Vorgehensweise ihrer pingeligen Kollegen lernen. Denn für erfolgreiches Content-Marketing — so kreativ es auch sein mag — ist es zugleich essentiell, stets die richtigen und bisweilen auch sehr tiefgehenden Informationen zur richtigen Zeit am richtigen Ort zu positionieren. Folglich kann eine verstärkt strategische und prozessorientierte Denke keinesfalls schaden. Man denke nur an Textmengen für Online-Shops, die einerseits anziehend wirken und gleichzeitig immer auf dem aktuellen Stand sein müssen.

Die Content-Arten werden sich aber auch verändern, weil Verbraucher das so wollen. Studien ergaben, dass sie neuerdings zum Beispiel WhitePaper zu einem späteren Zeitpunkt ihrer Kaufentscheidung lesen wollen — das bedeutet, dass solche Angebote weniger einführende Informationen zu Akquisezwecken enthalten sollten, sondern eher tiefer gehende (Eccolo Media 2014). Dazu kommt, dass Content-Arten wie WhitePaper und CaseStudys generell an Attraktivität zu verlieren scheinen. Man vermutet, dass die Stakeholder solcher Formate überdrüssig sind, weil sie zu häufig und von zu vielen eingesetzt werden. Man sollte also ermitteln, welche Bedeutung einzelne Content-Arten für die Stakeholder besitzen und wie man diese optimieren könnte. Vielleicht könnte man die nicht allzu selten anzutreffende WhitePaper- und CaseStudy-Flut ersetzen (oder ergänzen) durch ein Blog, das in kurzen Posts und aussagekräftigen Infografiken nützliche Tipps gibt und so die ehemals kompakte Wissensvermittlung der WhitePaper aufschlüsselt und besser auffindbar macht. Eine weitere Option, um Wissen anregend zu vermitteln, wäre der Einsatz spielerischer Elemente (Gamification).

Auch Spots und Videos stehen vor einer umfassenden, aber nötigen Veränderung. Dass ein Werbespot online nicht wirkt, hat sich mittlerweile herumgesprochen. Das hält aber einige Werbetreibende nicht davon ab, diesen auf YouTube und auf der Website zu platzieren. Im schlimmsten Fall wird der identische Film dann auch noch einige Jahre in der Firmenlobby und auf dem Messestand in Endlosschleife gezeigt. Keine Frage: Das ist langweilender Content, weil er an zu vielen Orten zu häufig und ohne Variationen eingesetzt wird. Fakt ist: Bewegtbild-Produktionen müssen, allen hohen Kosten zum Trotz, vielfältiger und medienadäquater konzipiert werden. Stakeholder erwarten eine Range vom erstklassig produzierten Kinospot bis hin zu spontanen Videodrehs von Mitarbeitern oder auch inspirierenden 6-Sekündern auf der Video-Plattform Vine. Die Kunst der Kommunikation ist nun, diese Varianten geschickt über alle Kanäle hinweg zu choreografieren.

Das Wesen und der Zweck einer jeden einzelnen Content-Art muss also auf den Prüfstand gestellt werden. Ein Unternehmen sollte die Gelegenheit nutzen und sich prinzipiell fragen, welche Inhalte ihm besonders wichtig sind — und deshalb besser im eigenen Haus gemanagt oder sogar produziert werden sollten. Gerade bei Inhalten, die regelmäßig aktualisiert und betreut werden müssen, könnte das eine Überlegung wert sein. *„Wirklich wichtiger Content sollte nie nach draußen gegeben werden"*, stellt etwa die Content-Expertin Hilary Marsh klar. Auch IBM Deutschland behält die Content-Verantwortung im Haus, trotz zahlreicher Agenturen, die mit anpacken. *„Unsere Vertragsagenturen wie Ogilvy ... zählen nicht zu den Content-Haupttreibern"*, sagt IBMs Digital Leader Raphaela Fellin (PR-Blogger 2013). Stattdessen hat IBM Inhouse-Strukturen aufgebaut, über die Themen und Inhalte entstehen und letztendlich online veröffentlicht werden.

Wir hoffen, dass wir Ihnen einführend deutlich machen konnten, wie tiefgehend, politisch verzwickt, aber notwendig die Veränderungen sein können, die Content-Strategie und Content-Marketing mit sich bringen. Bloß ein Trend? Von wegen! Vielleicht kennen Sie ja folgende berühmte Frage Homer Simpsons (Vater der Cartoon-Serie „Die Simpsons"): *„Das Internet? Gibt's den Blödsinn immer noch?"* Genauso werden wir hoffentlich in Zukunft darüber lachen können, sollte einer ähnlich fragen: *„Content-Strategie? Gibt's den Blödsinn immer noch?"* — weil wir wissen, dass das die größtmögliche Fehleinschätzung ist. Dabei spielt es keine Rolle, ob der Begriff „Content" also solches überleben wird — das Ziel bleibt: Unternehmen und ihre Marken brauchen für ihre Zukunft besseren medien- und rezipientenadäquaten Content. Dringend. Jetzt.

4 Ist-Soll-Analyse: So erforschen Sie Ihr Content-Potential

„Sometimes, we take the easy way and get the wrong answer."

Daniel Kahneman

Wer dauerhaft dank Content überzeugen will, kommt um eine konsequente Analyse bereits existierender Inhalte nicht herum. Dieses Kapitel zeigt, welche Basisinformationen ein Unternehmen erforschen sollte, damit es daraus lernen und — im Anschluss — die passende Content-Strategie sowie zielführendes Content-Marketing aufbauen kann.

Umsatz und Kundenzahl sollen steigen, ebenso die Kundentreue. Obendrein soll das neue Content-Management Kosten- und Zeitersparnis bringen — das sind die typischen hehren Ziele, die genannt werden, wenn Unternehmen in Content-Strategie und Content-Marketing einsteigen. Doch alle Content-Mühen können nur dann zum Gelingen beitragen, wenn zuvor ein weitaus wichtigeres Etappenziel angesteuert wird: das Ermitteln, welcher Content zu Ihnen passt.

Um das herauszufinden, brauchen Sie elementares Wissen über Stakeholder, Marke und alle aktuellen Content-Schwachstellen, intern wie extern. Aber mal ehrlich: Gerade hier wird allzu häufig gekniffen und geschlampt. Immerhin kosten solche Vorab-Recherchen, da gibt es nichts zu beschönigen, viel Geduld, Gespür und Geld. Dazu drohen solch tiefgehende Untersuchungen viele Prozesse zu verlangsamen oder gar auszubremsen — für tatendurstige Marketer, die gerade die Echtzeitkommunikation auf ihrer Agenda stehen haben, ist das ein ungewohnter, geradezu besorgniserregender Zustand. Und manche von ihnen fürchten womöglich, auf Probleme aufmerksam gemacht zu werden, die sie längst kennen, aber bisher erfolgreich verdrängen durften. Deshalb tendieren viele dazu, die Notwendigkeit einfach zu übersehen. Oder sie beginnen ganz von vorn (neue Agentur, neue Kampagne, Ad-hoc-Umstrukturierungen), anstatt sich das bisher Geleistete einmal genauer anzusehen und aus Fehlern zu lernen. Aktionismus statt Analyse.

Ist-Soll-Analyse: So erforschen Sie Ihr Content-Potential

Eine erkenntnisreiche Content-Analyse braucht Geduld

Es wäre nicht zielführend, wenn Sie, angeregt durch die vollmundigen Versprechen der Content-Marketing-Industrie, „einfach loslegen" würden. Dann besteht die Gefahr, dass Sie Inhalte produzieren — oder produzieren lassen —, die kaum oder nur einmalig wirken. Und jeder wirkungslose Content ist in Zeiten der Informationsüberreizung zu viel und kann sich sogar negativ auf Ihre Reputation auswirken. Wenn Sie immer wieder neue Content-Marketing-Kampagnen starten, weil keine davon überzeugen kann, dann erzeugen Sie, so bitter es klingt, Content-Müll, der langfristig ihrem Image schadet. Misstrauen Sie deshalb einem Dienstleister, der eine Themenpalette nur anhand einer Konkurrenzanalyse anfertigt. Auf diese Weise werden Sie vielleicht ein Themenfeld entdecken, das noch zu besetzen wäre — aber es wird nicht ersichtlich, ob dieses Themenfeld für Sie überhaupt geeignet ist. Ebenso problematisch ist es, sich nur auf die Webanalyse zu verlassen — sie zeigt zum Beispiel nicht, ob Sie online womöglich mit den falschen Personen Kontakt aufgenommen haben.

> **! WICHTIG**
>
> Seien Sie sich darüber im Klaren: Ihre Content-Strategie kann noch so ausgeklügelt, die Prozesse und Tools noch so optimiert und das Content-Marketing noch so bombastisch sein — wenn der Content nicht dem Unternehmen entspricht, ist alle Mühe umsonst.

Aus diesem Grund widmen wir einen großen Teil unseres Buchs der Ist-Soll-Analyse. Nehmen Sie Ihr Interesse an Content-Strategie und -Marketing zum Anlass, um Klarheit zu gewinnen über Ihre Stakeholder, Ihre Marke und Ihr hausinternes Content-Potential. Ein pauschal richtiges Vorgehen gibt es dabei nicht, ein jedes Unternehmen muss sein eigenes Vorgehen gestalten und seine besonderen Schwerpunkte setzen — je nachdem, was in Erfahrung gebracht werden soll und welches Wissen bereits im Haus ist, das für den Aufbau von Content-Strategie und -Marketing verwendet werden kann. Das gewonnene Wissen wird Ihnen helfen, klare Ziele zu setzen und ausdauernd durch das Marketing der Zukunft, das eine starke Content-Komponente haben wird, zu navigieren. Es ist bestimmt nicht die bequemste Route — aber sie führt, im Sinne Daniel Kahnemanns, zu den richtigen Antworten.

4 Ist-Soll-Analyse: So erforschen Sie Ihr Content-Potential

Die drei Perspektiven erfolgreichen Contents: Stakeholder, Marke, Unternehmen

Zu Beginn darf es Ihnen also nicht zentral um den breiten Blick auf Ihren Markt gehen, auf Konkurrenten und Platzierungsoptionen. Es geht primär darum, Ihre Inhalte aus drei Perspektiven zu betrachten:

1. Aus der Stakeholder-Perspektive
2. Aus der Marken-Perspektive
3. Aus der Unternehmens-Perspektive

Die 3 Perspektiven der Content-Analyse

	IST-Analyse	SOLL-Analyse
1. Stakeholder-Perspektive	Wie beurteilen diese Ihr Angebot?	Was würden sie gerne von Ihnen auf welche Weise erfahren?
2. Marken-Perspektive	Vermitteln Ihre Inhalte die beabsichtigten Markenbotschaften?	Welche der Botschaften sollten sie stattdessen, anders oder zusätzlich transportieren?
3. Unternehmens-Perspektive	Welche Content-Prozesse gibt es und wie wirken sie sich auf die Content-Qualität aus?	Welche Content-Prozesse können zu einer Qualitäts- und Effizienzsteigerung beitragen?

Abb. 4.1 Guter Content entsteht, wenn drei Perspektiven beachtet werden. Quelle: Eichmeier/Eck

Gemäß diesen drei Blickwinkeln haben wir das folgende Kapitel unterteilt. Die vorrangige Analyse ist jene der Stakeholder-Perspektive, denn diese sind es, die letztendlich über Ihren Erfolg oder Misserfolg entscheiden. Das Publikum ist der Richter. Es gilt herausfinden, wie groß die Kluft ist zwischen der Zufriedenheit mit dem aktuellen Angebot Ihres Unternehmens und dem, was sich die Stakeholder wünschen. Die Größe der Kluft entspricht dem Grad der Kundenzufriedenheit, schreibt Professor Dr. Willy Schneider, Autor des Standardwerks „Marketing-Forschung und Käuferverhalten": *„Kundenzufriedenheit ist das Ergebnis eines psychischen Vorgangs, bei dem der Kunde zwischen dem wahrgenommenen Leistungsniveau eines Unternehmens (= Ist-Leistung) und einem wie auch immer gearteten Standard, in der Regel seinen Erwartungen (= Soll-Leistung), vergleicht"* (Schneider 2013).

Doch zuvor: Lassen Sie uns noch einen kleinen Ausflug machen in eine Vorstufe, die wir „Wunsch-Analyse" nennen. Sie kann zu Beginn hilfreich sein, um zu erkennen, welche Erwartungen Geschäftsführer und andere Entscheider haben. Fragen Sie Entscheider und Kommunikatoren des Unternehmens: Was wäre aus Ihrer Sicht der absolute Traum-Content? Und was seine absolute Traum-Wirkung?

Mit der „Wunsch-Analyse" entdecken Sie Luftschlösser und bisher unentdeckte Aspekte

Was bringt das Ermitteln solcher Will-Wünsche? Anhand der darauffolgenden Analysen können Sie bewerten, ob diese realistisch und erreichbar sind. Zum einen enttarnen Sie auf diese Weise Luftschlösser — die häufiger existieren, als einem lieb ist — und schützen sich vor Kritik, die auf unrealistischen Erwartungen basieren. Umgekehrt aber könnten Sie auf diese Weise neue Ziele und interessante Anregungen entdecken. Es ist generell eine gute Gelegenheit, mit Führungskräften über die Zukunft des (Content-)-Marketings zu sprechen, um diese mit ins Boot zu holen und um Unterstützung zu bitten.

Anhand der Wunsch-Analyse können Sie feststellen, ob es eine Diskrepanz gibt zwischen den Traumzielen der Entscheider und den Bedürfnissen Ihrer Stakeholder, den Botschaften Ihrer Marke und dem, was in Ihrem Unternehmen machbar ist. Also kann eine Wunsch-Analyse

- bei der Gestaltung einer realistischen Content-Zukunft helfen, weil unrealistische Erwartungen als solche erkannt werden;
- ermitteln, ob sogar mehrere Content-Traumbilder in Ihrem Unternehmen existieren, die sich voneinander unterscheiden;
- zeigen, wie groß die Diskrepanz ist zwischen den Traumszenarien und der Ist-Situation;
- neue spannende Aspekte an den Tag bringen, die anhand der Ist-Soll-Analyse deutlich werden.

Wenn Sie die Ergebnisse der Wunsch-Analyse mit jener der Ist-Soll-Analyse vergleichen, erkennen Sie, wie stark sie sich unterscheiden. Sind die Erwartungen der Entscheider

- unrealistisch, weil z. B. die Marke nicht dazu passt?
- weil das Personal das nicht stemmen kann?
- weil die erforderlichen Agenturleistungen jeden Budgetrahmen sprengen würden?

Ist-Soll-Analyse: So erforschen Sie Ihr Content-Potential 4

Je weniger Diskrepanz zwischen der Wunsch-Analyse und der Ist-Soll-Analyse besteht, umso besser versteht das Unternehmen seine Stakeholder, seine Marke und letztendlich sich selbst. Sollte die Diskrepanz sehr hoch sein, muss die Führungsspitze frühzeitig von diesen Widersprüchen erfahren. Letztendlich geht es darum, am Ende des Analyseprozesses gemeinsam passende und realistische Ziele zu formulieren. Wenn die Entscheider aber weiterhin an ihren womöglich unrealistischen Zielen festhalten, ist der Aufbau einer Content-Strategie sowie aller Content-Marketing-Projekte gefährdet.

> **BEISPIEL: Nur ein Beispiel:**
> Ein Infrastrukturdienstleister träumte von einem Film, in dem er als Superman durch die Fenster seiner Kunden fliegt und dort alle Probleme im Handstreich löst. Sie werden uns Recht geben, dass dieser „Traum-Content" dermaßen überzogen ist, dass er womöglich unfreiwillig lustig werden würde. Die Ist-Soll-Analyse hat den Unternehmer Gott sei Dank schnell überzeugt und auf den Boden der Tatsachen gebracht. Sie machte ihm deutlich, dass seine Zielgruppe ein völlig anderes Bild von ihm hat: als dezenter Dienstleister, der im Hintergrund Probleme löst.

Das Beispiel zeigt einen der wesentlichen Pluspunkte für eine Wunsch-Analyse: Durch eine Gegenüberstellung mit der Ist-Soll-Analyse kann einer schädlichen Eitelkeit Einhalt geboten werden. Wenn sich Entscheider dieser nicht bewusst sind, kann die Content-Strategie Schaden nehmen. Insofern ist der Vergleich des „Wollens und Sollens" eine Art Selbstfindungsprozess. (Ein Unternehmen erfährt, ob es womöglich unrealistischen Träumen hinterherjagt.) Und er bewahrt davor, Content-Marketing-Dienstleister mit falschen oder überzogenen Erwartungen zu briefen. Das Ergebnis wäre womöglich erfolgloses Content-Marketing, für das der Dienstleister aber nicht die Schuld trägt.

Wenn die Entscheider durch den Vergleich mit der Ist-Soll-Analyse erkennen, dass sie bislang in die falsche Richtung gedacht haben, und einlenken, ist viel gewonnen. Dann können Sie mit ihrer Unterstützung im langwierigen Prozess der Content-Optimierung rechnen — und müssen nicht fürchten, plötzlich von nicht erfüllbaren Holterdipolter-Wünschen aus der Spur gebracht zu werden.

> **WICHTIG: Formulieren Sie vorläufige Ziele**
>
> Das Ergebnis der Wunsch-Analyse sollte eine Sammlung der — zunächst — wichtigsten Ziele sein, die das Unternehmen anhand von Content-Strategie und Content-Marketing erreichen möchte. Sollten diese zu heterogen oder diffus sein, müssen Sie mit einem Entscheider festgelegt, welche davon das meiste Gewicht haben sollen. Die Gefahr des Verzettelns wäre sonst zu groß. Die Ziele aus der Wunsch-Analyse sind zwar vorläufig, dennoch sind sie eine nützliche Stütze beim Formulieren der Fragen, die Stakeholdern und Markenexperten gestellt werden. Sollte der Content zum Beispiel vorwiegend zum Aufbau von Vertrauen dienen, können einige Fragen dementsprechend formuliert werden. Ohne solche vorläufigen Ziele besteht die Gefahr, mit zu unkonkreten Allerweltsfragen wenig Erkenntnisreiches zutage zu fördern.
>
> Die realistisch erreichbaren Ziele, die für Content-Strategie und Content-Marketing final Gültigkeit haben sollen, werden erst nach den Analysen erkennbar. Sie können sich von den vorläufigen Zielen deutlich unterscheiden. So könnte sich zum Beispiel herausstellen, dass das Unternehmen kein Vertrauensproblem hat, sondern vielmehr ein Vertriebsproblem. Dann sollte ein Schwerpunkt der geplanten Content-Strategie und des Content-Marketings auf dieser Erkenntnis basieren.

4.1 Vor dem Start: Die Bestandsaufnahme Ihres Content-Schatzes

„You can't know where you're going if you don't know where you are."

Rebecca Lieb

Mal ehrlich: Haben Sie einen vollständigen Überblick über alle Content-Angebote Ihres Unternehmens, sogar von jeder einzelnen Abteilung? Die erste Aufgabe der Ist-Soll-Analyse besteht darin, all Ihre Inhalte zu sammeln, noch völlig ohne Bewertung. Für diesen Job haben sich die Begriffe „quantitatives Content Audit" und „Content Inventory" durchgesetzt. Diese Sammlung dient Ihnen als Grundlage für alle weiteren (qualitativen) Analysen. Im Kapitel 3.6 haben wir wichtige Content-Arten aufgelistet. Sie sehen: Wenn einmal jede einzelne Broschüre, CaseStudy und WhitePaper zusammengetragen sind, kann das leicht in die Hunderte gehen. Der Überblick über alle Content-Angebote Ihres Unternehmens ist zugleich die Basis für den dritten Analyseteil, in dem wir uns die Content-Prozesse und -Strukturen im Unternehmen vornehmen.

Vor dem Start: Die Bestandsaufnahme Ihres Content-Schatzes

Natürlich ist es eine große Aufgabe, all diese Inhalte auf ihre Tauglichkeit zu untersuchen. Und wenn Sie das Gefühl haben, hier könnte man sich ganz schön verzetteln und in endlosen Forschungsaufgaben verlieren: Sie haben Recht! Aber verdeutlichen Sie sich bitte auch, dass Sie — gerade wegen dieser unübersichtlichen Menge — dringend eine Übersicht und Guidelines für alle brauchen. Nur wenn Ihre Inhalte aus einem Guss sind, können Sie ihr Optimum an Wirkung entfalten. In den folgenden Kapiteln zeigen wir umfassend auf, worauf es bei der Content-Analyse ankommt und worauf Sie achten sollten — aber die Entscheidung, welche der Vorschläge Sie verwenden möchten und worauf Sie verzichten, müssen Sie treffen, bevor Sie loslegen. Sie brauchen einen realistischen Rahmen, damit die Analysen die gewünschten Ergebnisse bringen. Sie können zum Beispiel, statt des großen Wurfs, einzelne Content-Arten herauspicken, die Ihnen besonders wichtig erscheinen und diese — quasi als Testballon — einer Content-Analyse unterziehen, zum Beispiel:

- Informationen zu einem einzelnen Produkt,
- Content aus einer Abteilung, etwa der PR,
- das Corporate Blog.

Sobald Sie erste Erfahrungen gewonnen haben, können Sie dann mit anderen Content-Arten fortfahren.

Die Content-Touchpoints

Vermutlich platzieren Sie die meisten Content-Angebote an mehreren Kontaktpunkten. Zum Beispiel könnte eine CaseStudy sowohl im Corporate Blog vorgestellt werden, als auch am Messestand ausliegen. Stellen Sie Ihre einzelnen Content-Touchpoints zusammen und ermitteln Sie, welche Inhalte Sie wo anbieten oder anteasern. So gewinnen Sie einen ersten Eindruck, welche Kontaktpunkte ausreichend ausgestattet sind, welche zu viel und welche zu wenig. Vielleicht kommen Sie ja Inhalten auf die Spur, die Sie gerade inflationär über viel zu viele Kanäle spielen — und damit ihre Wirkung aufs Spiel setzen.

Ist-Soll-Analyse: So erforschen Sie Ihr Content-Potential

▶ **BEISPIEL**

Wenn Sie zum Beispiel alle Kontaktpunkte einer Broschüre zusammenstellen, könnten Sie zu dem Schluss kommen, dass diese womöglich zu häufig angeboten wird. Wer kennt das als Kunde nicht: Man nimmt eine Broschüre von der Messe mit, liest auf dem Blog den nahezu identischen Inhalt, lädt die Broschüre versehentlich noch einmal runter und findet sie dann, nach dem Kauf, ein weiteres Mal im Produktkarton. Vom ersten Interesse bis nach dem Kauf, also während der gesamten Customer Journey, bekommt der Kunde ein und denselben Content nur leicht verändert serviert. Eine solche „Lieblosigkeit" im Kundenkontakt fällt natürlich auf und ist somit von Nachteil für das Unternehmens- und Produktimage und für die Kundenbindung. Deshalb sollten Sie genau überprüfen, über welche Touchpoints Stakeholder Ihre Inhalte bereits beziehen, um Doppelungen zu vermeiden.

Dem Unternehmen selbst müssen solche Dopplungen nicht unbedingt auffallen, weil der Inhalt über verschiedene Abteilungen publiziert wird: die Messekommunikation, der Corporate Blogger, die Agentur, welche die Website betreut und letztendlich der Vertrieb. Es ist aber keine Frage, dass man hier kundenorientierter vorgehen muss. Auf solche Probleme in der Content-Orchestrierung stößt man, wenn man sich einmal die Mühe macht und alle Kontaktpunkte sowie die jeweils dort angebotenen Inhalte zusammenführt. In vielen Unternehmen gibt es noch immer keine zentrale Aggregierung aller Inhalte, die in der öffentlichen Kommunikation mit den Stakeholdern eingesetzt werden. Dadurch weiß das Unternehmen nicht wirklich, was im Namen seiner Marke kommuniziert wird und kann sich darauf nicht beziehen. Dabei ist es für einen konsistenten Markenauftritt entscheidend, mit den richtigen Inhalten gegenüber den Stakeholdern zu punkten.[1]

Zu den Touchpoints, die Sie selbst verantworten, gehören zum Beispiel:

- Website
- Corporate Blog
- Print- und Online-Medien (PR-Arbeit)
- Facebook
- Twitter
- Google Plus
- Flickr
- Slideshare

---

[1] Herauszufinden, für welche Kundensituationen und -bedürfnisse an welchem Kontaktpunkt welche Inhalte zur Verfügung stehen sollten, gehört zu den großen Aufgaben des Content-Marketings (Kapitel 4.2 und 6.2).

Vor dem Start: Die Bestandsaufnahme Ihres Content-Schatzes

- Newsroom
- Newsletter
- Briefe und E-Mails an Kunden
- Firmenlobby
- PoS, offline und online
- Gespräch mit Verkäufer
- Verpackung
- Call Center
- Messen
- Konferenzen, Kongresse
- Events für Stammkunden
- Events für Geschäftskunden
- Schulungen, Weiterbildung

Wenn Sie nun ermitteln, welche Inhalte wo angeboten werden, können Sie ersten Fehlern in Ihrer Content-Vermarktung auf die Spur kommen. So könnte die Touchpoint-Tabelle eines Unternehmens aussehen:

Ist-Soll-Analyse: So erforschen Sie Ihr Content-Potential

An welchen Touchpoints werden welche Content-Arten eingesetzt?

Content-Touchpoints (Beispiele)	WS	BL	PR	FB	TW	KK	EM	EG	ME	PS	VP	FL	NL	CC	
Website-Inhalte	X														1
Blog-Inhalte		X		X	X										3
Facebook-Inhalte	X		X	X					X	X	X		X		7
Geschäftsbericht	X	X	X	X			X	X	X				X		7
Broschüre XY	X			X		X	X	X	X	X	X		X		10
Pressemitteilungen	X		X	X				X							4
Beitrag Fremdmedien		X		X		X		X					X		5
Bücher, Buchbeiträge		X	X	X		X							X		5
Kundenzeitschrift	X			X		X	X	X	X	X			X		9
Vorträge		X	X	X		X									4
Corporate Video	X	X	X	X		X		X	X		X	X			9
WhitePaper XY	X	X	X	X	X		X	X				X			8
CaseStudy XY	X			X			X	X	X						5
Gebrauchsanweisungen														X	1
Stellenausschreibung	X			X											2
15	**10**	**7**	**7**	**12**	**3**	**5**	**7**	**6**	**7**	**3**	**2**	**3**	**6**	**3**	

Kontaktpunkte: Dort liegen die Inhalte aus oder werden angeteasert

WS	Website		**EG**	Events Geschäftskunden
BL	Blog		**ME**	Messen
PR	Print- und Online-Medien (PR-Arbeit)		**PS**	PoS, offline und online
FB	Facebook		**VP**	Verpackung
TW	Twitter		**FL**	Firmenlobby
KK	Konferenzen, Kongresse		**NL**	Newsletter
EM	Briefe und E-Mails an Kunden		**CC**	Call Center

Abb. 4.2 Allein durch die Recherche, welcher Content an welchen Touchpoints angeboten wird, können viele dramaturgische Fehler aufgedeckt werden. Quelle: Eichmeier/Eck

Wenn Sie solche Informationen an einer zentralen Stelle intern zusammengetragen haben, ist Ihnen ein wichtiger Schritt gelungen: Denn das, was Sie in einer Tabelle wie dieser sehen, ist Ihr aktuelles Content-Universum. Sie wissen nun, welche Inhalte im Unternehmen genutzt werden — und an welchen Schnittstellen zu den Stakeholdern sie angeboten werden.

Vor dem Start: Die Bestandsaufnahme Ihres Content-Schatzes 4

Und bereits in diesem quantitativen Anfangsstadium der Content-Analyse können Sie wertvolle Schlussfolgerungen ziehen. An dieser Tabelle ist zum Beispiel erkennbar:

- Die **Website** wird stark zur Informationsvermittlung genutzt. Allerdings stellt sich die Frage, warum das Beispielunternehmen nicht konsequent ist: Auch Gebrauchsanweisungen sowie Artikel in Fachmedien und Buchmedien wären an dieser Stelle gut untergebracht.
- Die **Facebook-Seite** scheint in ihrer Funktion etwas überlastet: Auf ihr werden zwölf Inhalte angeboten — mehr als auf der Website. Es fragt sich, ob diese Menge auf nur einer Seite ein Angebot zur Folge hat, das die Stakeholder als zu schwammig empfinden. Man sollte hier genauer analysieren, ob die Facebook-Seite womöglich dazu benutzt wird, um Publikationsprobleme der Website abzufangen — was nicht ihre Aufgabe sein sollte. Genauso wenig übrigens wie die des Corporate Blogs.
- Im Gegensatz zu Facebook ist das Content-Angebot via **Twitter** sehr dünn. Der Kanal dient vorwiegend der Blogartikel-Vermarktung und gleicht einem automatisierten Newsstream. Er dürfte deshalb nicht allzu viel Erfolg haben. In Zusammenarbeit mit einem Social-Media-Manager sollte man für ein ausgewogeneres Angebot der Social-Media-Kanäle sorgen.
- Der **PoS** ist mit drei Content-Angeboten sehr dünn bestückt. Doch Verbraucher erwarten offline wie online die gleiche Informationsqualität. Unabhängig von den mühsamen Händlerverhandlungen sollten Sie am PoS — womöglich der Ort der Entscheidung! — eine intelligentere Performance bieten. Achten Sie darauf, dass die Verkäufer auf einem Top-Informationsstand sind und gute Geschichten rund um Ihr Unternehmen in petto haben.
- In der **Verpackung** wird lediglich eine Broschüre beigelegt, die Gebrauchsanweisung sowie ein Extra-Hinweis auf die Facebook-Seite. Wenn es etwas Besonderes an den Paketöffnern gibt, dann das: Dies sind Ihre brandneuen Kunden! Vertun Sie nicht die Chance und langweilingen Sie diese mit Inhalten, die sie längst kennen und ihren Wissensstand beleidigen. Überraschen Sie mit neuen Inhalten. Hier gibt es noch viel zu tun: Laut ECC-Konjunkturindex Handel nutzen nur knapp 30 Prozent der Händler die Verpackung auch zur Information — und nicht nur als Schutzmaßnahme. Darunter verstehen sie jedoch vor allem Logo, Slogan und Markenversprechen. Nur 5,8 Prozent verwenden die Verpackung für relevante Unternehmensthemen.
- Auch die **Firmenlobby** lohnt einen Blick. Lediglich drei Content-Angebote werden dort offeriert: die Broschüre, die Kundenzeitschrift und das Corporate-Video, das womöglich auf einem Flatscreen in der Endlosschleife gezeigt wird. Auch wenn es gerne vergessen wird: Die Lobby ist die Visitenkarte Ihres Hauses! Alle Besucher sollen sich hier gleichermaßen wohlfühlen, ob Geschäftspartner,

Bewerber oder Kunde. Wenn neben Broschüre (liegt überall aus) und Kundenzeitschrift (haben alle längst mit der Post bekommen) auch noch Tageszeitungen und Magazine ausliegen — wohin werden die Wartenden wohl greifen?
- **Stellenausschreibungen** werden nur auf der Website und auf Facebook platziert. Was spricht dagegen, dazu auch die Firmenlobby zu nutzen? Oder das Blog?
- Das **Call Center** bietet neben dem Kundenservice per Telefon oder E-Mail lediglich Broschüre, Kundenzeitschrift und Gebrauchsanweisungen zum Versand. Leider strahlen die meisten Kundenservicemitarbeiter diesen mangelnden Informationsstand auch aus. Eine vertane Chance! Wer im Gespräch die Bedürfnisse des Kunden kennenlernt, kann ihn zum Beispiel mit nützlichen WhitePapers und CaseStudys versorgen.
- **Corporate Video**, **Broschüre** und **Kundenzeitschrift** werden auf allen Touchpoints am häufigsten angeboten. Eine solche Überdosis kann Stakeholder nicht nur langweilen, sondern irgendwann auch verärgern, weil ihnen der Content nahezu aufgedrängt wird. So könnten man zum Beispiel in Erwägung ziehen, unterschiedliche Videos zu produzieren — eines für die Website und YouTube, eines für die Lobby und die Messe (ohne Ton), eines für Vorträge, eines für die Bewerber und eines für Ihre Mitarbeiter. Das B2B-Unternehmen Krones AG ist ein sehr schönes Beispiel, wie viel Leben man mit unterschiedlichen Videos in die Stakeholder-Kommunikation bringen kann.

Der quantitative Content Audit der Website: warum er so wichtig ist

Unter allen Kontaktpunkten spielt die Website eine besondere, sogar herausragende Rolle. Denn auf ihr laufen in der Regel die wesentlichen Fäden zusammen. Zahlreiche unterschiedliche Content-Angebote können dort feilgeboten oder variiert dargestellt werden. Die Website kann deshalb das Zentrum der gesamten Content-Aktivität sein. „*Wenn Sie sich für das Thema Content-Marketing interessieren, kommen Sie also gar nicht umhin, sich intensiv mit den Inhalten auf Ihrer Website auseinanderzusetzen – denn hier müssen Sie Ihre User letztlich überzeugen*", bringt es Miriam Löffler, Autorin des Buchs „Think Content" auf den Punkt.

Die Analyse einer Website ist eine anspruchsvolle und auch zeitintensive Aufgabe. Immerhin geht es darum, jede einzelne Seite zu registrieren und im Anschluss zu bewerten (qualitativer Audit). Macht sie trotzdem Sinn? Ja. Nicht nur, weil die Website für viele Unternehmen das Herz aller Content-Bemühungen ist. Zugleich ist sie ein Touchpoint, der zur Überforderung neigt: Ohne Rücksicht auf seine „Gesundheit" wird er belastet mit allerlei irrelevanten Inhalten, nur weil unterschiedliche Unternehmensabteilungen diese veröffentlicht haben möchten. Deshalb ist bei

4 Vor dem Start: Die Bestandsaufnahme Ihres Content-Schatzes

der Website besondere Aufmerksamkeit nötig: Jedes Unternehmen muss strengstens darauf achten, dass sie nicht — um im Bild zu bleiben — an Verfettung (zu viele Inhalte) und Verkalkung (zu alte Inhalte) krankt. Das Content-Audit ist eine wunderbare Methode, um solche gefährlichen Unverhältnismäßigkeiten offenzulegen, die Arbeit der unterschiedlichen Content-Zulieferer zu bewerten und die Inhalte und ihre Kategorien zu optimieren.

Wir wollen aber nicht verbergen, dass es anerkannte Content-Strategen und Online-Kommunikationsexperten gibt, die ein Content Audit nicht in jedem Fall empfehlen. Der erfahrene Usability-Experte Gerry McGovern etwa stellt fest: *„Wenn Sie es mit einer großen, komplexen, alten und nicht aktuellen Website zu tun bekommen, kann ein Content Audit Zeit- und Geldverschwendung sein."* McGovern machte Erfahrungen mit Website-Inhalten, deren Autoren nicht mehr zu ermitteln waren. Und hatte er sie dann doch ausfindig gemacht, wollten sie ihren alten Content unbedingt auf der Website behalten — auch wenn er mittlerweile völlig unnütz geworden war. Weil McGovern befürchtete, dass es auf diese Weise Jahre dauern würde, um zu einer ansehnlichen Website zu kommen, riet er zu einem konsequenten Schnitt und einem Neuanfang.

Dennoch, selbst bei (politisch) komplizierten Fällen wie diesem: Wir sind der Überzeugung, dass ein Content Audit Sinn macht. Wie könnte man sonst ermitteln, ob die Website tatsächlich als Ganzes unbrauchbar wurde? Oder welche Inhalte besonders gut funktioniert haben und nach wie vor wichtig sind — und welche nicht? So fand McGovern zum Beispiel über ein Content Audit der Microsoft-Website heraus, dass 30 Prozent der Angebote nicht besucht wurden. Ohne Content Audit wäre dieses Missverhältnis womöglich nie aufgedeckt worden. Ein weiteres Argument liefert die Content-Audit-Expertin Brigitte Alice Radl von der FH Joanneum in Graz. Für sie ist ein Content Audit eine gute Gelegenheit, um Entscheider von der Notwendigkeit einer Content-Strategie zu überzeugen: *„Unter dem Motto: ‚Seht her: Das haben wir bei der Bestandsaufnahme herausgefunden. Hier und hier gibt es Schwachstellen und Verbesserungspotenzial. Wir können Euch so und so dabei helfen.'"* Brigitta Radl führte unter anderem ein Content Audit für die FH Joanneum durch und benutzte für diese anspruchsvolle Aufgabe nichts anderes als ein Excel-Spreadsheet, mit dem sie jede einzelne Seite anhand quantitativer und zum Teil auch qualitativer Kriterien erfasste.

Ist-Soll-Analyse: So erforschen Sie Ihr Content-Potential

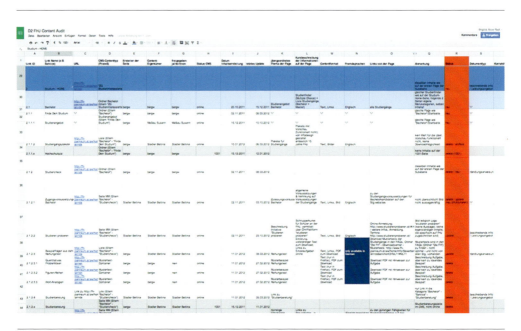

Abb. 4.3 Detailverliebtheit und Geduld sind für ein Content Audit von Vorteil. Das Beispiel zeigt die Tabelle, die für die Website der FH Joanneum in Graz entstand

Mit diesem Content Inventory gelang es Radl, Fehler in den redaktionellen Strukturen der Organisation offenzulegen. Sie konnte zum Beispiel ermitteln, welcher Content regelmäßig aktualisiert wird und welcher lückenhaft redigiert und freigegeben wird. Zudem entdeckte sie eine Quelle für Qualitätsmängel: 420 Personen hatten Zugang zum CMS. Sie konnten ohne zwischengeschaltete Kontrollinstanz publizieren. Für den Großteil der Inhalte auf der FH-Website gab es keine Qualitätskontrolle. Die meisten Inhalte wurden von ein und derselben Person erstellt, bearbeitet und freigegeben.

Diese Kategorien nutzte Brigitte Radl für das quantitative Content Audit der Website:

- Link ID (Nummerierung der Pages gemäß Informationsarchitektur)
- Link Name (meist Titel des HTML-Dokuments)
- URL
- Dokumenttyp (Produktseite, Presseaussendung, Geschäftsbedingungen usw.)
- Keywords & Meta Tags
- Ersteller der Page
- Content-Eigentümer
- Freigegeben von …

4 Vor dem Start: Die Bestandsaufnahme Ihres Content-Schatzes

- Status CMS (online, abgelaufen/archiviert, in Vorbereitung usw.)
- Datum Inhaltserstellung
- Datum letztes Update
- Übergeordnetes Thema der Page
- Kurzbeschreibung der Informationen auf der Page
- Content-Format (z. B. Bild, Text, Grafik)
- Fremdsprache
- Links von der Page
- Links auf die Page
- Anmerkungen Status (OK, Update nötig, neu, löschen, archivieren usw.)

Zeitgleich führte Radl ein qualitativ orientiertes Content Audit durch, für das sie beispielweise diese Kategorien verwendete:

- Inhaltstyp (z. B. informierende Beschreibung, Handlungsanweisung, Leistung, Menschen usw.)
- Aktualität der Inhalte
- Vollständigkeit der Inhalte
- Webgerechte Darstellung (Verlinkungen, Bilder, multimediale Inhalte usw.)
- Struktur der Inhalte (Absätze, Zwischenüberschriften, Länge etc.)

Das sind aber nur einige Kategorien von vielen möglichen. Wir hoffen, dass Ihnen die nächsten Kapitel über die Ist-Soll-Analyse von Stakeholder, Marke und Unternehmen einen Eindruck vermitteln, wie reich die Auswahl an Kriterien ist, mit denen Sie ein qualitatives Content Audit durchführen können.

> **! WICHTIG**
>
> Grundsätzlich dürfen Sie sich auf die Frage „Welche Qualität hat unser Content?" mit Daumen-mal-Pi-Antworten aus dem eigenen Haus nicht zufriedengeben. Vermeiden Sie, dass — nachdem quantitativ pingeligst gearbeitet wurde — bei der qualitativen Bewertung geschludert wird.

Bitten Sie deshalb nicht die hausinternen Kommunikatoren, die Geschäftsführer, Agenturdienstleister oder Website-Betreiber um Bewertung der Inhalte — es sei denn, sie haben bereits ergebnisreiche Analysen durchgeführt, mit denen man aktuell arbeiten kann. Wenn Sie Content haben möchten, der Unternehmen und Marke adäquat unterstützt, müssen Sie andere um ihr Urteil bitten: Ihre Stakeholder.

4.2 Ist-Soll-Analyse der Stakeholder: Lernen Sie Ihr Publikum kennen!

„Der Verbraucher ist nun einmal zu keiner Logik verpflichtet."

Hans Domizlaff

Wie gut kennen Sie die Nutzer Ihrer Inhalte, Ihre Stakeholder? Wissen Sie, ob der Content, den Sie anbieten, ihren Gefallen findet? Viele werden, wenn sie ehrlich sind, diese Frage mit „Nein" oder „Kaum" beantworten müssen. Und insgeheim plagt sie eine düstere Befürchtung: dass sich diese eigentlich überhaupt nicht für ihre Inhalte interessieren. Denn selbst wenn die Webanalyse ergeben sollte, dass ihr WhitePaper häufig runtergeladen wurde — wer kann ihnen schon sagen, ob die Interessenten es auch gelesen, für gut befunden und ihr Produkt deshalb ins Relevant Set für ihre Kaufentscheidung miteinbezogen haben? Spätestens hier stößt die Webanalyse, die gerne zur Erfolgsmessung herangezogen wird, an ihre Grenzen. Sie kann nicht alles Interessante ermitteln, zum Beispiel warum ein Online-Video floppt. Oder ob eine CaseStudy zu kompliziert formuliert ist. Oder ob Ihre Stakeholder andere Themen von Ihnen erwarten. Die Webanalyse misst Resultate, keine Ursachen. Das ist aus Sicht der Content-Strategie ihr Schwachpunkt.

Aber es geht in Content-Strategie und Content-Marketing ja nicht nur um das Web. Werfen wir doch einmal einen Blick auf einen Kontaktpunkt, an dem mit großer Zuverlässigkeit jede Menge Inhalte feilgeboten werden und deshalb eine Stakeholder-Analyse sehr viel Sinn machen würde: die Messe. Zahlreiche Stände bieten Informationen fürs Laufpublikum an. Es gibt Faltblätter zu einzelnen Produkten, Broschüren über das Unternehmen, einblättrige CaseStudys, frei herumliegende Visitenkarten und Produkt-Factsheets („Bedienen Sie sich!"): Standard-Content für Standard-Messeauftritte eben, eine mehr oder weniger wilde Mischung aus PR-, Vertriebs- und Werbeunterlagen. Und was macht der Messebesucher? Nimmt das eine oder andere mit — und wirft es zusammen mit den anderen Broschüren und Faltblättern weiterer Stände meist ungelesen weg. Wir sind sicher: Würden sich die Aussteller die Mühe machen und ihre Messebesucher fragen, welche Inhalte sie sich wünschen, könnte der Messe-Content einen Qualitätssprung machen. Intelligent konzipierter Messe-Content könnte ein lukratives Feld für Content-Marketer werden.

Was läuft falsch, wenn Ihre Stakeholder Ihr Content-Angebot nicht goutieren? Vermutlich wurden sie einfach nicht ausreichend gefragt! Viele gehen hier schlampig vor, berichtet der User-Experience-Experte Steve Mulder: *„Sie verbringen mehr Zeit damit sich vorzustellen, was die User wollen, anstatt sie einfach zu fragen"* (Mulder: 2007). Doch der Erfolg guten Content Marketings hänge von einer wichtigen Erkenntnis ab, so Mulder: *„You are not Your Users."* Schätzen, Raten oder ein Überhebliches „ich weiß doch, was die wollen" führen aller Voraussicht nach zu Misserfolg.

4 Ist-Soll-Analyse der Stakeholder: Lernen Sie Ihr Publikum kennen!

Deshalb rückt die Stakeholder-Forschung — nachdem es in Content-Strategie und Content-Marketing zuvor primär um „How to"-Realisierungsprobleme ging — allmählich in den Mittelpunkt. Experten wie Ann Rockley und Charles Cooper betonen in ihrem wichtigen Buch „Managing Enterprise Content", dass diese zentraler Bestandteil sein muss: *„Sie sollten jede Gelegenheit nutzen, um Verbraucherforschung zu betreiben. Das Content-Erstellen ohne solide Kenntnis der Kundenbedürfnisse ist ineffektiv und letztendlich kostspielig, weil Sie inadäquaten Content mit verstärktem Customer Support und Umsatzverlusten bezahlen."* (Rockley/Cooper 2012) Es geht also um eine wesentliche Frage: Was gefällt meinen Stakeholdern? Meinen potenziellen Kunden, meinen Stammkunden, meinen Geschäftspartnern, meinen Bewerbern, meinen Mitarbeitern? Wie muss mein Content beschaffen sein, damit er gut ankommt? Was erwarten sie von meinem Unternehmen?

Die Social Signals im Social Web können hierbei einige Indizien liefern, welche die bisherige Content-Strategie infrage stellen können. Denn auf Facebook, Twitter und anderen Kanälen machen Organisationen immer häufiger die Erfahrung, dass die Stakeholder fast gar nicht auf den angebotenen Content reagieren. Es fehlt an jeglichem Engagement, was deutlich macht, wie sehr sich manche Unternehmen von den Themen ihrer Stakeholder entfernt haben oder diese nicht über den richtigen Touchpoint anbieten. Wenn jedoch Ihre Inhalte von Ihren Stakeholdern geliked, geshared und kommentiert werden, können Sie von dieser Response profitieren und in Ihrer Content-Planung berücksichtigen. Allerdings sollten Sie hierbei viel Wert auf eine hohe Qualität legen und darauf achten, dass die Inhalte zu Ihrer Marke passen und deren Awareness unterstützen. Schließlich nützt es Ihnen wenig, wenn Sie sich unpassend positionieren.

Natürlich gibt es Unternehmen, die ihre Stakeholder bereits kennen, sie intensiv und regelmäßig analysieren — zum Beispiel um das Dialogmarketing zu optimieren oder um eine Markenstrategie aufzubauen. Die Content-Strategen sollten um diese Analysen bitten — und eventuell können sie Ideen beisteuern, um diese Stakeholder-Analysen noch informativer zu gestalten.

Der Kaufprozess: Wann brauchen Ihre Stakeholder welchen Content?

Gerade wenn es um Kaufentscheidungsprozesse geht, kann anhand von User-Befragungen viel Interessantes herausgefunden werden, zum Beispiel: Welche Inhalte schätzen sie in welcher Kaufphase? Wie verläuft die Customer Journey? Was war ihr „Zero Moment of Truth", der letztendlich entscheidend war für den Kauf? (vgl. Kapitel 3.2). Jeder Stakeholder nutzt während der Kaufentscheidung seinen individuellen Weg. Die Chronologie der Content-Nutzung scheint eine individuelle Angelegenheit. Es wird noch viel Forschungsarbeit nötig sein, um hier sichern Gesetzmäßigkeiten auf die Spur zu kommen, nach denen wir uns richten können. In der Zwischenzeit hilft einem Unternehmen vor allem eins: selbst aktiv werden und das Content-Konsumverhalten seiner Stakeholder anhand der Untersuchungsmethoden, die wir skizzieren werden, analysieren. So könnten Sie zum Beispiel herausarbeiten, welche Inhalte Ihre Stakeholder in welcher Phase des Buying Cycle vor allem schätzen. Es gibt viele Unterteilungsvarianten des Buying Cycle. Die Content-Marketing-Beratung Eccolo Media trennt ihn für ihre Analysen zum Beispiel in diese vier Phasen:

1. Pre-Sales — Das Problem ist noch unbekannt.
2. Initial Sales — Das Problem wird verstanden.
3. Mid-Sales — Lösungen werden identifiziert, Anbieter in Betracht gezogen.
4. Final Sales — Entscheidung für einen Anbieter, Kaufvorbereitung.

Legen Sie eine Tabelle an, in der Sie die Bedeutung Ihrer Inhalte je nach Phase festhalten. Wenn Sie im Anschluss einige Stakeholder bitten, das Gleiche zu tun, können Sie feststellen, wie weit (Ihre) Absicht und (deren) Realität auseinanderliegen — und ob Sie eventuell Ihr Content-Angebot anpassen müssen.

Sie sehen: Es gibt jede Menge zu erforschen und zu erfragen! Wenn Sie Ihre Stakeholder sowie Ihre Content-Urteile und -Wünsche kennenlernen wollen, sollten Sie gewissenhaft und Schritt für Schritt vorangehen:

Schritt 1: Über welche Stakeholder wollen Sie mehr erfahren?

Legen Sie zunächst fest, welche Stakeholder und ihre Content-Erwartungen Sie kennenlernen möchten. Das können zum Beispiel sein

- potenzielle Kunden,
- Stammkunden,
- Businesskunden,
- Zulieferer,
- Azubis, Studenten,
- Mitarbeiter,
- potenzielle Mitarbeiter (HR),
- „Öffentlichkeit".

Es empfiehlt sich, die einzelnen Gruppen getrennt zu befragen, um zu aussagekräftigen Ergebnissen zu kommen. Achten Sie aber darauf, dass die Befragungsweisen ähnlich sind, damit die Antworten der einzelnen Gruppen danach vergleichbar sind. So könnten Sie zum Beispiel ermitteln, ob Ihre Stammkunden andere Informationen schätzen als potenzielle Kunden — und welche.

Ist-Soll-Analyse der Stakeholder: Lernen Sie Ihr Publikum kennen!

Schritt 2: Was wollen Sie erfahren?

Legen Sie vor der Stakeholder-Befragung fest, wo Sie Ihre Schwerpunkte setzen wollen. Zum Beispiel könnte Sie besonders interessieren:

- Welche unserer aktuellen Content-Angebote kommen gut an, welche fallen durch — und warum? (Ist-Zustand)
- Welche Angebote würden sich meine Stakeholder von meinem Unternehmen wünschen? (Soll-Zustand)
- Haben meine Stakeholder Verständnisprobleme bei der Nutzung unseres Contents?
- Werden jene Inhalte, die uns besonders wichtig sind, auch von den Stakeholdern als wichtig erachtet?
- Wie steht es um die Content-Qualität verschiedener Kontaktpunkte (zum Beispiel Messe-Content, PoS-Content)?
- Welche unserer Content-Angebote werden in welchem Stadium des Kaufprozesses genutzt?
- Werden Studien, CaseStudys und Whitepaper nicht nur runtergeladen, sondern auch gelesen? Wie bedeutend sind diese Angebote für die Kaufentscheidung?

Je nach gesetztem Schwerpunkt müssen Sie die dazu passenden Fragen formulieren und die dazu geeignete Untersuchungsmethode finden.

TIPP

Die systematische Befragung von Menschen mit dem Ziel, zu einem Schwerpunkt aussagekräftige, vergleichbare Ergebnisse zu erhalten, gehört bestimmt zu den großen Herausforderungen im Marketing generell. Wenn Sie das Knowhow nicht im Haus haben, sollten Sie eine solche Befragung nicht in Eigenregie versuchen. Zu viel kann schiefgehen und die Ergebnisse empfindlich trüben oder gar unbrauchbar machen. Informieren Sie sich lieber über die zahlreichen Marktforscher und Institute, die sich dafür als Dienstleister anbieten. Diese können auch abschätzen, welche Untersuchungsmethode für Ihre Fragestellung die beste ist.

Schritt 3: Welche Fragen sollten Sie stellen?

Innerhalb Ihrer gesetzten Schwerpunkte gibt es zwei Arten von Informationen, die Sie ermitteln sollten:

- Fakten über die Teilnehmer und ihr Content-Nutzungsverhalten;
- ihr Urteil zu den einzelnen Content-Arten.

Ist-Soll-Analyse: So erforschen Sie Ihr Content-Potential

Faktensammlung über die einzelnen Teilnehmer und ihr Content-Nutzungsverhalten

Sammeln Sie einige grundlegende Informationen zu den einzelnen Befragungsteilnehmern. Dazu gehören zum einem die üblichen Angaben zu Alter, Geschlecht, Wohnort, Familienstatus, Job, Branche (evtl. auch Firma).

Von Interesse könnte auch sein:

- Seit wann kennt er/sie Ihr Unternehmen?
- Wann hat er sich zum ersten Mal über Ihr Unternehmen informiert und warum?
- Wie würde er das Angebot einem Freund/Kollegen beschreiben?
- Informationsverhalten: Wie geht er vor, wenn er sich über ein Produkt Ihres Unternehmens informieren will? Wo informiert er sich?
- Zu welchen Anlässen könnte er die Website oder andere Kontaktpunkte erneut aufsuchen?
- Führte der Content zu direktem Kontakt mit dem Unternehmen? Zu welchem Anlass?
- In welcher Kundenzyklus-Station befindet sich der Kunde derzeit? (Anbahnungsphase/Sozialisationsphase/Wachstums- und Reifephase/Gefährdungsphase/Kündigungsphase/Revitalisierungsphase (nach Prof. Bernd Stauss[2])
- Wie oft besucht er die Website? Was interessiert ihn dort besonders?
- Wo hat er sich sonst schon einmal über Ihr Unternehmen informiert (Kontaktpunkte)?
- Shoppingverhalten: Wo kauft er ein, nachdem er sich informiert hat?
- Welche Medien konsumiert er wie häufig und wann? (Es könnte auch die Second-Screen-Nutzung abgefragt werden.)
- Wie konsumiert er diese Content-Art, wie geht er dabei vor? (Antworten könnten zum Beispiel sein: Nach der Überschrift lese ich die Zusammenfassung am Ende und erst dann lese ich das Inhaltsverzeichnis. Oder: Wenn die ersten 10 Sekunden des Films langweilen, klicke ich weg.)

All diese Informationen können wunderbar verwendet werden, um sogenannte *Personas* zu gestalten. Das sind Durchschnittspersönlichkeiten, die Sie aus dem gewonnenen Wissen formen. Was es damit auf sich hat, erklären wir Ihnen weiter unten.

---

[2] aus: Schneider, Willy Prof Dr.: „Marketing-Forschung und Käuferverhalten". Oldenburg Verlag 2013

4 Ist-Soll-Analyse der Stakeholder: Lernen Sie Ihr Publikum kennen!

Urteil zu einzelnen Content-Angeboten

Lassen Sie nur einzelne Content-Offerten Ihres Hauses von den Untersuchungsteilnehmern bewerten – also nur ein Whitepaper statt alle Whitepaper zusammen. Auf diese Weise kommen Sie zu stichhaltigeren, schlüssigeren Ergebnissen. Sie vermeiden damit Pauschalurteile, die doch nichts Sachdienliches bringen.

> **TIPP**
>
> Nutzen Sie solche User-Befragungen nicht nur, um Bestehendes zu analysieren. Ebenso könnten Sie den Teilnehmern Neues, Inspirierendes, Unerwartetes zeigen. So erfahren Sie, was sie außerdem für gutheißen oder ablehnen würden, und bekommen so neue Ideen für Ihr Content-Marketing.

Ihre Untersuchung könnte zwei Ergebnisarten liefern:

1. Schematische Bewertungen des Contents. Mit dieser können Sie eine Scorecard anfertigen und anhand weiterer Untersuchungen den Optimierungsprozess begleiten.
2. Beschreibende Beurteilungen. Anhand dieser können Sie die Gründe erfahren, warum die Befragten gut oder schlecht urteilen und welche Erwartungen und Wünsche sie stattdessen hätten (Soll-Analyse).

Welche Fragen muss man eigentlich stellen, um ein schlüssiges Bild der generellen Stakeholder-Zufriedenheit zu bekommen? Laut Handels- und Marktforschungsexperte Professor Willy Schneider hängt die Zufriedenheit mit der Unternehmensleistung von fünf Dimensionen ab: Zuverlässigkeit, Leistungs- und Fachkompetenz, Freundlichkeit, Einfühlungsvermögen und materielles Umfeld (Schneider 2013). Diese fünf Dimensionen können wir nach unserer Überzeugung ebenso einsetzen, um ein umfassendes Bild über die Zufriedenheit mit der Content-Leistung zu bekommen. Dazu haben wir einzelne Kriterien, mit denen die Content-Qualität bestimmt werden kann, in diese fünf Dimensionen aufgeteilt:

Zuverlässigkeit (Zeitpunkt und Ort der Platzierung, Vermarktung)

- Ort der Platzierung (Website, PoS, Online-Shop, Facebook, Social Media)
- Erwerbsvorgang (Download, Adresse eingeben etc.)
- War der Zeitpunkt der Veröffentlichung passend?
- Wurden die Erwartungen erfüllt?
- Ist das Volumen angemessen?
- Art, wie auf das Angebot aufmerksam gemacht wurde (SEO, E-Mail, Website-Teaser, Online-Ad)

Ist-Soll-Analyse: So erforschen Sie Ihr Content-Potential

Leistungs- und Fachkompetenz (inhaltliche Qualität)

- Wie informativ ist der Content?
- Wie inspirierend, überraschend ist er?
- Wie unterhaltsam ist er?
- Wie stark ist seine Überzeugungskraft?
- Wie vertrauensfördernd ist er?
- Macht er die generelle Unternehmenskompetenz deutlich?

Freundlichkeit (generelle Aufbereitung)

- Stil des Contents
- Verständlichkeit
- Content gibt Tipps zur Kontaktaufnahme
- Hinweise zu weiteren passenden Content-Angeboten

Einfühlungsvermögen (thematische Aufbereitung)

- Thema
- Aufbau des Contents
- gesetzte Schwerpunkte
- Wissensgewinn durch den Content

Materielles Umfeld (optische Aufbereitung, Content und Kontaktpunkt)

- Content-Design (Layout)
- Bilder und Grafiken
- Design des Kontaktpunkts
- Passen Content und Kontaktpunkt zusammen?

Besprechen und formulieren Sie alle Fragen mit einer fachkundigen Person oder einem Marktforschungsunternehmen aus. Auch die Quantität der Fragen muss stimmen: Zu viele Fragen können zu einer Fülle an Informationen führen, die leicht überfordern und zu wenig aussagen. Zu wenige Fragen hingegen könnten wichtige Aspekte nicht erfassen. Jeder Content-Anbieter muss hier für sich das richtige Maß finden und herausfinden, was für ihn machbar und ergebnisreich zugleich ist.

4 Ist-Soll-Analyse der Stakeholder: Lernen Sie Ihr Publikum kennen!

> **WICHTIG**
>
> Wichtig ist es in jedem Fall, die Fragen so zu stellen, dass die Teilnehmer nicht nur beschreiben, sondern Ihren Content auch nach festen Kriterien bewerten können. So ist zum Beispiel das Bewerten anhand von Schulnoten von 1 bis 6 eine mögliche Variante, weil die Teilnehmer dieses Bewertungssystem in der Regel kennen, ja geradezu verinnerlicht haben. Auf dieser Grundlage können Sie Scorecards zu jedem einzelnen Content-Angebot entwickeln. Solche Scorecards können die Basis bilden, um den Optimierungsprozess Ihres Contents zu beobachten. Darauf werden wir im Folgenden noch näher eingehen.

Schritt 4: Wie gehen Sie bei einer Befragung vor?

Es gibt sehr viele unterschiedliche Befragungsmethoden, und eine jede hat ihre besonderen Vorteile. Je nachdem, was Sie im Schwerpunkt herausfinden wollen, taugen die einen Untersuchungsmethoden mehr, die anderen weniger. Es kann auch Sinn machen, einige davon zu kombinieren. Wir stellen ein paar bedeutende Untersuchungsmethoden vor, wobei wir die Webanalyse außen vorlassen. Mit dieser können Sie zwar den letztendlichen Erfolg Ihrer Content-Bemühungen messen — sie lässt Sie aber darüber im Unklaren, warum zum Beispiel ein Video auffällig häufig um die 20. Sekunde herum verlassen wird.

Mit den folgenden Methoden kommen Sie den Fehlerquellen Ihres Contents besser auf die Schliche — und Sie finden heraus, welche Erwartungen Ihre Stakeholder haben.

Usability-Tests/Evaluation/Feldstudien:

Hierbei werden Menschen bei der Content-Nutzung beobachtet. Es wird analysiert, wie sie mit ihm zurechtkommen. Dies geschieht meist auf Basis einer Aufgabe, welche die Teilnehmer anhand des zur Verfügung gestellten Contents zu lösen haben. Die Evaluation kann formativ und/oder normativ durchgeführt werden: Man beobachtet die Kandidaten per Computer-Protokoll oder beobachtet sie persönlich bei der Problemlösung. Hierbei kann man zum Beispiel notieren, was die Probanden sagen oder zu welchem Zeitpunkt sie beginnen zu schimpfen. Der Vorteil: Es kann umgehend nachgehakt werden, was missfällt. Dieses Testverfahren kommt aus der Software-Entwicklung. Solche Angebote bieten zahlreiche Marktforschungs-Studios an, die es in vielen deutschen Städten gibt. Dieses Verfahren ist vor allem dazu geeignet, die Akzeptanz von Content zu analysieren. Im Nachgang könnten die Teilnehmer dann um eine Benotung der getesteten Inhalte gebeten werden.[3]

---

[3] Das Marktforschungs-Magazin Research & Results bietet auf seiner Website einen Überblick von Studios, die eine solche Befragung übernehmen könnten: „StudioGuide 2014 – Teststudios in Deutschland und international" (E-Paper).

Ist-Soll-Analyse: So erforschen Sie Ihr Content-Potential

Online-Umfragen:

Direkt auf Ihrer Website oder auf Ihrem Corporate Blog können Sie Besucher bitten, Ihnen einige Fragen zu beantworten. Weil Sie hier aber nicht zu viel und zu tiefgehend fragen können, sollten Sie diese Art der Informationsgewinnung für klar abgesteckte, enge Themenbereiche nutzen. Zum Beispiel: Welche Themen unseres Blogs interessieren Sie am meisten? Aus welchem Grund haben Sie die Website besucht? Haben Sie das Gesuchte gefunden? Sie könnten auch die Bezieher von Downloads nach etwa einer Woche per E-Mail fragen, was sie von dem runtergeladenen Content halten.

Mehrthemenumfragen bzw. Omnibusumfragen:

Viele klassische Marktforscher befragen Verbraucher zu unterschiedlichen Themen und bieten Unternehmen an, sich mit einigen Fragen anzuschließen. Eine solche Befragung bietet sich vor allem für Inhalte an, die den Befragten von vornehrein bekannt sind (etwa TV-Spots, die Sie für Storytelling einsetzen) oder die schnell vor der Befragung konsumiert werden können (Broschüre, Online-Video).[4]

Gesprächsrunden:

Laden Sie Ihre Kunden zu Gesprächsrunden ein, die Sie anhand konkreter Fragen moderieren. Dabei sollten Sie sich auf eine besondere User-Gruppe konzentrieren, zum Beispiel entweder auf potenzielle Kunden oder auf Stammkunden. Allerdings gibt es auch warnende Stimmen: Man muss aufpassen, dass sich die Teilnehmer im Urteil nicht gegenseitig beeinflussen. Eine solche Befragungsform eignet sich sehr gut, um den Ist-Zustand Ihres Contents zu bewerten und um die Soll-Erwartungen Ihrer Stakeholder zu ermitteln. Auch diese Aufgabe übernehmen Marktforschungsunternehmen gern. Allerdings sollte ein „Content-Abgesandter" Ihres Unternehmens direkt an der Befragung beobachtend teilnehmen und mit persönlichen Notizen dokumentieren, denn dies ist eine fantastische Chance, die Meinung der Stakeholder ungefiltert kennenzulernen.

Tiefeninterviews:

In intensiven Gesprächen mit einzelnen Stakeholdern können Sie die Wertschätzung Ihres Contents besonders deutlich erforschen. Allerdings kommt es darauf an, die passenden Leute zu befragen. Hier könnten das Marketing, der Vertrieb oder die Personalabteilung (wenn Sie Mitarbeiter oder Bewerber befragen wollen) wichtige Inspirationsgeber sein — fragen Sie dort nach typischen Merkmalen der Stakeholder. (Online-)Händler könnten zum Beispiel die besten Kunden zum Gespräch einladen und diese danach fragen, was sie an dem Shop schätzen, was sie

---

[4] Eine Beispielliste solcher Marktforscher bietet Research & Results auf www.omnibus.research-results.de.

4 Ist-Soll-Analyse der Stakeholder: Lernen Sie Ihr Publikum kennen!

zum Kauf anregt — und was man besser machen könnte. Eine solche Befragung dient nicht dazu, um systematisch Urteile zu generieren, die dann in einer Scorecard festgehalten werden. Es geht mehr um den Umgang mit Content, aber auch um psychologische Fragen und die Beweggründe für Content-Konsum.[5]

Die Auswertung: Darauf müssen Sie achten

Sobald Sie die Forschungen abgeschlossen haben, geht es um die Analyse der Ergebnisse. Weil dies eine Aufgabe ist, für die viel Geduld und Analysetalent nötig sind, empfiehlt es sich auch hier, Marktforscher oder auch analytisch begabte Journalisten oder Marketer zu bitten, die Studienergebnisse ansprechend auszuwerten und aussagekräftig zu beschreiben. Spätestens hier werden Sie erkennen, dass es sich auszahlt, von Anfang an Ziele definiert zu haben. Sie werden nun in der Lage sein, sowohl den Ist-Zustand Ihrer Content-Qualität beschreiben zu können als auch den Soll-Zustand. Die Differenz zwischen Ist und Soll ergibt Ihren Bedarf — Sie erkennen, was die Befragten mögen und was nicht. Sie wissen folglich, was es — aus Sicht Ihrer Stakeholder — zu tun gibt.

Wichtige Erkenntnisse und Hinweise, was Sie optimieren können, werden Sie durch die Auswertung der Schilderungen bekommen, die beispielsweise in Diskussionsrunden gewonnen wurden. Sie erkennen zum Beispiel,

- ob Ihr Content-Angebot als zu wenig informativ oder unterhaltsam erachtet wird;
- ob Ihre Unternehmenskompetenz zum Ausdruck kommt;
- ob Ihre Stakeholder mit den Inhalten zufrieden sind;
- ob Ihre Stakeholder mit der Optimierung ihres Content-Angebots zufrieden wären oder ob sie stattdessen andere Offerten wünschen;
- für welche Stadien im Kaufprozess Ihr Content geeignet ist.

Der Begleiter durch den Analyseprozess: die Content-Scorecard

Wenn die Befragten die einzelnen Content-Angebote nicht nur qualitativ im Gespräch bewertet haben, sondern auch anhand eines quantifizierbaren Systems, etwa anhand von Schulnoten, können Sie für jedes einzelne Content-Angebot eine Scorecard anfertigen, auf der Sie den qualitativen Status quo der einzelnen Angebote festhalten können. So könnte zum Beispiel eine Scorecard aussehen, auf der die Bewertung eines WhitePaper durch Stammkunden festgehalten wird:

---

[5] Wer sich tiefer in Marketing-Forschungsverfahren einarbeiten möchte: Einen gehaltvollen Überblick bietet Professor Willy Schneider in seinem Standardwerk „Marketing-Forschung und Käuferverhalten". Und auch Website **Usability.gov** hält zahlreiche, sehr fundierte Anregungen bereit.

Ist-Soll-Analyse: So erforschen Sie Ihr Content-Potential

Content-Scorecard: Stakeholder-Perpektive

WhitePaper
„Schneller, effizienter: So verbessern Sie Ihr Projektmanagement"

Seitenzahl: 12
Veröffentlichung: Juni 2014   Kontaktpunkt: Website 3. Ebene
Befragte: 10 Stammkunden   Zeitpunkt der Befragung: Juli 2014

	Bewertung
Zuverlässigkeit (Zeitpunkt, Ort)	**3**
Ort der Platzierung	2
Der Erwerbsvorgang	4
Zeitpunkt der Veröffentlichung	3
Erwartung erfüllt?	4
Volumen	2
Leistungs- und Fachkompetenz (inhaltliche Qualität)	**3,5**
Der Content ist informativ	2
... inspirierend, überraschend	4
... unterhaltsam	5
... überzeugt zum Kauf	4
... vertrauensfördernd	3
... zeigt Unternehmenskompetenz	3
Freundlichkeit (generelle Aufbereitung)	**3,5**
Stil	2
Verständlichkeit	2
Vorschläge zur Kontaktaufnahme	5
Hinweise zu weiteren Informationen	5
Einfühlungsvermögen (thematische Aufbereitung)	**2,75**
Thema	2
thematischer Aufbau	2
Schwerpunkte	3
Wissensgewinn	4
Materielles Umfeld (opt. Aufbereitung, Content + Kontaktpunkt)	**1,5**
Design des Contents (Layout)	1
Bilder, Grafiken	1
Design des Kontaktpunkts	2
Kombination Kontaktpunkt und Content	2

Abb. 4.4: Mit quantitativen Bewertungen, wie sie in einer Scorecard festgehalten werden, können verschiedene Content-Arten verglichen werden. Quelle: Eichmeier/Eck auf Grundlage von Prof. Willy Schneider

4 Ist-Soll-Analyse der Stakeholder: Lernen Sie Ihr Publikum kennen!

Anhand dieser Zusammenstellung erkennen Sie zum Beispiel, dass die Stammkunden den Inhalt des WhitePaper zwar als informativ bewerten und auch die Unternehmenskompetenz zum Ausdruck kommt — dass es aber zu wenig inspirierende und unterhaltsame Informationen bereithält. Der Wissensgewinn ist für Stammkunden zu gering. Doch Stil, Verständlichkeit und Optik gefallen. Alles in allem ist dies also ein optisch gut aufgemachtes WhitePaper, dessen inhaltliche Tiefe aber, aus Sicht der Stammkunden, zu wünschen übrig lässt. Auch der Erwerb scheint zu kompliziert zu sein, etwa durch ein umständliches Anmeldeprocedere. Somit ist das WhitePaper kein Content, der für die Kundenbindung geeignet ist. Sollte jedoch genau dies das Ziel sein, muss dringend optimiert werden. Eventuell kann zu einem späteren Zeitpunkt erneut eine solche Befragung durchgeführt werden, um den Erfolg der Veränderungen zu bewerten.

Welche Vorzüge bieten Personas?

Aus der Online-Usability-Forschung kommt eine interessante Methode, um das gewonnene Wissen rund um Ihre Stakeholder übersichtlich für alle festzuhalten und zu beschreiben: der Aufbau von Personas. Mit diesen geben Sie den nackten Fakten Persönlichkeit. Mit Personas können Sie den unterschiedlichen Stakeholder-Typen, die Sie zum Beispiel auf Ihrer Website ansprechen wollen, ein Profil geben — inklusive Name und Foto einer dazu passenden Person. Sie beschreiben diese Person en détail: wo sie wohnt, welche Freunde sie hat, welchen Charakter, wie und wo sie shoppt, welche Kommunikationsmedien sie verwendet, was sie mag, was sie nicht mag und so weiter. Personas bilden zum einen den Durchschnitt einer Stakeholder-Kategorie und geben dieser zugleich ein Gesicht. Sie werden gerne verwendet, um zum Beispiel eine Website zu relaunchen. Dazu hängen die Persona-Fotos plus Wesensbeschreibung an der Wand, gut sichtbar für alle Beteiligten. So wird unterstützt, dass alle die gleichen Website-User im Kopf haben, wenn sie über Aufgaben und Ziele sprechen. Zahlreiche Content-Strategie-Experten wie Joe Pulizzi machen darauf aufmerksam, dass es sehr schwierig ist, mit vielen Personas gleichzeitig zielführend zu arbeiten, und empfehlen, mit nur ein oder zwei Personas zu beginnen, um den Überblick zu behalten. Einig sind sie sich allerdings, dass Personas anhand von Userbefragungen erstellt werden sollten. Oder, wie es Steve Mulder ausdrückt: „*The idea of creating personas without meeting any users is like trying to plant flowers in a bed of rocks.*"

Das Bilden von Personas hat aber nicht nur Freunde. Der Produktdesigner und -entwickler Alan Klement etwa lehnt sie ab, weil sie kaum Hinweise auf das tatsächliche Userverhalten geben: „*Your customers are actors who play different character*", so Klement. Weil essentielle Informationen fehlten, bastelten sich alle an der Content-Entwicklung Beteiligten eigene Schlussfolgerungen zusammen, etwa warum eine Person ein Produkt kauft oder nicht. Die unterschiedlichen Perspektiven seien gefährlich, so Klement und warnt: *„Personas have destructive effects on an organization."* Stattdessen schlägt er vor, aus den Personas „Charaktere" zu machen, die bestimmt sind von Ängsten, Motivationsgründen, kaufanbahnenden Ereignissen und Kaufsituationen. Diese Forderung nach mehr Gefühl und Charakter passt im Übrigen zu den Erkenntnissen der neuronalen Forschung, nach der es drei zentrale Motivsysteme des Menschen gibt, die eine Handlung auslösen können: das Sicherheitssystem (Geborgenheit), Erregungssystem (Spieltrieb, Abwechslung) und das Autonomiesystem (Geltungsdrang, Selbstwert). Kurz: Die Kunst der Bildung von Personas, Charakteren oder wie auch immer die Durchschnittspersönlichkeiten heißen werden, ist noch lange nicht ausgereift.

Was wir von Personas halten? Nun, ihr großer Vorteil ist, dass man den vielen Beteiligten, die es in Content-Prozessen gibt, eine vage gemeinsame Richtung geben kann. Zudem können sie für die Überzeugungsarbeit, die bei Entscheidern zu leisten ist, eine wertvolle Stütze sein, nicht zuletzt weil man mit ihnen überzogene Erwartungen (siehe Wunsch-Analyse in Kap. 4.) auf ein pragmatisches Maß zurechtstutzen kann. Allerdings glauben wir, dass Personas erst ein rudimentärer Status quo einer vielversprechenden Entwicklung sind. So könnte man, um in der Linie von Klement und der Neurowissenschaft zu bleiben, diese Logik weiterentwickeln, um den Kaufprozess weiter zu erforschen — vom ersten Interesse bis zur Kündigung. Denn mit dem typischen Customer Cycle kommt man in Zeiten der digitalen Entscheidungsfindung nicht weit — deshalb brauchen wir dringend neue Ansätze, um das recht chaotisch anmutende Verhalten der Verbraucher beschreiben zu können. Personas könnten hier der Beginn einer vielsprechenden Forschungsrichtung sein.[6]

---

[6] Wer sich näher einlesen möchte: Eine tiefgehende Einführung in den Aufbau von Personas unter Beachtung ihres Lifecycles bieten die Bücher „The Essential Persona Lifecycle" von Tamara Adlin und John Pruitt sowie „The User Is Always Right" von Steve Mulder und Ziv Yaar (Tipp!). Interessantes bietet auch die Website des Buyer Persona Institute buyerpersona.com.

4.3 Ist-Soll-Analyse aus Markensicht: Was macht Ihren Content einzigartig?

„Branding supports Content Strategy and Content Marketing."

Ahava Leibtag

> **WICHTIG**
>
> Nicht nur die Meinung der Stakeholder — auch die Marken Ihres Hauses tragen, wenn sie als elementare Quelle adäquater Themen verstanden werden, Entscheidendes zum Gelingen Ihres Contents bei.

Stellen Sie sich in diesem Zusammenhang eine einfache Frage: Wie sympathisch sind Ihnen Leute, die anderen hinterherlaufen, deren Meinungen abfangen und ihnen nach dem Mund reden, nur um ihnen zu gefallen? Leute, die vor lauter Anerkennungsgier keinen eigenen Charakter und keine eigene Meinung zeigen? Sie werden uns Recht geben: Solche Menschen sind nicht nur langweilig, sondern auch nervig — eine besonders schlimme Kombination. Leider geht die Werbung immer wieder auf diese Weise vor — die Folge ist dann genau das: langweilige und nervige Werbung. Welche Menschen hingegen finden Sie sympathisch oder zumindest interessant? Vermutlich jene, die einerseits einen festen Charakter sowie spannende Interessen besitzen und andererseits das nötige Einfühlungsvermögen für andere Menschen. Und die manchmal mit Aussagen überraschen, mit denen man nicht gerechnet hätte.

Für Ihren Content bedeutet das: So wichtig es ist, die Wünsche Ihrer Stakeholder zu kennen — Sie müssen ihnen nicht hinterherlaufen und nicht nachplappern. Denn es gibt eine Quelle für guten Content, die ebenso bedeutend ist: Ihre Marke. Sie müssen deshalb abwägen zwischen dem, was die Verbraucher wünschen, und dem, was aus Markensicht sinnvoll ist. Im Idealfall gibt es hier keinen Unterschied.

> **WICHTIG**
>
> Marken geben Unternehmen und ihren Produkten Charakter und spielen daher eine tragende Rolle im Content-Marketing.

„Marken sollen dem Konsumenten über ihren sachlich-funktionalen Nutzen hinaus emotionale, auch sinnliche Erlebnisse vermitteln, beispielsweise Freiheit, Naturverbundenheit, Frische, Eleganz usw.", beschrieb Professor Werner Krober-Riel, ein Guru unter den Konsum- und Verhaltensforschern, die Aufgabe der Marke. Damit solche Markenwerte gut kommuniziert werden können, darf es kein allzu strenges

Ist-Soll-Analyse: So erforschen Sie Ihr Content-Potential

Markenkorsett geben, weil dieses im schlimmsten Fall jede vernünftige Kommunikation abwürgt. So eine stupide und zumeist werbekampagnenorientierte Branding-Gläubigkeit ist nicht selten und kann schlimme Ausmaße annehmen. Zur Verdeutlichung erfand Gerry McGovern einige Dialoge zwischen Unternehmen und Kunden, die deutlich machen, wie sehr eine falsch verstandene Markenphilosophie guten Content verhindern kann (McGovern 2014).

> **BEISPIEL**
>
> **Kunde**: „Ihr Content ist grauenhaft. Nur Marketinggeblubber blah blah blah über Schritte in die Zukunft und erweiterte Horizonte und tiefes Engagement. Ich brauche aber Details. Ich will herausfinden, wie man das Produkt installiert und konnte nichts dazu finden."
>
> **Unternehmen**: „Lieber Kunde, es tut uns leid, dass Sie die Installationsinformation nicht finden konnten. Wir behandeln technische Themen auf der Support Seite, für die Sie ein Login brauchen. Der Marketing-Content ist Teil unserer Branding-Kampagne, um uns auf dem Markt zu differenzieren und um tiefere, intimere und emotionalere Beziehungen zu unseren Kunden zu entwickeln. Wir wünschen Ihnen einen schönen Tag."

Die kleine Posse bringt es auf den Punkt: Ein zu starres Markenkorsett macht Content fade, leblos, unbrauchbar. Wer hingegen Marke richtig versteht, profitiert unglaublich: Dann ist sie ein Impuls- und Ideengeber für gute Themen. Eine nicht versiegende Quelle, aus der man viel Kraft und Elan schöpfen kann!

Dass man den Markenrahmen im Zeitalter der digitalen Kommunikation nicht zu eng gestalten darf, betonen Markenexperten wie Jürgen Gietl, Partner von Brand Trust: „*Je unkontrollierbarer unser Umfeld wird, umso mehr Freiheit brauchen wir im Umgang mit unseren Spitzenleistungen, Unternehmen, Mitarbeitern, mit unserer Kreativität und allem, was uns antreibt. Allerdings meine ich nicht die grenzenlose Freiheit, sondern Freiheit innerhalb klarer Rahmenbedingungen*" (Jürgen Gietl 2013).

Eine Marke gibt also im Idealfall nur einen Rahmen vor, in dem Sie den Content frei und flexibel entwickeln können. Dieser Rahmen ist aber nötig, weil er für die notwendigen scharfen Konturen sorgt, die Ihren Content unverwechselbar und von dem der Konkurrenz unterscheidbar macht. Das macht Ihr Angebot ebenfalls unverwechselbar und authentisch — eine unverzichtbare Bedingung, damit Sie im Content-Rausch, der gerade tobt und zu einer sehr ungesunden Content-Fülle führt, nicht sang- und klanglos untergehen.

4 Ist-Soll-Analyse aus Markensicht: Was macht Ihren Content einzigartig?

Die Marke soll also ein inhaltlicher Rahmen sein, der die Charakterstärke des Unternehmens absteckt. Darin können Sie Neues, Innovatives und Mutiges anbieten — gerade weil Sie sicher sein können, dass dies zu Ihrer Marke passt. Südtirol Marketing zum Beispiel hat den Bogen raus. Eigentlich klingt die eiserne Regel der Geschäftsführerin Greti Ladurner sehr rigide: *„Die Marke ist unser oberstes Gesetz. Alles, was nicht zur Positionierung passt, fällt durch den Rost"* (PR-Blogger 2014). Das ist konsequent, engt aber nicht ein, denn die Content-Gestaltung für die norditalienische Region ist auffallend vielseitig. So betreibt Südtirol Marketing zwei völlig unterschiedliche Websites: eine logisch-informative (suedtirol.info) und eine verspielt-assoziative („Was uns bewegt"). Beide Angebote basieren auf ein und derselben Marke als Fundament — und sie zeigen, wie vielseitig sich eine Marke und der dazu passende Content entwickeln können, wenn der Rahmen passt.

Abb. 4.5 Schnelles Finden ist Trumpf: Die klassische Info-Website suedtirol.info dient dazu, Interessenten beim unkomplizierten Finden von Informationen zu unterstützen

Ist-Soll-Analyse: So erforschen Sie Ihr Content-Potential

Abb. 4.6 Verweilen ist Trumpf: Hochwertige Beiträge laden im Magazin „Was uns bewegt" zum ausgiebigen Konsum sowie zum Besuch weiterer Online-Angebote Südtirols ein

Leider wird die Bedeutung der Markengrenzen für die Content-Erstellung nicht immer erkannt. So ermittelte das Content Marketing Insitute in den USA, dass 68 % der kleinen B2B-Unternehmen ihre Inhalte nach Industrietrends ausrichten. Daran mag nichts Falsches sein. Wenn sie aber solche Themen aufgreifen, obwohl sie nicht zur Marke passen, wird das zum Problem: Dann gehen ihre Inhalte, so gut und aktuell sie sein mögen, entweder unter oder sie sprechen damit ineffizienterweise Konsumenten an, die nicht zu ihren Produkten passen. Begehen Sie also nicht den Fehler und richten Ihr Angebot rein nach Stakeholder-Geschmack und allgemeinen Trends aus. Ermitteln Sie Ihre Markenwerte und zeigen Sie Ihre Markenpersönlichkeit! Wenn Sie Glück haben, wissen Ihre Geschäftsführung oder das Marketing darüber bestens Bescheid, weil sie eine Markenstrategie einsetzen, die sie auf Grundlage der Businessziele entwickelt haben, und Sie deshalb mit allen essentiellen Werten versorgen können. Und wenn Sie noch mehr Glück haben, wurde bereits intensive Stakeholder-Forschung betrieben, um die Marke zu justieren — dann können Sie womöglich auf wertvolle Informationen zugreifen, um mehr über die Content-Wünsche der Stakeholder zu erfahren. Das könnte Ihnen viel Forschungsarbeit ersparen.

Zudem bewahrt Sie die Markenorientierung vor einem häufigen Fehler: der kurzfristigen Denke von Kampagne zu Kampagne. Mit einem Zick-Zack-Kurs aus unterschiedlichen Inhalten werden Sie womöglich nie den Kern Ihrer Marke treffen, egal wie viel Sie dafür ausgeben. Zudem behindert ein inhaltliches Durcheinander den Vertrauensaufbau. Eine Marke steht für eine langfristige Ausrichtung, wie sie für Content-Strategie und Content-Marketing unverzichtbar ist. Das ist gut so!

4 Ist-Soll-Analyse aus Markensicht: Was macht Ihren Content einzigartig?

Mit CardSorting der eigenen Marke auf die Spur kommen

Wenn es um das Thema Marke geht, unterscheidet sich der Status quo der Unternehmen eklatant: Die einen besitzen, wie Coca-Cola, Bosch und Südtirol Marketing, bereits eine detaillierte Markenstrategie, die den gesamten Unternehmens-Content prägt. Andere halten Markenführung für eine untergeordnete Aufgabe des Marketings oder für eine Vorgabe für Design und Corporate Identity. Andere haben nichts zu bieten außer einzelnen Versatzstücken, die externe Marketing-Dienstleister vor langer Zeit als Basis für eine Werbekampagne entwickelt haben. Und es gibt Unternehmen, die haben überhaupt keine Markenstrategie, obwohl sie Spitzenprodukte verkaufen, die in punkto Qualität ihresgleichen suchen (vor allem in B2B-Branchen zu finden).

> **TIPP**
>
> Auf alle Fälle gilt: Sollte Ihr Unternehmen keine verbindliche Markenstrategie besitzen, müssen Sie sich absichern, bevor Sie mit den Content-Arbeiten beginnen. Besprechen Sie mit Entscheidern, mit welchen Inhalten und welchen Themen Sie arbeiten wollen. Lassen Sie sich dazu ein Okay geben. So sichern Sie sich ab, falls Sie jemand zu einem späteren Zeitpunkt für nicht erreichte Ziele verantwortlich machen möchte.

Es ist nicht ungewöhnlich, dass Unternehmen das Thema Marke bisher vermieden haben und nun, weil sie im Zeitalter der Digitalisierung gezwungen sind, mit guten Inhalten zu überzeugen, sich dazu Gedanken machen: Was zeichnet mein Unternehmen aus, was ist das Besondere an ihm — im Gegensatz zur Konkurrenz? Welchen Charakter hat es, welche Themen und wie kann man diese transportieren? Als ein probates Mittel, um wenigstens die wichtigsten Aussagen zu ermitteln, die Ihre Inhalte transportieren sollten (also eine Art „Marke megalight"), empfiehlt sich die CardSorting-Methode. Diese stammt, wie schon die Personas, aus der Usability-Ecke und dient ursprünglich dazu, die elementaren Schwerpunkte einer Website zu ermitteln. Für das CardSorting wird ein Team mit vielen Karten konfrontiert, auf denen unterschiedliche Attribute geschrieben stehen, die zur Branche passen.[7] Es gilt, in mehreren Runden etwa drei Begriffe final auszuwählen, die das Besondere des Unternehmens betonen. Ziel des CardSorting ist, diese drei Begriffe als gemeinsamen Konsens zu verwenden, der für alle an der Content-Produktion Beteiligten Gültigkeit hat.

---

[7] Die Content-Strategie-Expertin Margot Bloomstein setzt dafür bis zu 150 Karten ein und diskutiert diese mit maximal sechs Personen. Um das Verfahren genauer kennenzulernen, lohnt sich ein Blick in ihr Buch „Content Strategy at Work".

Ist-Soll-Analyse: So erforschen Sie Ihr Content-Potential

Ein Unternehmen muss bei diesen mehr bieten als nur trockene Infos — ein Fehler, den vor allem B2B-Unternehmen gerne machen. Natürlich, wenn es sich um ein kompliziertes, erklärungsbedürftiges Produkt handelt, sind mehr erklärende, sachliche Inhalte nötig als etwa für einen Schokoriegel, den man einfach nur auspacken muss. Trotzdem: Ihr Content hat die Aufgabe, ein Image zu transportieren, knochentrockene Infos genügen nicht. Ein jeder Content sollte „Branded Content" sein — auch wenn dieser mal mehr, mal weniger, mal überhaupt nicht offensichtlich ist! Deshalb kann das Know-how einer klassischen Werbeagentur eine wertvolle Unterstützung sein. Seien Sie also skeptisch, wenn diese Dienstleister — wie derzeit häufig — als zu werblich und damit uninteressant kritisiert werden. Ihr Talent, Wirkung zu entfalten und Attraktivität zu erzeugen, ist auch im Zeitalter des Content-Marketings unverzichtbar. Auf die Balance kommt es an.

So beurteilen Sie die Markenstärke Ihres Contents

Wie beurteilen Sie nun den Status quo — entsprechen die aktuell verwendeten Inhalte Ihrer Marke? Um das herauszufinden, können Sie folgendermaßen vorgehen:

- Stellen Sie ein kleines Team aus Personen zusammen, die mit Ihrer Marke arbeiten, zum Beispiel aus dem Marketing, der Geschäftsführung, dem Vertrieb, gerne auch mit Externen, zum Beispiel einem markenaffinen Unternehmensberater oder einem Agentur-Dienstleister, der Ihr Unternehmen seit Langem kennt.
- Erarbeiten Sie gemeinsam in einem Workshop den Status quo: Wie stark wird die Marke in den Content-Angeboten derzeit beachtet?
- Verwenden Sie dazu die Werte Ihrer Marke. Diese könnten zum Beispiel sehr knapp formuliert sein (wie bei der CardSorting-Methode). Sollten Sie keine Marke haben, können Sie Schlüsselbegriffe verwenden, die Sie mit der Card-Sorting-Methode auswählen.
- Bewerten Sie gemeinsam die einzelnen Content-Angebote anhand dieser Markenwerte: Wird der Inhalt diesen Werten gerecht?
- Diskutieren Sie die Zukunft der einzelnen Content-Angebote:
  - Welche Inhalte sind besonders markenfremd und sollten intensiv überarbeitet werden?
  - Auf welche Inhalte könnte man aus Markensicht verzichten?
  - Welche Inhalte sind von ihrer Markenaussage her zu ähnlich?
  - Welche Inhalte aus welcher Abteilung sind hinsichtlich ihres Markenbezugs besonders überarbeitungsbedürftig?
  - Welche Content-Art hat aus Markensicht gutes Potential und sollte stärker beachtet werden?
  - Gibt es neue Ideen für Content, der auf die Marke einzahlt?

4 Ist-Soll-Analyse aus Markensicht: Was macht Ihren Content einzigartig?

Wie bei den Stakeholder-Befragungen sollten Sie auch hier die Befragung nutzen, um zum einen konkrete Bewertungen einzelner Content-Angebote zu erhalten, die dann wieder in der Scorecard festgehalten werden können, und zum anderen, um die Meinungen und Ideen zu gewinnen und festzuhalten. Bei der Notenvergabe ist zu beachten, dass eine Marke in beide Richtungen ausschlagen kann — kommt sie zu wenig zum Zug, ist das genauso schlecht, als wenn zu dick aufgetragen wird. Es kommt auf das richtige Maß an. Deshalb schlagen wir folgendes Bewertungsschema vor:

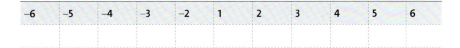

1 ist, wie in der Schule, das Optimum. Minusnoten werden vergeben, wenn ein Markenwert zu wenig deutlich wird. Plusnoten dienen dazu, deutlich zu machen, wenn bei diesem Markenwert zu dick aufgetragen wurde. Angenommen, Sie möchten Ihre Marke als „progressiv, gewitzt, fürsorglich" wirken lassen, dann könnte die Scorecard aus dem Stakeholder-Beispiel (Kapitel 4.2) mit Marken-Noten wie diesen ergänzt werden:

Content-Scorecard: Marken-Perspektive

Abb 4.7: Mit einer Marken-Scorecard können Sie festhalten, wie stark beziehungsweise wie schwach Ihre Marke in einem Content-Stück zum Tragen kommt. Quelle: Eichmeier/Eck

Ist-Soll-Analyse: So erforschen Sie Ihr Content-Potential

Was sagt uns ein solches Urteil?

- **Progressiv**: Die Inhalte sind ein wenig zu progressiv geraten. Etwas weniger davon würde dem WhitePaper guttun.
- **Gewitzt**: Es scheint, als wäre das Angebot eher zu trocken, uninspiriert geraten. Sollte der Wert „gewitzt" vor allem für Stammkunden wichtig sein, müssen die Whitepaper-Verantwortlichen schleunigst nacharbeiten.
- **Fürsorglich**: Obwohl das Content-Thema gut gewählt ist, weil es die Fürsorglichkeit des Unternehmens betont, ist der Markenwert insgesamt nicht stark genug hervorgehoben. Dies passt zusammen mit dem Urteil der Stakeholder, die das fehlende Angebot weiterer Kontaktempfehlungen bemängelten.

Im ersten Teil haben wir beschrieben, wie Sie die Anforderungen Ihrer Stakeholder näher kennenlernen können, im zweiten Teil die Bedeutung der Marke beleuchtet. Wenn Sie dieses wertvolle Wissen für Ihr Unternehmen schaffen, haben Sie die nötige Basis aufgebaut, um das Wichtigste zu realisieren: Content, der zu Ihrem Unternehmen passt. Allerdings haben wir noch nicht die dritte Perspektive auf den Content eingenommen: den Ihres Unternehmens. Denn, so schön und nachvollziehbar die Wünsche der Stakeholder und das Potential der Marke sein mögen, es steht eine wichtige Frage im Raum: Kann mein Unternehmen das überhaupt stemmen? Ist das alles realistisch? Darum wird es im nächsten Kapitel gehen.

4.4 Analyse Ihrer Unternehmens-Prozesse: Wie entsteht Content?

Was haben wir bisher erfahren? Dass es für eine erfolgreiche Content-Strategie und darauf basierendes Content-Marketing unverzichtbar ist, die Stakeholder und ihre Wünsche kennenzulernen. Dass Ihr Content deren Erwartungen erfüllen muss — aber zugleich Ihren Markenwerten entsprechen muss. Die Balance aus beiden zu halten: Das ist eine der großen Herausforderungen.

Nun kommt eine dritte, ebenso wichtige Perspektive hinzu: die Ihres Unternehmens. Denn so toll die Stakeholder-Wünsche sind, so großartig Ihre Markenwerte klingen — Ihr Unternehmen muss auch in der Lage sein, all dies umzusetzen! Diese dritte Perspektive bringt Realismus in Ihre Content-Vorhaben. Sie ermitteln, was machbar, was optimierbar ist — und wovon Sie lieber erst einmal Abstand nehmen. Warum ist diese Perspektive so wichtig? Für die Content-Strategie als Basis aller Content-Bemühungen ist sie sogar die bedeutendste. Nur wer die menschlichen und technischen Prozesse des Hauses kennt und weiß, wo welche Inhalte produziert werden und welche Content-Silos es gibt, kann eine passende Content-Strategie konzipieren und realisieren, wie sie für gelungenes Content-Marketing nötig ist.

Ziel dieser Betrachtung sollte es sein, alle bisherigen Content-Produzenten intern wie extern zu ermitteln sowie deren Content-Workflow-Varianten (Ist-Analyse) und im Anschluss eine Soll-Analyse anzufertigen, auf deren Grundlage eine passende Content-Strategie entwickelt und realisiert werden kann. Wichtig hierbei: Diese Content-Strategie muss allgemein gültige Content-Prozesse im Unternehmen zur Folge haben — also für alle darauffolgenden Content-Marketing-Projekte anwendbar sein. Wir betonen dies explizit, weil manche Content-Marketing-Dienstleister zwar behaupten, dass es nur sinnvoll wäre, wenn sie auch gleich die Content-Strategie umsetzen würden. Hier müssen Sie aber aufpassen, ob ein Dienstleister Sie auch aus unternehmensberaterischer Sicht gut versteht. Sonst besteht die Gefahr, dass Sie eine „Wegwerf-Strategie" bekommen, die lediglich den Content-Marketing-Ideen zugutekommt, aber nicht langfristig Bestand hat. Und dass Sie für die nächste Content-Maketing-Offensive von vorne anfangen und eine neue Content-Strategie aufbauen müssen. Bevor Sie also einen Dienstleister ins Haus holen: Nehmen Sie die Perspektive Ihres Unternehmens ein und erarbeiten Sie eine Strategie, von der Ihr Unternehmen langfristig und wiederholt profitiert. Das mag erst einmal ein Kraftakt sein. Langfristig zahlt sich das aber aus — qualitativ, zeitlich als auch finanziell.

> **! WICHTIG**
>
> Ihr Unternehmen ist es letztendlich, das für die nötige Basis erfolgreichen Contents sorgen muss. Nehmen Sie sich deshalb für die Ermittlung bisheriger Content-Prozesse ausreichend Zeit, sehen Sie besonders genau hin, fragen Sie nicht nur Entscheider, sondern auch Mitarbeiter, die direkt an den Prozessen beteiligt sind.

Um Optimierungs- und Synergiepotentiale aufzudecken, sollten Sie die Content-Prozesse einer jeden Abteilung, die Content produziert oder damit arbeitet, einzeln erfassen. Folgende Informationen sollten Sie dort in Erfahrung bringen:

- **Content-Arten:** Welche Content-Arten produziert diese Abteilung? Es ist sinnvoll, eine möglichst vollständige Liste zu erstellen.
- **Verantwortlichkeiten**: Welche Personen sind an der Entscheidung beteiligt oder tragen die Verantwortung für
  - Themengenerierung,
  - Auswahl der Content-Arten,
  - Content-Management,
  - Content-Produktion,
  - Beauftragen externer Dienstleister?

Ist-Soll-Analyse: So erforschen Sie Ihr Content-Potential

- **Zeitplanung**: Wer investiert wie viel Zeit für Content-Aufgaben?
- **Prozesse**: Nach welchen Prozessen laufen die Content-Produktion und das -Management ab? Wie viele und welche Mitarbeiter sind beteiligt?
- **Recherche**: Woher bzw. von welchen Personen bezieht die Abteilung das nötige inhaltliche Wissen, um die jeweiligen Content-Arten produzieren zu können? Wo und wie wird recherchiert?
- **Zeitbedarf**: Wie viel Zeit vergeht vom Beschluss, eine Content-Art zu erstellen, bis zur Veröffentlichung? (Ermittlung für verschiedene Content-Arten)
- **Kooperation**: Mit welchen Abteilungen wird bei Content-Aufgaben zusammengearbeitet? Wie läuft die Zusammenarbeit ab?
- **Unterstützung**: Welche Abteilungen nutzen Content aus dieser Abteilung? Welchen? Warum?
- **Infrastruktur**: Welche Tools werden für Content-Produktion, Content-Management, Content-Archivierung und Veröffentlichungen verwendet?
- **Externe Unterstützung:** Welche externen Dienstleister sind eingebunden? Welche Aufgaben erfüllen sie?
- **Finanzen**: Wieviel Budget besitzt die Abteilung für Content-Aufgaben?
- **Impulsgeber**: Von wem geht in der Regel die Initiative zur Produktion neuen Contents aus?
- **Content-Quellen**: Woher stammen die unterschiedlichen Informationen?[8]

Eine solche Inhouse-Recherche fördert eine Menge an Wissen und Erfahrungen zutage. Zum einen ist es natürlich interessant zu erfahren, auf welch unterschiedliche Art und Weise die einzelnen Abteilungen bei der Content-Produktion vorgehen. Zugleich sollten Sie während der Recherchegespräche nicht nur die dazu nötigen Fakten notieren, sondern auch zugleich nach Schwachstellen, Kritikpunkten, ungelösten Problemen und Optimierungsvorschlägen fragen.

Deshalb macht es nicht unbedingt Sinn, nur den Abteilungsleiter zu interviewen. Mitarbeiter, die direkt an der Produktion beteiligt sind, sind in der Regel eine Quelle wichtiger Erkenntnisse. Das gilt im Übrigen auch für die externen Dienstleister: Auch diese könnten Sie über ihre Content-Aufgaben für Ihr Unternehmen befragen und ihre Zufriedenheit mit der Zusammenarbeit erfragen. Die Fülle der Informationen, die Sie mit diesen Fragen generieren, lädt ein zu zahlreichen Analysen. So könnten Sie bereits mit einer simplen Zusammenstellung wie der folgenden Interessantes an den Tag bringen:

---

[8] Zur Inspiration empfehlen wir hier die ausführliche Checkliste „Interne Informationsquellen" aus dem „Handbuch Briefing" von Louis Back und Stefan Beuttler.

4 Analyse Ihrer Unternehmens-Prozesse: Wie entsteht Content?

Content-Bestand und Zuständigkeiten (Beispiel)

	Content-Angebot	Alter oder Rhythmus Aktualisierung	Lead	Dienstleister, Partner
1	Website-Inhalte	ca. monatlich	Marketing	Agentur A
2	Blog-Inhalte	ca. wöchentlich	PR	Diverse intern
3	Facebook-Inhalte	2 mal täglich	Marketing	Agentur A
4	Twitter-Inhalte	4 mal täglich	PR	--
5	Google+-Inhalte	2 mal wöchentlich	PR	--
6	Xing/LinkedIn	Mai 14	Personalabteilung	--
7	Newsletter-Inhalte	2 bis 3 pro Jahr	Vertrieb	Agentur B
8	App-Inhalte	geplant	Geschäftsführung	Agentur C
9	Geschäftsbericht	1 mal pro Jahr	Geschäftsführung	mit PR
10	Werbekampagnen	divers*	Marketing	Agentur D
11	Broschüre XY	Dez 12	Vertrieb	Agentur B
12	Call-Center-Infos	Jul 13	Vertrieb	--
13	Pressemitteilungen	2 - 3 pro Jahr	PR	Agentur E
14	Beiträge in Fremdmedien	1 p. Jahr	PR	Agentur E
15	Bücher, Buchbeiträge	zuletzt 2009	Geschäftsführung	--
16	Kundenzeitschrift	2 pro Jahr	Marketing	Agentur D
17	Vorträge	10 pro Jahr	Geschäftsführung	--
18	Corporate Video	zuletzt 2012	Geschäftsführung	Agentur F
19	WhitePaper XY	Apr 14	Marketing	Agentur D
20	CaseStudy XY	Nov 12	PR	ext. Journalist
21	Kundenbereich im Web	2 mal pro Jahr	Vertrieb	Agentur B
22	Shop-Infos (online, offline)	wöchentlich	Vertrieb	--
23	Verpackungen	je nach Kampagne	Marketing	Agentur D
24	Kundenkorrespondenz	Jan 10	Kundenservice	---
25	Gebrauchsanweisungen	wie Produktlaunch	Produktentwickl.	ext. Texter
26	Aus-, Weiterbildungsinfos	Sep 12	Personalabteilung	Agentur G
27	Intranet (internes Wiki)	2 - 3 pro Woche	Personalabteilung	mit Marketing
28	Mitarbeiterzeitschrift	1 mal pro Jahr	Personalabteilung	Agentur G
29	Stellenausschreibungen	Jan 12	Personalabteilung	---

* auf das breite Feld der Werbekampagnen gehen wir nicht explizit ein

Abb 4.8: Welche Abteilung und welche Dienstleister sind für welche Content-Arten zuständig? Mit diesen Informationen können Sie die Leistung einzelner Abteilungen bewerten

Ist-Soll-Analyse: So erforschen Sie Ihr Content-Potential

In einer Tabelle wie dieser erkennen Sie

- **Ausgewogenheit**: welche Abteilung für welches Content-Volumen sorgt (und, wenn Sie die Budgets mit hinzuziehen, ob die Finanzen ausgewogen verteilt sind);
- **Zuständigkeit**: welche Abteilungen für welche Content-Arten verantwortlich sind (und ob es Dopplungen gibt, die effizienterweise entfernt werden könnten);
- **Externe**: wie viele Agenturen mit Ihrem Content beschäftigt sind (und ob es womöglich zu viele sind);
- **Rhythmus**: welche Abteilung Erfahrung hat mit kurzen Content-Prozessen (Social Media) oder mit längeren Prozessen (Gebrauchsanweisungen, White-Paper etc.) (und deshalb für eine zentrale Koordination solcher Aufgaben infrage käme);
- **Synergie- und Konvergenzpotential**: welche Content-Arten unterschiedlicher Abteilungen zu ähnlich sind (und deshalb kombiniert oder fusioniert werden könnten);
- dass es neuralgische Punkte im Prozess gibt, die den Prozess aufhalten (zum Beispiel weil der Marketingchef Wochen für die Freigabe braucht oder die Urlaubsvertretung des Social-Media-Managers kein Kommunikationstalent hat);
- dass der älteste Content in der Geschäftsführung zu finden ist.

Richtig interessant wird es aber, wenn Sie nun die Ergebnisse der drei Perspektiven kombinieren. Darum geht es im nächsten Kapitel.

4.5 Finale Analyse: Die drei Perspektiven auf einen Blick

Um es deutlich zu sagen: Wenn Sie es geschafft haben, die Analysen aus diesen drei Perspektiven durchzuführen, und brauchbare Daten gewonnen haben, mit denen Sie die Qualität Ihres Contents und wichtige Verbesserungsvorschläge ermitteln können, ist Ihnen ein enormer Erfolg gelungen. Sie haben durchgehalten! Nun können Sie von den Ergebnissen profitieren, Sie besitzen die nötige Informationsbasis für eine gelungene Content-Strategie, Content-Marketing-Strategien und Content-Marketing-Maßnahmen, die zu Ihnen passen. Weil Sie nun die Urteile der Stakeholder und der Markenexperten mit den Erkenntnissen aus der Unternehmensanalyse kombinieren können, erfahren Sie, in welchen Abteilungen, Prozessen und Strukturen Schwachpunkte bestehen, die die Content-Qualität als Ganzes

Finale Analyse: Die drei Perspektiven auf einen Blick

gefährden und wo es Synergiepotentiale sowie Chancen zur Kosteneinsparung und Effizienzsteigerung gibt. Mit diesen Ergebnissen werden Qualitäts- und Verbesserungspotentiale ans Licht gebracht.

Mit den Analyseergebnissen können Sie zum Beispiel folgende Fragen beantworten:

Stakeholder- und Markenperspektive:

- In welchen Punkten passen die Content-Urteile der Stakeholder und der Markenexperten zusammen, in welchen nicht?
Je größer hier die Differenz, desto intensiver müssen Sie die Gründe für diese Diskrepanz ermitteln und den Content nachbessern. Für Content-Offerten, die Stakeholder besser bewerten als Ihre Markenexperten, sollten Sie Ideen entwickeln, wie die Marke dezent, aber bestimmter als bisher betont werden kann.
- Umgekehrt sollten Sie bei Content-Angeboten, die von Markenexperten goutiert werden, aber bei den Stakeholdern durchfallen, Ideen entwickeln, wie Sie Ihre Markenbotschaft auf andere Weise deutlich machen können.

Stakeholder- und Unternehmensperspektive:

- Sind die Content-Wünsche der Stakeholder mit den aktuellen Strukturen und Prozessen erfüllbar?
- Beurteilen die Stakeholder die Inhalte einzelner Abteilungen unterschiedlich?
- Wird Content, den Sie hausintern erstellen, schlechter beurteilt als der extern erstellte?
- Unterscheidet sich das Urteil je nach beteiligtem externen Dienstleister?

Stakeholder-, Marken- und Unternehmensperspektive

- Aus welchen Abteilungen kommt der beste Inhalt, aus welchen der schlechtere?
- Gibt es Hinweise darauf, dass die Höhe des Budgets und die Qualität des Contents korrespondieren?
- Produzieren Abteilungen, in denen besonders viele Schwachstellen entdeckt wurden, zugleich schlechteren Content?
- Hat die Dauer der Produktionszeit Auswirkungen auf die Content-Qualität?
- Kommt Ihr Content, der einen langen Produktionszyklus braucht (z. B. Case-Study), bei den Stakeholdern weniger gut an als Content mit kurzem Produktionszyklus (Social-Web-Kommunikation)?
- Steigt die Qualität der Inhalte, sobald eine bestimmte Agentur mit anpackt?

Ist-Soll-Analyse: So erforschen Sie Ihr Content-Potential

Marken- und Unternehmensperspektive:

- Produzieren die unterschiedlichen Abteilungen aus Markensicht eine ähnliche Content-Qualität? Worin liegen hier die Unterschiede und wer sollte nachbessern?
- Passen die Inhalte, die Unternehmenslenker zum Beispiel in Vorträgen veröffentlichen, zu den Markenbotschaften anderer Content-Arten, etwa zu den Verkaufsbroschüren des Vertriebs?

Sie sehen: Mit den Daten und Fakten, die Sie gesammelt haben, können Sie zahlreichen Optimierungschancen auf die Spur kommen. Lassen Sie sich daher für die Auswertung Zeit und engagieren Sie dazu eine Person, die analytisch erfahren ist.

Natürlich stellt sich die Frage, ob es nicht besser ist, von Anfang an einen Content-Strategen anzuheuern und ihm das Management der Content-Analyse zu übergeben. Immerhin lernt er so die Prozesse und Probleme des Unternehmens weitaus besser kennen als durch das Lesen eines Briefings. Tatsächlich spricht vieles dafür, einen Content-Experten vom Start weg ins Unternehmen zu holen, viele Recherche- und Analyse-Fehler lassen sich dadurch vermeiden und womöglich zieht er wichtige Schlussfolgerungen, auf die Ihr Unternehmen alleine nicht gekommen wäre. Zudem entsteht durch seine frühzeitige Teilnahme das nötige Vertrauen, denn ein Content-Experte muss viel Unangenehmes erfahren, wenn er erfolgreich sein soll. Ein Grund aber spricht dagegen: Sie können zu Beginn Ihrer Analysen noch nicht wissen, welches Know-how Sie im Schwerpunkt benötigen. So könnte sich zum Beispiel herausstellen, dass Sie primär ein Problem mit der technischen Infrastruktur haben und weniger mit der Qualität der Inhalte, wovon Sie ursprünglich ausgegangen waren. In diesem Fall brauchen Sie einen Content-Experten, der technische Erfahrung hat. Was aber tun, wenn der zu Beginn ausgewählte Content-Experte nicht der richtige ist? Wenn Sie bereits in der Analysephase einen Content-Strategen dabeihaben wollen — und wir empfehlen Ihnen dies trotz der letztgenannten Bedenken —, sollten Sie mit ihm über diese Problematik sprechen.

Bündeln Sie die Ergebnisse in einer Dokumentation und im Briefing

Die gewonnenen Erkenntnisse der Drei-Perspektiven-Analyse sollten Sie in einem Dokument festhalten. Dieses Dokument dient als Basis für alle Optimierungsmaßnahmen, den Aufbau der Content-Strategie und die darauffolgenden Content-Marketing-Maßnahmen. Sie ist die Grundlage für ein punktgenaues Briefing, anhand dessen ein Content-Stratege — und alle an der Entwicklung Beteiligten — erfährt, in welchen Prozessen und Strukturen es hakt. Dank die-

4 Finale Analyse: Die drei Perspektiven auf einen Blick

ser „Informationsschnittstelle" (nach Professor Werner Pepels) kann dementsprechend eine maßgeschneiderte Content-Strategie entwickelt werden, die für die besonderen Problematiken des Unternehmens die richtigen Lösungen bietet und für Content-Konvergenz sorgt: dass die unterschiedlichen Content-Angebote an allen Content-Touchpoints zueinanderpassen und sich ergänzen — zum Gefallen der Stakeholder.

> **! WICHTIG**
>
> Bei einer solchen Dokumentation gilt: Je detaillierter, desto besser. Keine Scheu vor Zitaten aus den Gesprächsrunden! Diese können für Entscheider und auch für die Content-Strategen wichtige Hinweise enthalten.

Die Ergebnisse, die in der Dokumentation festgehalten sind, müssen den Unternehmensverantwortlichen ins ansprechender Form vorgestellt werden — denn diese müssen die darauf basierenden Entscheidungen für das weitere Vorgehen und den Aufbau der Content-Strategie treffen. Dazu müssen sie die Essenz der Ist- und Soll-Betrachtungen kennen. Die Dokumentation sollte daher Fragen wie diese beantworten:

- Sind die vorläufig gesteckten Content-Ziele — die aus der Wunsch-Analyse — noch tragbar? Wenn nicht, welche Ziele sollten auf Empfehlung der Analysen stattdessen ins Auge gefasst werden?
- Welche Content-Arten überzeugen und welche nicht? Und woran liegt das?
- Welche Abteilung produziert wie viele Content-Arten — und wo gibt es Synergiepotential?
- Wie gut kommt die Marke im Unternehmens-Content zum Ausdruck — und auf welche Weise sollte hierzu nachgebessert werden?
- Welche Content-Touchpoints haben keine überzeigende Performance — und wie könnte man nachbessern?
- Wo gibt es die größten Schwachstellen in Prozessen, Strukturen und Verantwortlichkeiten — und welche sollten als Erste optimiert werden?
- Wo wird das meiste Geld ausgegeben — und wo könnten womöglich Kosten eingespart werden?
- Welche Abteilung hat das kleinste Budget — und wo macht eventuell eine Budgetaufstockung Sinn?
- Sind die Arbeiten der externen Content-Dienstleister zufriedenstellend — und wie könnte die Zusammenarbeit besser laufen?
- Wie viele Tools werden in den Content-Prozessen verwendet — und wäre eine unternehmensübergreifende Tool-Lösung effizienter?
- Gibt es in einzelnen Abteilungen bereits redaktionsartige Strukturen — und wäre dies auch für andere Abteilungen wünschenswert?

- Gibt es im Unternehmen einzelne Content-Archive — und würde ein unternehmensübergreifendes Info-Center für alle Abteilungen stattdessen Sinn machen?
- Gibt es im Unternehmen content-strategisch talentierte Mitarbeiter — oder sollte für die Konzeption und Realisierung besser jemand von außerhalb engagiert werden, zum Beispiel, weil das nötige technische Know-how nicht vorhanden ist?

Eine ordentlich durchgeführte Dokumentation fasst nicht nur den Status quo zusammen, sondern enthält bereits erste content-strategische Vorschläge, wie Prozesse und Strukturen verbessert werden können. Diese müssen mit den Entscheidern diskutiert werden, denn erst ihr „Okay!" zu den einzelnen Zielen macht den Weg frei für den Aufbau einer umfassenden Content-Strategie. Sie müssen nun entscheiden:

- Welche der darin ermittelten Optimierungspotentiale sollen umgesetzt werden?
- Welche Maßnahmen werden zuerst ergriffen, welche später?
- Soll das Unternehmen jene Ziele, die laut Analyse empfehlenswert sind, ins Visier nehmen? Werden die vorläufigen Ziele (aus der Wunsch-Analyse) gestrichen oder sollen sie womöglich in ein paar Jahren erneut angepeilt werden?
- Soll für die Content-Strategie ein Extra-Budget eröffnet werden?
- Soll ein externer Content-Stratege ins Boot geholt werden? Soll dieser eher unternehmensberaterisch oder journalistisch oder technisch versiert sein?
- Wer informiert die Führungsspitze über die Fortschritte und wie häufig?

Fixieren Sie die finalen Ziele, die für alle Gültigkeit haben

Das Wichtigste in dieser Phase ist es, gemeinsam mit den Entscheidern das generelle und finale Ziel sowie alle Unterziele zu beschließen, die mit der Content-Strategie und den Content-Marketing-Maßnahmen erreicht werden sollen. Diese Zielsetzung muss für alle verbindlich sein — unternehmensweit. Das können zum Beispiel sein:

Generelle Ziele:

- besseres/anderes Image,
- Themenführerschaft,
- mehr Umsatz,
- mehr Dialog mit den Stakeholdern, stärkeres Engagement,
- mehr Kundentreue und Stammkunden,
- Kosteneinsparungen,
- effiziente, synergetische und somit kostensparende Prozesse und Strukturen (u. a. Zusammenarbeit der Abteilungen, Auflösen von Content-Silos).

Finale Analyse: Die drei Perspektiven auf einen Blick 4

Ziele zur Content-Optimierung:

- neue Themen, andere Themengewichtung,
- neu zu entwickelnder Content und/oder Content-Arten,
- zu optimierender Content,
- zu entfernender Content,
- Änderung der Content-Angebote an den Touchpoints.

Sobald die Ziele verabschiedet sind, steht dem stringenten Aufbau und der Realisierung einer Content-Strategie nichts mehr im Weg. Sie haben das erste, große Etappenziel erreicht.

Halten Sie bitte kurz inne und machen Sie sich klar: Viele Unternehmen implementieren eine Content-Strategie, ohne diese Analysewege, die wir beschrieben haben, gegangen zu sein. Wir hoffen, wir konnten Ihnen deutlich machen: Das kann nicht gut gehen! Natürlich erwarten wir nicht, dass generell eine solch detaillierte Vorgehensweise eingehalten wird. Nur zu gut kennen wir die (bisweilen durchaus triftigen) Hemmnisse und Einwände, die ihr im Weg stehen. Und auch das Anfertigen von Scorecards etwa macht viel Arbeit, keine Frage. Doch schon mit einzelnen Ideen aus all diesen Vorschlägen können Unternehmen viel Neues und Nützliches für ihre Kommunikation entdecken. In unseren Workshops haben wir die Erfahrung gemacht, dass selbst durch eine schnelle fingierte Befragung im „Quick & Dirty"-Stil wertvolle Details zum Vorschein kommen. Unter einer Bedingung: Die Dreiteilung aus Stakeholder-Befragung, Markenanalyse und Unternehmensprozesse muss eingehalten werden.

5 Die Content-Strategie: Das Einbetten von Content-Strukturen in das Unternehmen

„Harmonische Systeme sind dumme Systeme!"

Prof. Peter Kruse

Wie müssen Unternehmen vorgehen, wenn sie Content-Strukturen und -Prozesse verbessern oder neu aufbauen wollen? Es gibt keine Content-Struktur, die für alle Unternehmen passt. Aber es gibt einige Empfehlungen, die wir Ihnen im Folgenden geben können.

Bisher ist es in der Regel so, dass die Content-Verantwortlichen in allen Abteilungen sitzen. Eine Zentralisierung der Verantwortlichkeiten schien lange Zeit für niemanden notwendig zu sein. Doch bei einer integrierten Content-Strategie benötigen Sie klare Zuständigkeiten, die alle Bereiche Ihrer Organisation umfassen sollten. Durch die Online-Kommunikation und Social Media ist das in vielen Unternehmen deutlich geworden. Eine Abgrenzung der Silos voneinander passt nicht zu einem Unternehmen, das rasch den richtigen Content an seine Kunden ausliefern möchte. Sehr schnell leidet der Markenauftritt an der fehlenden Konsistenz, wenn die einzelnen Abteilungen getrennt voneinander Content produzieren und publizieren. Dabei ist den Adressaten eines völlig egal: von welchem Unternehmensbereich ein Inhalt stammt. Denn sie verbinden *alle* Botschaften — aus dem Marketing, Service, Vertrieb, Human Resources und der PR — zu einem einzigen Markenbild.

Bei Inhalten, die in den einzelnen Abteilungen erstellt und verbreitet werden, verschwimmen manchmal die Grenzen zur PR-Arbeit, zu Recruiting- und Vertriebsmaßnahmen. Content gibt es jede Menge in Ihrem Unternehmen, aber es fehlt eine klare Struktur. Wenn es hierbei zu große Unterschiede im Auftreten der einzelnen Abteilungen gibt, wirkt sich das insgesamt negativ auf die Unternehmensreputation aus. Insbesondere durch Silodenken gibt es häufig viele Hindernisse in Unternehmen, Wissen untereinander auszutauschen und zusammenzuarbeiten. Erst eine neue Informations- und Kommunikationslandschaft erleichtert den Wissensaustausch.

Eine integrierte Content-Strategie haben nur Wenige

Bei einer integrierten Content-Strategie kommt es auf die Abstimmung aller Inhalte mit allen Abteilungen an. Von der Idee über die Creation bis hin zu Distribution und Vermarktung des Contents sollten alle Einzelheiten definiert sein. Meistens bezieht sich die Content-Strategie nur auf alle Webinhalte und lässt andere Bereiche eines Unternehmens außen vor. Dabei gibt es darüber hinaus Inhalte, die im Corporate Publishing, Dokumenten- und Produkt-Management entstehen. Eine integrierte Content-Strategie schafft hier Transparenz bei Kosten, Ressourcenplanung und Verantwortlichkeiten.

In der heutigen Zeit macht es keinen Sinn mehr, zwischen Online- und Offline-Inhalten zu unterscheiden. Der Content entsteht in unserem Arbeitsalltag an vielen Stellen, er steckt in E-Mails, Meetings, Gesprächen, Blogs, Websites, Events, Mitarbeiterzeitungen, Broschüren, Werbespots und an vielen anderen Stellen. Doch was davon lässt sich wirklich gebrauchen, um auf die eigene Marke einzuzahlen? Welche Inhalte sind sinnvoll nutzbar — und welche lenken eher vom Unternehmensziel ab? Bei einer Content-Strategie geht es nicht darum, mehr Informationen zu produzieren. Stattdessen ist es wichtiger, das relevante Wissen an den richtigen Positionen zu platzieren und auf diese Weise die Marke erfolgreich glänzen zu lassen. An die Stelle der externen Linkfarmen und Microsites sind längst Communities und Social-Media-Auftritte der Unternehmen getreten.

Strategische Entscheidung für Content ist notwendig

Eine Content-Strategie erfordert Entscheidungen auf höchster Ebene. Machen Sie Ihr Wissen intern zugänglicher, dann können Sie aus einem großartigen Content Pool schöpfen, mit dem sich lesenswerte Inhalte generieren lassen, die Ihren Stakeholdern auch gefallen, statt sie zu langweilen. Es fällt Unternehmen nicht leicht, diese Veränderungen vorzunehmen. Sie müssen mehr tun, als nur freie Journalisten oder Redakteure anzuheuern oder den eigenen Mitarbeitern das journalistische Handwerk beizubringen. Für den Start ist das sicherlich eine Möglichkeit, aber für die kontinuierliche Content Creation, das Content-Marketing und die Content-Vermarktung über die eigene Website hinaus benötigen Sie adäquate Strukturen. Wenn Sie Ihre integrierte Content-Strategie im ganzen Unternehmen realisieren wollen, sollten Sie über deren organisatorische Verankerung nachdenken. Vielleicht ist sogar das Auflösen von klassischen Funktionen denkbar. Alternativ könnten Sie für alle Digital- und Content-Themen ein interdisziplinäres Team bilden, das über alle strategischen Entscheidungen zumindest ein Mitsprache- und — noch besser — Entscheidungsrecht hat. Diese Zentrale kann dafür Sorge tragen, dass alle

5 Die Content-Strategie: Das Einbetten von Content-Strukturen in das Unternehmen

Markenthemen crossmedial durchdacht und über alle relevanten Kanäle publiziert und distribuiert werden (vgl. Kapitel 5.4). Mit einer solchen Umstrukturierung geht ebenfalls einher, dass eine übergeordnete Unternehmensstrategie etabliert wird und Ziele definiert werden. Wenn Sie klare Ziele formuliert haben, die Sie mit Online- und Social Media-Aktivitäten erreichen wollen, und wissen, welche Zielgruppen Priorität haben (vgl. Kapitel 4), wenn also Konsens über die grundsätzliche Ausrichtung besteht, können die passenden Strukturen und Prozesse aufgebaut werden, die diese Ziele unterstützen.

Das digitale Zeitalter fordert angepasste Organisationsstrukturen

Viele Unternehmen haben ihre Erfahrungen mit Online und Social Media gemacht — und sind mehr oder weniger professionell auf den diversen Kanälen unterwegs. Doch Social Media ist viel mehr als Facebook, Twitter, YouTube & Co. In den vergangenen Jahren hat sich die Kommunikation und Zusammenarbeit von Menschen radikal verändert. Wir leben in einer postmodernen Content-Gesellschaft. Deshalb müssen auch Organisationsstrukturen an das digitale Zeitalter angepasst werden. Anspruch eines innovativen Unternehmens sollte es sein, das digitale Engagement auf die nächste Stufe zu heben und das Internet als Voraussetzung und Ziel aller unternehmensrelevanten Prozesse zu sehen. Auch ein Abschied von Funktionen kann folglich Sinn machen.

Leider haben die meisten Unternehmen bisher keine „Content-First-Kultur". Doch wer sich nicht rechtzeitig auf eine Content-Revolution einstellt und eine digitale Transformation einleitet, wird am Ende verlieren. Die Kunden werden sich an den Marken orientieren, die auf allen Ebenen — neben einem guten Produkt-Leistungs-Verhältnis — die richtigen Informationen zur richtigen Zeit anbieten. Die Entwicklung der Bewertungsportale macht deutlich, wie wichtig es wird, rechtzeitig auf Kritik zu reagieren. Je stärker Ihre integrierte Content-Strategie intern gelebt wird, desto flexibler können Sie auf die Informationsbedürfnisse Ihrer Stakeholder eingehen.

Die meisten Mitarbeiter haben allerdings keinerlei Schulung hierzu erhalten und viele haben bisher für sich noch nicht die Businessrelevanz von Social Media Content erkannt. In Deutschland nutzen die meisten Menschen Facebook, Twitter und andere Social Media Tools eher privat. Viele wollen das nicht mit ihrem Arbeitsleben vermischen, weil sie Angst davor haben, dabei ständig überprüft zu werden. Laut Altimeter wurde gerade einmal 27 Prozent der Mitarbeiter gezeigt, wie sie Social Media beruflich einsetzen können.[1] Vermutlich hat ihnen auch nie jemand erklärt,

---

[1] Altimeter (2014): Digital Transformation http://altimetergroupdigitaltransformation.com/

Die Content-Strategie: Das Einbetten von Content-Strukturen in das Unternehmen

wie sie ihre E-Mails managen sollten. Wenn Sie erfolgreich eine Content-Strategie in Ihrem Unternehmen verankern wollen, müssen Sie sich über Ihre Markenziele im Klaren sein und dafür auch Mitstreiter in Ihrer Organisation finden. Wer erfolgreich seine Marke entwickeln will, benötigt Markenbotschafter, die in allen Abteilungen zuhause sein sollten und bereit sind, die Content-Pipeline regelmäßig zu füttern. Dabei geht es nicht nur darum, Mitarbeiter twittern zu lassen oder zum Teilen von Unternehmensinformationen auf Facebook zu bewegen. Sie benötigen Ihre Mitarbeiter bei der Ideenfindung, um auf diesem Weg gute Geschichten für Ihre Marke zu entwickeln.

> **TIPP: Eine Content-Strategie ist Chefsache**
>
> Haben Sie den Vorstand oder das Top-Management Ihres Unternehmens bereits für eine integrierte Content-Strategie gewonnen? Oft ist das noch nicht der Fall. Aus diesem Grund sollten Sie sich als Erstes über alle wichtigen Details zum Thema beschäftigen und nicht nur die „Content-Revolution" lesen. Es lohnt sich, einschlägige Studien zu beziehen, den Meinungsführern der Branche auf Twitter oder Facebook zu folgen und deren Fachblogs zu lesen. Auf diese Weise erhalten Sie genügend Input, um daraus praktische Ableitungen für Ihr Business herauszuziehen, die Sie für interne Zwecke als Präsentation oder Konzept aufbereiten können.

5.1   Content-Silos statt integriertem Management

Wer ist in Ihrem Unternehmen für Content verantwortlich? An wen werden die Content-Aufgaben delegiert? Oder sind Sie in der glücklichen Lage, bereits abteilungsübergreifend auf das Thema Content-Strategie zu schauen? Das ist leider längst nicht in allen Unternehmen der Fall. In der Regel neigen Organisationen dazu, Zuständigkeiten in einzelnen Abteilungen zu verorten und dadurch abgeschlossene Silos aufzubauen, über die hinaus Informationen nur spärlich fließen. In vielen Unternehmen ist die PR für Social Media verantwortlich, während in anderen Organisationen das Marketing oder eine eigene Abteilung dafür zuständig ist. Manchmal ist eine weitere Abteilung für die Erstellung des Contents zuständig. Oft gibt es dabei keine Verbindung und Abstimmung, sodass wichtige Markeninhalte nicht den zeitnahen Weg in die digitale Öffentlichkeit finden, weil es keine integrierte Content-Strategie gibt, die den Content Workflow über das ganze Unternehmen hinweg reguliert.

Content-Silos statt integriertem Management 5

Der Begriff Silo

Der Begriff Silo ist eine Metapher, welche die Abschottung der Abteilungen voneinander deutlich machen soll. In einem Unternehmen, in der das Silo-Denken sehr verbreitet ist, interagieren die Mitarbeiter in erster Linie nur innerhalb ihres Silos miteinander und pflegen nur wenige Kontakte zu anderen Bereichen innerhalb der Organisation. Das Silo-Syndrom führt zu einem isolierten Inseldenken, lässt Redundanzen entstehen und verlangsamt Entscheidungsprozesse zwischen Marketing, Sales und PR. Gefeit ist davor kein Unternehmen. Allerdings kann eine starke Ausrichtung der Unternehmenskultur auf Zusammenarbeit das Silo-Syndrom in Schach halten und einen Blick aufs Ganze freimachen.

Eine Content-Strategie, die nur in einer Abteilung ersonnen und gelebt wird, ist in der Regel zum Scheitern verurteilt. Isoliert macht sie keinen großen Sinn und verhilft allenfalls einzelnen Kampagnen zum kurzfristigen Erfolg. Wenn Sie nicht die Synergien mit anderen Bereichen herstellen können, wird Content schnell sehr teuer und erfüllt auch nicht unbedingt seinen Zweck, den Stakeholdern zeitnah zu helfen und die Marke zu festigen. Es fehlt der ganzheitliche Blick auf Kennzahlen, Kampagnen- und Kundendaten. Stattdessen versucht jedes Silo für sich erfolgreich zu sein und verbraucht dafür sehr viele Ressourcen. Das kann mitunter kontraproduktiv sein.

▶ **BEISPIEL**

So führte das Marketing eines IT-Unternehmens eine Kampagne durch, die mehr Fragen aufwarf als beantwortete. Statt den Verkauf zu unterstützen, erhöhte sie die Kundenanfragen im Customer Service erheblich, der jedoch nicht darauf vorbereitet war. Bei einer guten Abstimmung der Abteilungen untereinander hätten die Inhalte der Kampagne an vielen Touchpoints optimiert und die Zusammenarbeit insgesamt besser koordiniert werden können.

Ähnliches passiert jeden Tag in vielen Organisationen: Die Abteilung X kennt die Maßnahmen der Abteilung Y nicht und kann sich darauf nicht vorbereiten. Unternehmen profitieren eigentlich von einer Unterteilung in Silos, weil die klaren Strukturen die Zusammenarbeit erleichtern. In den einzelnen Silos entsteht dadurch eine Expertise und klare Verantwortung für Marketing, Vertrieb, HR und PR. Mit der jeweiligen Fokussierung auf ein Themenfeld wird jedoch leider oftmals der Informationsfluss in einer Organisation unterbrochen. Dabei sind Unternehmen darauf angewiesen, dass ihre Mitarbeiter jeweils das Silo-Denken verlassen und über Abteilungsgrenzen hinweg miteinander kooperieren, kommunizieren und zusammenarbeiten.

Die Content-Strategie: Das Einbetten von Content-Strukturen in das Unternehmen

Ein Entscheider hat ebenfalls vor allem sein eigenes Silo im Blick und nimmt dessen Interessen wahr. Er hat andere Prioritäten als Manager anderer Silos und versucht diese durchzusetzen. Gleichzeitig glauben viele Führungskräfte, dass es im Sinne ihres Unternehmens ist, wenn sie das Beste für ihr Silo geben. In der Regel kümmern den Entscheider andere Silos, für die er keine Verantwortung trägt, wenig. Es scheint in der menschlichen Natur zu liegen, dass der Einzelne in seiner eigenen Sandkiste das Beste geben will. Doch das geschieht dabei des Öfteren auf Kosten anderer. Nur weil ein Manager seinen Job gut im Silo erledigt, muss das nicht der richtige Weg für das Unternehmen sein. Aus übergeordneter Organisationssicht sollten die Abteilungen immer zusammenarbeiten. Aber oft genug ist das nicht der Fall, wenn die Prioritäten in den Silos unterschiedlich aussehen und deshalb Informationen nicht über das Silo hinaus miteinander geteilt werden. Wenn Marketingmitarbeiter kulturell davon abgehalten werden, direkt mit den Sales-Kollegen zu sprechen und stattdessen auf den Dienstweg über ihre Vorgesetzten verwiesen werden, tauschen sie nur noch selten miteinander Informationen aus. Die interne Formalisierung hält die Mitarbeiter von dem Austausch mit anderen Abteilungen ab und lässt sie vorsichtiger und weniger innovativ werden. Sie bleiben auf ihrer Content-Insel.

Das fordert seinen Preis bei der Organisation: Sie wird langsamer und unproduktiver aufgrund unterdrückter Kommunikation. Dadurch werden in den Silos Ressourcen in der Content Creation wie im Content-Marketing verschwendet. Content wird teuer mehrfach produziert, manchmal übersetzt und ohne Abstimmung mit anderen Silos veröffentlicht und vermarktet. Die oftmals ohnehin begrenzten personellen oder finanziellen Ressourcen werden somit nicht effizient genutzt. Der Abbau der Silos ist für keine Organisation leicht, aber sie ist die Voraussetzung dafür, den Wissensaustausch im Unternehmen zu fördern und erfolgreich Content-Marketing zu betreiben. Gerade bei der Content-Erstellung werden interne Experten abteilungsübergreifend gebraucht. Wenn Sie diese Experten unabhängig von ihrer Silo-Zugehörigkeit und ihrem Hierarchiestatus jederzeit im Intranet und offline ausfindig machen und für Content-Projekte gewinnen können, profitiert Ihr Unternehmen unmittelbar davon, indem es seine profunden Kenntnisse nach außen sichtbarer machen kann.

Unternehmen benötigen eine „Content-First-Kultur", die von der Marketing-, PR-, HR- über die Vertriebs-Abteilung gelebt werden sollte, um neue Alltagsroutinen zu verankern. Eine integrierte Content-Strategie funktioniert am besten, wenn sie eine hohe Priorität im Unternehmen erhält und nicht nur in einzelnen Silos gelebt wird. Auf der Suche nach hochwertigen Inhalten sollten Sie Ihr ganzes Unternehmen mit seinen Themen betrachten und Mitarbeiter aus unterschiedlichen Abteilungen dazu einladen, ihren kreativen Beitrag zu leisten. Der Wissensschatz ist in jeder Organisation vorhanden, muss oftmals nur freigelegt und genutzt werden. Natürlich können

Content-Silos statt integriertem Management

Sie sich dabei professionelle Hilfe holen und Content-Experten, zum Beispiel Journalisten, zur Verfeinerung der Inhalte heranziehen. Doch das entscheidende Wissen sollte Ihr Team behalten. Wenn Sie versuchen, das Aufgabenfeld Content auszulagern, lösen Sie Ihr Silo-Problem nicht. Wir empfehlen Ihnen, sich in Content-Strategie, Content-Creation und Content-Marketing trainieren zu lassen, um möglichst schnell und selbstständig agieren zu können. Dabei geht es in erster Linie darum,

1. die Bedeutung des Corporate Contents für jede Abteilung zu verstehen,
2. die jeweilige Markenbotschaft zu identifizieren,
3. die Markeninhalte zu kommunizieren,
4. Ihre Stakeholder zu involvieren,
5. das Feedback auszuwerten.

Content-Strategie und Content-Marketing sollten sich dabei an der Markenstrategie orientieren. Letztlich müssen Marken die Bedürfnisse ihrer Stakeholder — auch wenn es um relevanten Content geht — verstehen lernen und dazu Cross-Silo-Teams etablieren, die gemeinsam an dem Ziel arbeiten, die Stakeholder glücklicher zu machen. Alle Content-Touchpoints des Unternehmens haben Auswirkungen auf das Markenimage. Das bedeutet: Erst wenn das Zusammenspiel aller Kanäle (Twitter, Facebook, Blog, Website, E-Mail-Newsletter etc.) funktioniert, verbessert sich die Klarheit und Konsistenz in der Stakeholder-Ansprache.

Bei vielen Organisationen ist durch Social Media und besonders durch das Corporate Blogging einiges in Bewegung geraten. Adidas oder Daimler haben ihren Mitarbeitern die Freiheit eingeräumt, an einem Corporate Blog mitzuschreiben. Das war kein leichter Prozess. Oftmals hat das persönliche Blogging in den Unternehmen keine große Priorität, weil es nicht auf das jeweilige Silo-Karrierekonto einzahlt. Wenn Sie jedoch Ihren Mitarbeitern einen Anreiz anbieten, sich am Corporate Blog zu beteiligen, werden die Content-Fähigkeiten gestärkt und es entstehen hochwertige Inhalte, die in die Marke einzahlen. Der Adidas Group gelang es erfolgreich, über alle Abteilungen von Marketing bis Design hinweg Blogger unter den Mitarbeitern zu finden. Dadurch unterstreicht die Marke seine Exklusivität und Fachkompetenzen. Das Corporate Blog ist inzwischen gut in der Website integriert und richtet sich stark an den Interessen der Stakeholder aus, ohne die Silos abzubilden. Der Corporate-Communication-Manager Frank Thomas meint dazu: *„Die Erfüllung der Bedürfnisse unserer Zielgruppen steht für uns an erster Stelle. Das drückt sich in vielerlei Hinsicht aus, am signifikantesten aber im Grundkonzept der Seite. Wir wollen den Usern das große, ganze Bild präsentieren, ohne sie dabei mit Content zu erschlagen. Auf der Seite arbeiten Content, Kanäle und Menschen Hand in Hand. Dadurch werden dem User Inhalte in einer sehr intuitiven Weise verfügbar gemacht. Dabei vermeiden wir tatsächlich die künstliche Kategorisierung von Inhalten, indem wir jederzeit verwandte Inhalte anbieten, die aus den unterschiedlichsten Bereichen und Kanälen entspringen."*

Die Content-Strategie: Das Einbetten von Content-Strukturen in das Unternehmen

Abb 5.1: Adidas Group Blog
http://blog.adidas-group.com

Vor allem die Social-Media-Kommunikation trägt neue Anforderungen an Unternehmen heran und zwingt sie mitunter, ihre bisherigen Content-Prozesse zu überdenken. Schließlich kann eine Organisation nur zeitnah Antworten auf die Fragen seiner Stakeholder geben, wenn es hierbei keine strukturellen Hindernisse beim Zugriff auf das interne Wissen einer Marke gibt. Es scheint den Unternehmen dabei vor allem an einer Kultur der Zusammenarbeit und der passenden Collaboration Software zu fehlen. Dies sind die Hauptbarrieren für eine integrierte Content-Strategie. Bevor Sie aber die Barrieren um ein Content-Silo beseitigen können, müssen Sie dieses unternehmensweit zur Kenntnis nehmen und als Problem für das Information Management identifizieren. Es gibt unterschiedliche Content-Silos. Je weniger Informationen wir über die Content-Produktion in anderen Unternehmensfeldern haben, desto weniger können wir diese für Content-Marketing nutzen. Wenn Sie gut beraten werden, erhalten Sie Unterstützung beim Wandel in Ihrem Unternehmen. Externe Content-Strategen sollten Ihnen dabei helfen, flexiblere Strukturen aufzubauen, um über alle Silo-Grenzen hinweg den Content so nach außen zu spielen, dass er im Sinne der Stakeholder eine hohe Relevanz bekommt.

5.2 Der Aufbau von Strukturen und Prozessen

Wie Sie eine Dokumentation des Status quo Ihres Unternehmens-Contents erstellen und diese für das Setzen realistischer Ziele von Content-Strategie und Content-Marketing nutzen können, haben wir in Kapitel 4.5 beschrieben. Diese Grundlagen sind unschätzbar wertvoll für die nächsten Schritte: der Auswahl des richtigen Content-Strategen (sofern er nicht schon im Haus ist), der darauf basierenden Content-Strategie sowie der Installation geeigneter Strukturen und Prozesse. Diese Aufgabe liegt keinesfalls in der Verantwortung eines Einzelnen — sie ist, genauso wie die Content-Produktion generell, Teamarbeit. Zwar ist es bestimmt von Vorteil, einem erfahrenen Content-Strategen die Verantwortung für das Projekt zu übertragen. Doch dieser wird nur einen guten Job machen, wenn er ein Team um sich weiß, das dieses Vorhaben tatkräftig unterstützt. Dieses Team nennen wir im Folgenden „Taskforce", weil alle Mitglieder wesentlich mehr zu tun haben, als sich ab und an in Meetings zu treffen. Gemeinsam mit dem Content-Strategen müssen sie eine Strategie entwickeln und diese dann, nach Freigabe, mit Elan und viel Durchhaltevermögen realisieren.

Im Folgenden werden wir die Aufgaben des Content-Strategen sowie drei Team-Arten — die Content-Strategie Taskforce, die Redaktion sowie das Info-Center — und ihre Aufgaben näher vorstellen. Natürlich kann es hier zu Überschneidungen kommen, die Aufgaben sind variabel. Ein jeder muss hier seinen eigenen, zu ihm passenden Weg finden. So kann es etwa sowohl Aufgabe der Taskforce als auch der Redaktion selbst sein, redaktionelle Grundstrukturen aufzubauen. Letztendlich muss eine „Content Supply Chain" entstehen, auf der Content zuverlässig transportiert werden kann

1. von den richtigen Quellen
2. auf die richtige Plattform
3. zu den richtigen Menschen
4. zur richtigen Zeit
5. durch die richtigen Kanäle
6. in den richtigen Formaten
7. in den richtigen Versionen
8. in den richtigen Sprachen
9. in die richtigen Medien.[2]

---

[2] nach Rahel Anne Bailie, 2013.

Die Content-Strategie: Das Einbetten von Content-Strukturen in das Unternehmen

Solche Strukturen können recht simpel, aber auch sehr komplex werden. Gerade in Konzernen wie IBM, die eine Fülle an unterschiedlichen Inhalten besitzen und diese managen müssen, sind Content-Strukturen alles andere als übersichtlich. Es gibt nicht nur eine Content-Strategie, sondern mehrere. Diese sind komplex, umspannend, vielschichtig und anspruchsvoll im Management, weil viele unterschiedliche Menschen am Gelingen beteiligt sind. „Wir sind der Meinung, dass jeder Bereich, je nach Lösung oder Produkt, eine unterschiedliche, individuelle Content-Strategie haben muss, ganz speziell gemünzt auf das Produkt, das Thema, den lokalen Markt und die Zielgruppen", sagt IBMs Digital Leader Raphaela Fellin: „Wir nehmen keine weltweite Content-Strategie und setzen die um. Wir entwickeln unsere eigenen. Die Digital Strategists sind dafür verantwortlich."[3]

Der IT-Konzern IBM gilt als einer der Vorreiter bei einer digitalen Strategie. Er arbeitet seit 2012/2013 verstärkt daran, seine vielen Online-Inhalte effizienter zu organisieren. Damit das gelingt, hat das Unternehmen einige etablierte Strukturen aufgebrochen und sogar das Web-Team aufgelöst. Raphaela Fellin verantwortet als Digital Leader die Organisation der gesamten digitalen IBM-Aktivitäten in Deutschland, Österreich und Schweiz (DACH). Ihr virtuelles Team besteht bereichs- und länderübergreifend aus Digital Strategists. Als Berater aller digitalen Themen unterstützt Fellin das Management bei der Transformation des Marketings zu einem integrierten digitalen Ansatz. Aus ihrer Sicht ist die bereichsübergreifende Abstimmung und der Austausch der Digital Strategists ein essentieller Grundbaustein für eine erfolgreiche Umsetzung der Strategie. Bei IBM Deutschland gibt es neben den Digital Strategists noch Digital Specialists, ein Global Web Production Service Center, einen SEO Lead und einen Social Media Lead — um nur einige zu nennen.

Der erfahrene Projektleiter und Projektmanager Eberhard Huber warnt allerdings davor, zu komplizierte Strukturen zu entwickeln. Sie sollten eher resilient sein — also robust —, auch wenn das auf Kosten der optimalen Effizienz geht. „Eine Unternehmung, die auf höchste Effizienz getrimmt wurde, verliert Resilienz. Durch Entfernen von Sicherheiten und Reserven werden Unternehmungen immer anfälliger. Selbstheilungskräfte werden verbraucht. Kleine Störungen werden leicht zur Krise", mahnt Huber. Zwar müsse man einen Teil der Effizienz und des Profits dafür aufgeben, aber „dafür hat man länger etwas davon". Auch wir haben viel Sympathie für eher klare, weniger filigrane Strukturen und „Lean Processing". Unsere Erfahrung ist: Je einfacher die Strukturen sind, desto zuverlässiger funktionieren sie. Zu viele Regeln und Tools töten Ideen, Inspiration und die unentbehrliche Freude an Content. Man kann Content auch „zu Tode" planen.

---

[3] vgl. Fellin 2014.

Am Ende dieses Kapitels werden wir noch einmal zusammenfassend die „Content Supply Chain" schildern, wie sie für gewöhnlich in Unternehmen abläuft (Kapitel 5.7). Diese ist bewusst sehr einfach gehalten, weil ihre Details, wie wir ja bereits wissen, extrem unterschiedlich sein können. Dennoch gibt sie noch einmal einen wichtigen Überblick über das Szenario, das sich in einem Unternehmen abspielt, wenn es Content-Strategie und Content-Marketing ernst nimmt.

5.3 Der moderierende Diplomat: die Aufgaben des Content-Strategen

Welche Aufgaben hat ein Content-Stratege? Noch vor nicht allzu langer Zeit kursierten Grafiken, die sein Aufgabenfeld illustrieren sollten und aussahen wie zerfledderte Wollknäuel mit viel zu vielen Enden. Sie sollten illustrieren, dass ein Content-Stratege eine Art „eierlegende Wollmilchsau" sein muss, weil er unzählige Aufgaben gleichzeitig gekonnt beherrschen muss: Auswahl der Tools über kreative Finessen der Content-Produktion, Themengenerierung, Governance, Workflow, Controlling, Datenanalyse, Guidelines und vieles mehr. Ehrlicherweise muss man sagen, dass die Content-Strategen selbst sind nicht ganz unschuldig daran sind. Gerne bezeichnen sie sich vollmundig als „Agents of Change", was — überblickend betrachtet — durchaus richtig ist. Nur steigert eine solche Beschreibung die Erwartungen doch erheblich. Diese sind mittlerweile — Gott sei Dank — eher praktischen Überlegungen gewichen. Niemand macht etwas gut, wenn er alles können soll. Heute akzeptiert man: Ein Content-Stratege muss nicht alles beherrschen, sondern braucht stattdessen einen Kompetenz-Schwerpunkt. Und er muss wissen, wann er welchen Experten, der weitere Know-how-Felder abdeckt, mit ins Boot holt. Die Definition heute ist dementsprechend eine andere: Ein Content-Stratege ist ein Moderator, der die zahlreichen Disziplinen, die zusammenwirken müssen, sinnvoll zusammenführt und leitet. *„Er arbeitet wie ein Orchesterdirigent"*, sagt die US-Strategin Hilary Marsh.

Für Unternehmen kommt es also darauf an, den Passenden mit den richtigen Kompetenzen zu finden. Welche Schwerpunkte das sein sollten, zeigen die gesteckten Ziele und die größten Problemfelder (die man anhand der Dokumentation ermittelt hat). Womöglich wollen Sie zunächst einen Content-Strategen für die Ist-Soll-Analyse anheuern? Dann müssen Sie sich nach Abschluss entscheiden, ob er auch für den weiteren Weg der richtige ist. Laut Margot Bloomstein sind viele Content-Strategen hier sehr aufgeschlossen und ehrlich. Sie halten nicht krampfhaft am Kunden fest (sie wollen ja auch keinen Job machen, für den sie eher nicht geeignet

Die Content-Strategie: Das Einbetten von Content-Strukturen in das Unternehmen

sind). Zudem sind viele gut vernetzt — und können sich gegenseitig empfehlen. Sollten Sie also einen Content-Strategen für die Ist-Soll-Analyse suchen, sprechen Sie genau dies an: Dass Sie noch nicht wissen, wie es nach Abschluss weitergeht und ob Ihr Kandidat kein Problem damit hätte, andere Strategen aus seinem Netzwerk zu empfehlen oder hinzuzuholen.

Ein Content-Stratege arbeitet niemals allein, trägt aber viel Verantwortung. Zum einen ist es seine Aufgabe, eine praktikable Content-Strategie federführend zu entwickeln und zu realisieren. Diese entsteht im Zusammenschluss mit den Experten, die in der „Content Strategie Taskforce" zusammenarbeiten (vgl. Kapitel 5.4). Diese Taskforce wird er dann zu einem späteren Zeitpunkt womöglich überführen oder ersetzen durch eine oder mehrere Redaktionen, an deren Aufbau er ebenfalls beteiligt ist. Begleitet werden all diese Arbeiten durch ein hohes Maß an Überzeugungsarbeit, sowohl in der Führungsetage als auch in einzelnen Abteilungen bis hin zu einzelnen Mitarbeitern. Ein erfahrener Content-Stratege weiß, dass er während der Erfüllung seiner Aufträge immer wieder auf Hindernisse stößt, die nicht vorherzusehen und abzuschätzen sind. Deswegen ist ein hohes Kommunikationstalent (und damit ist auch das Talent des Zuhörens gemeint) ein absolutes Muss.

> **! WICHTIG**
>
> Content-Strategen sind Analytiker, praxisorientierte Manager („Macher"), Psychologen und Politiker in einem.

Aufgabe 1: Entwickeln einer Content-Strategie und Freigabe einholen

Einen guten Content-Strategen erkennt man unter anderem daran, dass er keine Standardlösungen präsentiert, nach dem Motto „Das macht man heutzutage so und nicht anders". Content-Strategie und auch Content-Marketing sind Aufgaben, die ein jedes Unternehmen für sich selbst entwickeln muss. Diese müssen zum Unternehmen passen — und nicht umgekehrt das Unternehmen zu einem theoretischen Modell. Lassen Sie sich also von den unzähligen Modellen, die derzeit kursieren, nicht verwirren. Bleiben Sie selbstbewusst und fokussiert. Sie können von einem talentierten Content-Strategen erwarten, dass er aus den zahlreichen Theorien eine für Sie passende praktikable Strategie schneidert. Diese auf das Unternehmen abgestimmte Content-Strategie muss zunächst auf Grundlage der Dokumentation der Ist-Soll-Analyse und der gesteckten Ziele entwickelt werden. Die Beschreibung sollte Folgendes festhalten:

5 Der moderierende Diplomat: die Aufgaben des Content-Strategen

1. Optimierungen von bestehenden Prozessen und Strukturen
2. Aufbau neuer Prozesse und Strukturen, von der Content-Quelle bis zur Veröffentlichung
3. Vorschläge zum Ausschöpfen des Synergie- und Beschleunigungspotentials
4. Betroffene Abteilungen und ihre jeweiligen Aufgaben
5. Verantwortlichkeiten von Führung, Abteilungen, einzelnen Mitarbeitern, Markenbotschaftern (Bringschuld, Holschuld)
6. Aufbau einer effizienten Tool-Landschaft, sowohl für das abteilungsübergreifende Content-Management als auch für die Content-Produktion und -Kanalisierung
7. Redaktionsmanagement und -aufgaben
8. Aufbau einer unternehmensweiten Themenredaktion und einzelner Redaktionen
9. Verantwortliche Abteilungen und Personen: Wer macht was wann?
10. Recherchequellen inhouse sowie extern, Aufbau einer gemeinsamen Wissensbasis (Guidelines und Info-Center, siehe Kapitel 5.5)
11. KPIs und Controlling der Maßnahmen
12. Evtl. Empfehlung für neue Mitarbeiter mit Content-Know-how
13. Notwendige Dienstleister (und von wem man sich trennen könnte)
14. Zeitplan
15. Budget
16. Auswirkungen der Strategie auf Kanäle und Design (Usability, Responsive Design)
17. Vorgehensweise bzw. Chronologie der Realisierung: Was geschieht zuerst, was danach, was zum Schluss? Wird agiles Management bevorzugt?

Ein solcher Plan ist vor allem eins: das Aufgabenheft für den Content-Strategen und seine Taskforce. Das bedeutet im Umkehrschluss: Andere Personen werden dieses Mammutwerk nicht freiwillig lesen, so sehr die Inhalte sie auch betreffen mögen. Deshalb muss ein Content-Stratege hier Content-Marketing in eigener Sache praktizieren und die Inhalte je nach Zielgruppe aufbereiten (siehe Aufgabe 3). So muss beispielsweise die Freigabe für die Content-Strategie von ganz oben erfolgen, doch Top-Manager haben meist nur wenig Zeit. Sie denken lösungs- und zielorientiert. Deshalb sollte ein Content-Stratege alles, was freigegeben werden muss, dementsprechend präsentieren, zum Beispiel als Zusammenfassung aller nötigen Handlungs- und Budgetentscheidungen, die womöglich modular vorgestellt werden und auch modular, nach und nach, abgearbeitet werden können.

In jedem Fall muss ein Content-Stratege damit rechnen, dass er nicht das komplette Projekt in Angriff nehmen kann, sondern eher mit Einzelaspekten daraus beginnen soll. Er darf aber das große Ganze nie aus den Augen verlieren. Er muss darauf achten, dass die geplante Content-Strategie nicht verwässert — zum Beispiel, weil Betroffene plötzlich ihren Mut verlieren oder unkooperativ werden („Wir wollen das CMS nun doch behalten, es ist schlecht, aber wir haben uns daran gewöhnt"). Hier muss man offen genug sein, um sinnvolle Modifikationen vorzunehmen. Die richtige Mischung zu finden aus Festhalten an relevanten Entscheidungen sowie Durchsetzen von sinnvollen Änderungen gehört zu den schwersten Aufgaben der Content-Strategen und ihrer Mitstreiter.

Aufgabe 2: Aufbau der „Content Strategie Taskforce"

Eine Content-Strategie entsteht nicht im einsamen Kämmerlein — und ihre Realisierung erst recht nicht. Wenn es eine Regel in dem noch jungen Business gibt, dann diese: Eine Content-Strategie gelingt nur durch Teamarbeit! Deshalb ist es die erste Aufgabe des Content-Strategen, die richtigen Mitstreiter im Unternehmen zu finden und zu einer „Content Strategie Taskforce" zusammenzuführen. Welche Aufgaben diese zu erledigen hat, erfahren Sie in Kapitel 5.4.

Aufgabe 3: Die Menschen im Unternehmen vorbereiten und überzeugen

Wo Content ist, da menschelt es. Deswegen muss man, so der Projektmanagementberater Eberhard Huber, sein Augenmerk weniger auf Technik und Top-Effizienz richten, sondern vielmehr auf die Beteiligten. Sein Resümee nach 20 Jahren in der Projektleitung: *„Die Menschen ... sind der wichtigste Erfolgsfaktor."* Eine Feststellung, die viele Content-Strategen teilen: Sie sehen sich deshalb gerne als Politiker, die mit Engelszungen und Geduld Veränderungen herbeiführen. Dazu müssen sie einen argumentativen Kniff beherrschen: Sie müssen allen Beteiligten deutlich machen, welche Vorteile sie durch das Realisieren der Content-Strategie bekommen werden. Sie dürfen also nicht das Plus an Arbeit in den Mittelpunkt stellen (und das kann ein dickes Plus sein), sondern das daraus Entstehende.

Es ist äußerst schwierig in einer komplexen Organisation, die Bedeutung des Content-Marketings in den Strukturen zu verankern. Wenn Sie dieses vorhaben, müssen Sie Ihre Kollegen für das Content-Thema gewinnen und sie motivieren, eine Content-First-Kultur im Unternehmen mitzugestalten. Doch wie machen Sie am besten Content zu einer strategischen Aufgabe in Ihrem Business? Wie gelingt es,

5 Der moderierende Diplomat: die Aufgaben des Content-Strategen

die Unternehmenskultur so zu verändern, dass Content Creation und Content-Marketing etwas Selbstverständliches werden? Zunächst einmal wird sich niemand für Ihre Buzzwords interessieren. Content-Strategie und -Marketing sollten deshalb nicht für Verwirrung sorgen, sondern Teil einer Businesslösung sein. Wer den Content in den Mittelpunkt der Organisation stellt, muss dabei immer die Bedürfnisse seiner internen Stakeholder berücksichtigen. Häufig erhalten Sie als erste Antwort auf Ihr Ansinnen von Ihren Kollegen oder Mitarbeitern, dass diese für die Content-Erstellung keine Zeit haben. Ein „Nein" sollten Sie nicht akzeptieren. In diesem Falle müssen Sie dafür sorgen, dass die Zeitressource vorhanden ist, indem Sie die Prioritäten neu setzen und im Top Management für eine Unterstützung werben.

Wann ist der richtige Zeitpunkt, um Mitarbeiter auf die Veränderungen einzustimmen? Eigentlich sofort, bereits zu Beginn der Strategieentwicklung. Je eher ein Content-Stratege jene Mitarbeiter kennenlernt, die aller Voraussicht nach von den Veränderungen betroffen sein werden, und mit ihnen seine Pläne und Überlegungen durchspricht, desto eher werden diese Veränderungen auch angenommen und akzeptiert. Ein Content-Stratege muss sich im Unternehmen bekannt machen, sich vernetzen, er muss deutlich machen, dass man ihm vertrauen kann und dass er das Gespräch sehr schätzt. Dass seine Tür immer offen ist.

Es muss eine Bindung entstehen zwischen Mitarbeitern und dem Content-Strategen. Wenn dieser als Externer ab und zu ins Unternehmen gebeten wird und jedes Mal in einer anderen Abteilung platziert wird, kann das von großem Nachteil sein. Dann ist die Botschaft nämlich diese: Das ist ja bloß jemand, der zuarbeitet — den müssen wir nicht wichtig nehmen. Ein extern engagierter Content-Stratege sollte also, vor allem zu Beginn, viel Zeit im Unternehmen verbringen dürfen. Zum Beispiel wäre es ein Fehler, wenn dieser nicht die Kantine nutzen darf, denn dort lernt man sich besser kennen als zu Bürozeiten. Das ist nur eine kleine, aber entscheidende Hürde des Alltags, die einen Content-Strategen als Außenseiter brandmarken und deshalb seinen Erfolg stark behindern kann. Genauso übrigens wie das Fehlen einer Unternehmens-E-Mail-Adresse.

Wenn ein Content-Stratege seine Kontakte knüpft, muss er sehr behutsam vorgehen. Er weiß noch nicht, wer mit wem gut kooperiert und wer sich im Gegensatz dazu heiße Konkurrenzduelle liefert. Kerry-Ann Giloway, Content-Strategin in Südafrika, rät deshalb: Content-Strategen müssen von vornehrein klar machen, dass sie für niemanden im Speziellen arbeiten, sondern für das ganze Unterneh-

Die Content-Strategie: Das Einbetten von Content-Strukturen in das Unternehmen

men. Selbst wenn er zum Beispiel von den Marketingentscheidern ins Haus geholt wurde, heißt das nicht, dass er nach ihrer Pfeife tanzt. Er muss unparteiisch sein und dieses auch klar und deutlich kommunizieren, sowohl bei Entscheidern als auch bei den Mitarbeitern. Weil ein Unternehmen gerne ein politisches Minenfeld ist, hat Giloway einen weiteren Tipp parat: *„Halte Deine Stakeholder-Liste geheim."* Das heißt: Sag' niemandem, mit wem und worüber Du gesprochen hast. Nur dann kann ein Content-Stratege das unverzichtbare Vertrauen aufbauen. *„Führen Sie One-to-One-Sessions durch, keine Gruppenmeeting oder Workshops"*, so Giloway. Sonst bestehe die Gefahr, dass die wirklich wichtigen Informationen nicht zum Vorschein kommen.

Das trifft mit Sicherheit in der Phase zu, in der eine Content-Strategie entsteht. Sobald diese aber fertig ist und vorgestellt werden muss, ändert sich die Lage. Dann sind Workshops mit nicht mehr als 15 Leuten sogar unverzichtbar, um diese in die neuen Prozesse einzuführen. Denn wenn eines klar ist, dann dieses: Ein umfassendes Werk wie der Band zur Content-Strategie — wer soll das denn lesen, außer dem Content-Strategen selbst? Diese Erfahrung kennt zum Beispiel Hilary Marsh, die für einen Unternehmenskunden einen umfassenden „Table of Contents" zusammengestellt hat. Solche dicken Werke werden gerne auf die Seite gelegt, berichtet sie. Aber sie hatte eine Idee: Sie entwickelte daraus ein Wiki, das mit Trainings-Tools angereichert ist. Dieses werde gerne genutzt, weil es schnelle Antworten auf akute Fragen im Content-Alltag bereithalte. Es kommt also auch auf das interne Content-Marketing an, wenn eine Content-Strategie erfolgreich sein soll.

5 Der moderierende Diplomat: die Aufgaben des Content-Strategen

Abb. 5.2 Die US-Strategin Hilary Marsh bündelte in diesem „Table of Contents" alles, was für die Realisierung einer Content-Strategie nötig war und entwickelte dann daraus ein Wiki

Das optimale Aufbereiten der relevanten Informationen, kann für das Gelingen einer Content-Strategie entscheidend sein. Wer mit sorgenzerfurchter Stirn eine dicke Dokumentation auf den Tisch knallt in der Erwartung, dass diese von allen vollständig durchgeackert und befolgt wird, muss sich nicht wundern, wenn nichts vorangeht.

Der junge Unternehmensberater und Buchautor Jason Evanish empfiehlt deshalb maximal zwei bis drei Seiten lange, zu den jeweiligen Jobs der Adressaten passende Texte. Diese sollten keine drögen Vorgaben enthalten, sondern vor allem das Ziel schildern. Auf diese Weise können die Betroffenen selbst Ideen zur Realisierung beitragen — eine Freiheit, die Lust darauf macht, dieses Ziel zu erreichen. *„Es ist eine Starthilfe für jene, die alle Daten und Kundengeschichten nicht im Detail kennen, um schnell loszulegen"*, so Evanish. In einer solchen Beschreibung sollte also weniger das „Wie" als vielmehr das „Warum" im Vordergrund stehen: Warum arbeiten wir an diesem Projekt? Welche Probleme wollen wir damit lösen? Welche KPIs wollen wir hierzu einsetzen? Für alle, die neugierig geworden sind und mehr erfahren wollen, kann dann der Link zum kompletten Content-Strategie-Band erfolgen. Ein solches Mini-Dokument darf deshalb nicht als Befehl verstanden werden, so Jason Evanish, sondern als *„ Start einer Konversation".* Es ist eine Empfehlung für Menschen, die viel Wertvolles zum Gelingen der Content-Strategie beitragen können.

5.4 Die Content-Strategie-Taskforce und ihre Aufgaben

Ein Content-Stratege braucht ein schlagkräftiges Team um sich, damit alle Pläne Wirklichkeit werden. Es ist gar nicht so leicht, die richtigen Personen zu finden, sagt etwa die britische Strategin Kate Kenyon und schlägt deshalb ein „Audit im Unternehmen selbst" vor, um die passenden zu finden. Die Zusammenstellung des Teams sollte dem Content-Strategen überlassen sein, das Unternehmen kann dazu Vorschläge machen — aber bitte keinen Entscheidungen à la „Da macht unser Trainee mit, dann lernt er was" oder „Der Vertriebschef muss dabei sein, damit bei den Lead-Zielen nichts aus dem Ruder läuft".

Eine Content-Taskforce muss also mit Bedacht ausgewählt werden. Nicht nur das Know-how der Mitglieder ist entscheidend, sondern auch ihre Kommunikationsstärke. Denn viele von ihnen müssen die Pläne und Einzelstrategien mit ihren jeweiligen Abteilungen diskutieren und die Beschlüsse wiederum weitergeben an den Content-Strategen. Insofern sind die Mitglieder wichtige Personen, um die Content-Silos miteinander zu verbinden. Und natürlich wäre es wunderbar, wenn ihre Teilnahme an der Taskforce nicht „on top" hinzukäme, sondern als Aufgabe innerhalb ihres Jobs, das hebt das Engagement ungemein. Zudem muss bedacht werden, dass die Taskforce womöglich mehrere Jahre zusammenarbeitet, bis die Content-Strategie bis ins letzte Detail implementiert ist. Es ist also definitiv kein Job für nebenbei.

Die Taskforce kann zum Beispiel aus diesen Mitgliedern bestehen:

1. einem Content-Strategen (meist federführend, muss die Ergebnisse der Ist-Soll-Analyse immer im Auge behalten),
2. einem IT-Experten — zur Auswahl der nötigen Tools,
3. evtl. einem Unternehmensberater — um Prozesse mitzugestalten,
4. Marketingmitarbeiter (ideal: ein Content-Marketer mit Social-Media-Know-how),
5. PR-Experte (sie kennen viele gute Info-Quellen im Unternehmen und besitzen Themendenke),
6. einem Redaktionsmanager, der die nötigen Abläufe mitentwickelt sowie Content-Quellen recherchiert und zum Beispiel Kontakt zu Business Intelligence, CRM oder Knowledge Management hält,
7. einem Journalisten — um zu klären, welche Inhalte relevant sind und welche nicht,
8. einem Controller — für den Budgetüberblick,
9. Mitarbeitern aus Business Intelligence, CRM oder Knowledge Management, um gemeinsam Strukturen und Prozesse zu entwickeln, die ein Zusammenwirken sicherstellen.

Aufgaben der Taskforce

Die Aufgaben dieser Taskforce sind sehr umfassend und belegen, wie wichtig hier Teamarbeit und Absprachen mit vielen weiteren Mitarbeitern sind. Sie müssen Antworten entwickeln für die Frage: Wer macht was warum zu welchem Zeitpunkt in welcher Zeitspanne für welchen Adressaten? Letztendlich haben sie aber eine einzige Aufgabe: Das Realisieren der Content-Strategie. Es kann auch Sinn machen, innerhalb der Taskforce Personen zu bestimmen, die für jeweils einen Bereich der „Content Supply Chain" verantwortlich sind (vgl. Kapitel 5.7).

Zu den zahlreichen Taskforce-Aufgaben können gehören:

1. Unterstützung des Content-Strategen bei der Konzeption der Content-Strategie;
2. Bestimmen von Content-Quellen und wie man sie nutzen kann;
3. Optimieren von Management- und Produktionsprozessen;
4. Aufbau neuer abteilungsübergreifender Strukturen und Prozesse;
5. Bestimmen von Verantwortlichkeiten und verantwortlichen Personen;
6. Entwickeln einer gemeinsamen Tool-Landschaft;
7. Optimieren der Informationsbeschaffung im Haus;
8. Effizienzsteigerung durch Content Syndication und internes Content Curation;

9. Vorschläge Kostenersparnis;
10. Ratschläge zu Zahl und Aufgaben externer Dienstleister;
11. Einhalten der Guidelines (Stakeholder-Wünsche, Marke);
12. Bestimmen verantwortlicher Content-Provider;
13. Unterstützung bei ersten Content-Marketing-Aktionen (zum Beispiel beim Briefing externer Dienstleister);
14. steter Austausch mit internen und externen Content-Marketern für weitere Optimierungspotentiale;
15. Budgetkontrolle;
16. Terminkontrolle;
17. Dokumentieren der Probleme während der einzelnen Realisierungsprozesse und Entwickeln von Optimierungsvorschlägen.

Während die Taskforce noch damit beschäftigt ist, alles Notwendige in die Wege zu leiten, muss sie zeitgleich beginnen, eine Redaktion aufzubauen. Welche Aufgabe diese hat, erklären wir im nächsten Kapitel.

5.5 Die Redaktion: Aufbau und Betrieb

Während die Aufgaben der Taskforce im Laufe der Zeit weniger werden (sofern die Content-Strategie glückt), bleiben die Aufgaben einer Redaktion dauerhaft konstant: Dort sollten kommunikationsstarke Content-Profis versammelt sein, welche die Zügel der Content-Produktion in Händen halten. Doch keine Redaktion gleicht der anderen, ein jedes Unternehmen muss — sofern es für seine Content-Marketing-Zwecke eine solche betreiben will — selbst entscheiden, welche Verantwortlichkeiten diese übernehmen darf und wo sie angesiedelt ist.

1. So gibt es Redaktionen, die frei Themen setzen und den Zeitpunkt der Veröffentlichung bestimmen dürfen sowie für die Recherche das Know-how von Experten in und um das Unternehmen ausschöpfen.
2. Umgekehrt gibt es Redaktionen, die kaum Eigenverantwortung besitzen, weil sie im Grunde nur die Vorgaben anderer erfüllen.

Unserer Erfahrung nach macht eine Mischung aus beiden Sinn: eine Redaktion, die zwar eigenverantwortlich handeln, schnell reagieren und Themen festlegen kann — aber immer den regen Kontakt mit den verschiedenen Abteilungen halten muss, weil diese ebenso Wertvolles beisteuern. Eine zu autarke Redaktion birgt die Gefahr der Selbstgefälligkeit, der unpassenden Themenwahl und zu langsamer Prozesse. Umgekehrt besteht bei Redaktionen mit zu geringer Entscheidungsbefugnis die Gefahr, dass sie zum Publikationsorgan für Werbeabsichten verkommen (die aber keinen Stakeholder interessieren). Es ist deshalb sehr wichtig, die Struktur einer Redaktion, ihre Aufgaben und Verantwortlichkeiten sowie ihre Zusammenarbeit mit anderen Abteilungen und externen Mitarbeitern vorab festzulegen.

> **BEISPIEL**
>
> *„Wir haben erkannt, dass Webmanager auch andere Bereiche mitcovern müssen, etwa Social Media und Paid Media",* berichtet die IBM-Digital-Leaderin Raphaela Fellin. Sie bräuchten einen 360-Grad-Blick auf digitales Marketing. Und weil das ein Vollzeit-Job sei, gebe es ein Servicecenter für Produktionsarbeiten wie Content-Einbau und Coding. Die Redaktion bei IBM besteht also aus einem breit aufgestellten Netzwerk aus Mitarbeitern, die mit Raphaela Fellin als Zentrum Content plant, produziert, publiziert und vermarktet.

Für das Einführen einer Redaktion ist ein nicht unerhebliches Budget notwendig. Vielen Entscheidern fällt es schwer, hier konsequent zu sein, weil ihnen lange suggeriert wurde, Content sei billig zu haben, etwa über Content-Farmen. Und nun haben sie Kalkulationen vor sich liegen, die genau das Gegenteil besagen: Content ist teuer! Die Entscheidung für eine Redaktion ist deshalb nicht nur eine finanzielle, sondern auch eine mentale Hürde. Es wäre von Vorteil, für die Entscheider einen kleinen Katalog mit allen Vorteilen zu entwickeln, anhand dessen sie erkennen können, dass eine solche Investition langfristig lohnt. Aus Kostengründen denken Unternehmen auch gerne darüber nach, die Redaktionsleistung außer Haus zu geben und die kosteneinsparenden Synergieeffekte eines Publishing-Dienstleisters zu nutzen. Das ist durchaus eine interessante Alternative — unter diesen Bedingungen: Themenhoheit und Kompetenz bleiben im Haus und die Absprachen sind intensiv sowie eng getaktet.

Wenn Sie sich für den Aufbau einer hausinternen Redaktion entscheiden, gibt einen wichtigen Punkt zu klären (je nach Unternehmensgröße): Soll es eine einzige Redaktion geben, die abteilungsübergreifend arbeitet, oder mehrere? So könnte es Sinn machen, zusätzlich eine übergeordnete Themenredaktion aufzubauen, die alle Themenvorschläge aus den Abteilungen oder auch von extern zusammenführt, abstimmt und absegnet — und dann nicht nur an die Redaktion verbindlich weitergibt, sondern an alle Kommunizierenden, also auch an beteiligte Werbeagenturen oder an Assistenten, welche die Vorträge für die Entscheider vorbereiten. Die produzierende Redaktion könnte, wie die Themenredaktion, ebenfalls abteilungsübergreifend installiert sein oder aber in eine Abteilung integriert werden, etwa Marketing oder PR. Mehrere Redaktionen, unter anderem sinnvoll aufgrund der Unternehmensgröße, können durch einen Themenplan aufeinander abgestimmt werden.

Das wären die Aufgaben einer Themenredaktion:

1. Bestimmen von Themenfeldern, die für mehrere Abteilungen relevant sind und mit verschiedenen Content-Arten gefüllt werden können;
2. Zusammentragen von zur Marke passenden Themenideen (vom Geschäftsführer, Webanalysten bis zum Stammkunden);
3. Abstimmung mit der oder den einzelnen Redaktionen, wer welche Inhalte dazu aufbereitet;
4. Zeitpunkt festlegen, wann ein Themenfeld nicht mehr oder auf andere Weise bespielt werden soll;
5. Anfertigen eines Themenplans und regelmäßige Weitergabe an alle Kommunizierenden;
6. Bestimmen von Schlüsselbegriffen (Keywords), die von allen genutzt werden sollen;
7. Beobachten der Themen der Konkurrenz und eventuelles Konzipieren von Reaktionen.

Die Mitglieder einer solchen Themenredaktion müssen sich nicht allzu häufig treffen, alle sechs bis acht Wochen reichen. Sie alle müssen verstanden haben, was die unterschiedlichen Stakeholder wollen und was das Besondere an der Marke ist — und die Themen dazu passend auswählen. Zu den Teilnehmern könnten zum Beispiel gehören:

1. Abteilungsleiter kommunizierender Abteilungen,
2. Webanalysten,
3. ein Content-Marketer oder Journalist, der das Potential für abteilungsübergreifende Kampagnen erkennt,
4. eine Person, die das Management übernimmt — den Themenplan pflegt, verantwortet, auf die Termine in den einzelnen Abteilungen achtet und bei Bedarf alle Beteiligten informiert oder zu einem Treffen zusammenruft,
5. jeweils ein Mitglied aus den Redaktionen, die mit diesen Themenvorgaben arbeiten werden.

Der Aufbau einer Redaktion

Der Aufbau einer Redaktion besteht aus weit mehr, als nur geeignetes Personal anzuheuern. Zwar sollte sie aus Personen bestehen, die journalistisch erfahren sind und idealerweise mit mehreren Content-Arten umgehen können, doch es geht auch um den Aufbau der nötigen Prozesse, der technischen Struktur sowie um den Umgang mit externen Mitarbeitern. Beim Aufbau der Redaktion kann der

Die Redaktion: Aufbau und Betrieb 5

Content-Stratege ein sehr wichtiger Berater sein, weil er womöglich jene Person ist, die alle Content-Prozesse im Unternehmen besonders gut kennt und deshalb weiß, welche Aufgaben die Redaktion zu erfüllen hat und welche Mitarbeiter und Tools diese deshalb haben sollte.

Es muss von Anfang klar sein, dass eine solche Redaktion mehr zu produzieren hat als haufenweise WhitePaper und CaseStudys. Ihre Kunst wird es vielmehr sein, Inhalte für sehr viele Touchpoints aufzubauen und zu orchestrieren. Die Mitarbeiter müssen den Umgang mit Social Media für eine Selbstverständlichkeit halten und auch vor zukunftsweisenden Kompositionen, wie sie der „New Journalism"[4] aufzeigt, nicht zurückschrecken. Je lieber sie über ihren eigenen Tellerrand hinausschauen, je kommunikativer sie sind, desto besser. Die Content-Redaktion ist keine Schreibstube der alten Schule, sondern ein höchst agiler Umschlagplatz für Content-Ideen.

Bei der Auswahl der Redaktionsmitarbeiter kommt es natürlich darauf an, welche Medien die Redaktion bedienen soll. Anhand der Content-Bestandsliste (Kapitel 3.6) sollte vorab besprochen werden, ob diese Redaktion zum Beispiel auch für Werbetexte verantwortlich sein soll (wovon wir abraten). Oder ob das Unternehmen einen vertrauensvollen Top-Dienstleister für Videos beschäftigt und deshalb keine Expertise aufgebaut werden soll. Oder ob die Marketingabteilung die Verantwortung für die Website behalten will. Unter all diesen Gesichtspunkten muss die passende Crew zusammengestellt werden.

Eine Redaktion kann aus diesen Mitgliedern bestehen:

1. einem Redaktionsleiter oder Head of Content (Hüter des Budgets und des Themenplans),
2. einem Content-Marketer, der Content- und Vermarktungsideen für unterschiedliche Kanäle entwickelt,
3. einem Journalisten, u. a. verantwortlich für das Blog,
4. einem Social-Media-Profi,
5. einem Bewegtbildproduzent,
6. einem Designer (muss Erfahrungen mit diversen Devices und Responsive Design haben),
7. einem Website-Verantwortlichen,
8. evtl. einem Profi für E-Commerce-Content,
9. einem Content-Strategen (zieht sich nach der Aufbauphase zurück),
10. einem Webanalysten.

---

[4] Gute Beispiele bietet dieser t3n-Artikel: Multimedia-Storytelling – Diese 25 beeindruckenden Artikel musst du gesehen haben http://t3n.de/news/journalismus-multimedia-storytelling-513995/

Die Content-Strategie: Das Einbetten von Content-Strukturen in das Unternehmen

Bevor diese richtig loslegen, müssen Sie einige Aufbauarbeiten leisten, die Sie in Abstimmung mit dem Content-Strategen und auch seiner Taskforce in Angriff nehmen sollten:

1. Entwickeln von Content-Prinzipien;
2. Aufbau von Content-Modellen;
3. Entwickeln von Guidelines für die redaktionelle Arbeit (Wortschatz, Content-Aufbau etc.) und Briefing-Grundlagen für externe Mitarbeiter;
4. Aufbau eines Pools von Content-Produzenten (intern, extern);
5. Entwickeln eines Redaktionsplan, in dem festgehalten wird, wer welchen Content in welcher Zeitspanne für welches Medium produziert (siehe Kapitel 5.5).

zu 1. Entwickeln von Content-Prinzipien:

Kennen Sie das angenehme Gefühl, wenn Sie ein Content-Angebot eines Unternehmens allein dadurch erkennen, weil Sie bereits mit anderen Content-Angeboten desselben Bekanntschaft gemacht haben? Damit eine solche Stringenz erreicht wird, brauchen Sie nicht nur optische Vorgaben, sondern auch inhaltliche Regeln, die den Duktus der einzelnen Content-Arten festlegen. So sollten zum Beispiel alle Videos nicht nur das Logo gemeinsam haben, das am Ende eingeblendet wird, sondern zudem erkennbare bestimmte Aufbau-Kriterien oder Stilelemente enthalten. Es ist notwendig, für *alle* Content-Arten gemeinsame Stilarten zu entwickeln. Dazu empfiehlt es sich, konzeptionsstarke kreative Werber mit an Bord zu holen, die idealerweise auch einen geschulten Designblick haben.

zu 2. Aufbau von Content-Modellen:

Vor allem Edelfedern und Künstlerseelen der alten Schule könnten einen solchen Vorschlag schlichtweg ablehnen: dass sie statt eines einzelnen, zusammengehörenden Werks einzelne Content-Stücke produzieren sollen, aus denen dann unterschiedliche Ausgaben entstehen, etwa für unterschiedliche Stakeholder. Oder die Content-Stücke sind gedacht für den Einsatz in den unterschiedlichen Medien, von denen ein jedes angepasste Inhalte braucht. Eine solche Arbeitsweise wird über kurz oder lang in Redaktionen selbstverständlich sein. Zugleich ist sie für Unternehmen von Vorteil, denn sie vermeidet Überschneidungen und doppelte Arbeiten — und hilft somit beim Einsparen von Kosten. Zudem tragen solche Content-Bestandteile, sofern sie gelungen sind, zur Wiedererkennung bei. So könnten einzelne Beschreibungen eines Produkts auf der Website, in einem Online-Shop, in einer Broschüre oder in einem WhitePaper auf ähnliche Art und Weise argumentieren.

Die Redaktion: Aufbau und Betrieb

Auch auf dem Content Strategy Forum 2014 in Frankfurt war das modulare Aufbereiten von Content Thema. In Anlehnung an Charles Darwin formulierten die Strateginnen Theresa Grotendorst und Ute Klingelhöfer: *„It's not the strongest Content that survives, nore the most intelligent. It's the one that is most adaptable to change."* Nicht der qualitativ hochwertigste Content wird also überleben, sondern jener, der sich besonders gut anpassen kann. So plädieren die beiden ebenfalls für Content-Angebote, die passend zu Stakeholdern oder Customer Cycle modular zusammengefügt werden können. Ob nun anhand von Technologien zufriedenstellende Content-Variationen geschaffen werden können, oder ob dies doch besser der Mensch mit seinen Erfahrungen übernehmen sollte — das werden wir erst wissen, wenn wir damit erste Erfahrungen gemacht haben. Wir sind überzeugt, dass ein Unternehmen beides braucht: qualitativ hochwertige, einzigartige Content-Marketing-Inhalte, mit dem Aufmerksamkeit erzeugt wird, sowie Content, der einfach zuverlässig seinen Job macht. Von letzterem wird es mit Sicherheit mehr geben und braucht deshalb eine systematische Planung.

zu 3. Aufbau von Guidelines:

Nicht nur externe Mitarbeiter müssen sich an die Vorgaben einer Redaktion halten, das gilt selbstverständlich auch für externe Dienstleister sowie Mitarbeiter im Unternehmen, welche für die Redaktion tätig sind. Deshalb sollten die Grundlagen für alle festgehalten werden. Solche Guidelines könnten sein:

1. Inhaltliche Regeln für alle Content-Marketing-Projekte
2. Unternehmensweit gültige Markenregeln
3. Guidelines für Prozesse, Strukturen und Tools

zu 4. Aufbau eines Pools von Content-Produzenten:

Eine Redaktion ist gut beraten, wenn sie ihre freien Mitarbeiter pfleglich behandelt, damit sie über einen langen Zeitraum engagiert mitwirken und vielleicht sogar mit neuen Vorschlägen die Content-Produktion bereichern. Eine Kontinuität erreichen Sie unter anderem dadurch, dass Sie die thematischen Schwerpunkte der einzelnen Mitarbeiter kennen (und nicht nur deren Kosten) und diese regelmäßig mit Aufträgen aus diesem Themenfeld versorgen. So entstehen Experten, die selbst vor tiefgehenden Beiträgen, wie sie für den Long Tail nötig sind, nicht zurückschrecken. Wir betonen diesen Aspekt, weil selbst erfahrene Redaktionen nicht auf die Kompetenzentwicklung der externen Mitarbeiter achten — und sich das auf die Qualität der Publikationen niederschlägt. Eine Redaktion sollte immer eine gutgeführte Liste aller externen Mitarbeiter haben (von Mitarbeitern des Unternehmens sowie Auftragnehmer von außerhalb), in der nicht nur Kontaktdaten vermerkt sind, sondern auch, was diese bisher für welches Redaktionsmitglied produziert haben.

Die Content-Strategie: Das Einbetten von Content-Strukturen in das Unternehmen

Der Betrieb einer Redaktion

Mitarbeiter, Technologien und Arbeitsprozesse — sobald die Grundlagen stehen, kann eine Redaktion loslegen. Ihr Rückgrat sind regelmäßige Meetings, in denen Themen und Termine besprochen und festgesetzt werden. Wenn Social Media wichtig für die redaktionelle Arbeit ist, sollte man sich täglich kurz zusammenrufen, zehn Minuten reichen hier völlig. Einmal in der Woche sollte dann eine größere Konferenz stattfinden, in der über neue Themenfelder informiert und der Status quo aller laufenden Produktionen kommuniziert wird, sowie neue Unterthemen entwickelt werden. Die Themenauswahl muss zu den gesetzten Oberthemen passen, die sich wiederum an den Erwartungen der Stakeholder und der Marke orientieren. Dabei besteht die Kunst darin, nicht allgemein verfasste Beiträge zu produzieren, sondern solche, die interessant sind, weil sie in die Tiefe gehen. „Content Marketing muss granularer werden", betont etwa der Marketingprofi Doug Kessler in einem Blogbeitrag[5]. Seiner Meinung nach liegt auch die Zukunft des Content im LongTail. Das sei eine Herausforderung, denn: „*Granularer bzw. nischenspezifischer Content ist viel schwieriger zu erstellen als allgemeiner Content. Sie müssen sich richtig auskennen!*", mahnt der Mitgründer der B2B-Agentur Velocity. Und wer sich vor Augen führt, wie viele WhitePaper im Grunde eine Ansammlung voller Plattitüden sind und wie viele davon selbst die wichtigste Regel „Hole den Leser direkt bei seinem Problem ab!" missachten, der weiß: Es gibt noch viel zu tun.

Das können die Aufgaben einer Redaktion sein:

1. Entwickeln von Themen passend zum Themenplan, Auswahl der Content-Arten und des Kanals;
2. Pflege des Redaktionsplans (einer hat dafür die Verantwortung);
3. Produktion verschiedener Content-Arten;
4. Veröffentlichung des Contents (für Online-Content);
5. Abstimmung mit Inhouse-Produktionsmanagern, die zum Beispiel den Kontakt zu Druckereien herstellen können (für Offline-Content);
6. Beauftragen externer Mitarbeiter (Journalisten, Videoproduzenten, Infografiker, Fotografen etc.) und Redigieren der eingereichten Arbeiten. (Beachten bei Nicht-Profis: Korrekturen müssen sachte erklärt werden, denn diese werden oft als Kritik verstanden.);
7. Pflegen der Social-Media-Kanäle, die nicht nur der Vermarktung anderer Content-Angebote dienen sollten;

---

[5] Übersetzung: Mael Roth. http://maelroth.com/2014/06/content-marketing-muss-granularer-werden/

Die Redaktion: Aufbau und Betrieb

8. Informationsgewinnung durch starke Kontaktpflege im Unternehmen, etwa mit Mitarbeitern aus dem Call Center, Community-Betreibern oder den Entwicklern von Kundenbindungsprogrammen;
9. Produktion von „Schnellschüssen" wie Artikel, Blogbeiträge und Social-Media-Posts zu Themen, auf die man schnell reagieren muss;
10. Recherche und Newsjacking (Welche aktuellen Themen passen zur Marke und muss aufgegriffen werden?);
11. Vergabe der Content-Erstellung (Welche Content-Arten werden inhouse, welche extern produziert?);
12. Qualitätskontrolle (Entsprechen die Produktionen dem gesetzten Anspruch?);
13. Wertschätzen der Ergebnisse aus der Webanalyse und Beachten für die weitere Arbeit;
14. Kontrolle des Content Lifecycle (Welche Content-Stücke müssen wann überarbeitet oder komplett gelöscht werden?);
15. Beobachten der Konkurrenzthemen;
16. Schulungen der mitarbeitenden Angestellten. (Wer der Redaktion Inhalte liefern soll, zum Beispiel für das Blog, aber selbst keine dementsprechende Ausbildung hat, der braucht eine Schulung. In solchen Workshops werden die Prozesse sowie die Guidelines vorgestellt und wie man Content produziert, zum Beispiel schreibt, postet oder dreht.)

Die Produktionsphasen:

Der Ablauf von der ersten Idee bis zum veröffentlichten Beitrag besteht in der Regel aus mehreren Phasen. Diese können sein:

1. Entwurf
2. Korrekturphasen
3. Freigabe
4. Realisierung (Einbetten in Layout, CMS etc.)
5. Optimierungsphase
6. Freigabe finale Fassung
7. Veröffentlichung
8. Vermarktung

Diese Phasen müssen so stark verinnerlicht werden, sodass man kein Wort mehr darüber verlieren muss. Erst wenn man diese beherrscht, kann man auch variieren, wenn es sein muss, denn schon allein eine Infografik oder die Videoproduktion brauchen ein anderes Produktionsprocedere als Text. Und selbstverständlich sollte klar sein, dass man auch schnell reagieren können muss, etwa bei aktuellen Ereignissen, die man im Social Web für sich nutzen will. Dann wäre jede Korrekturphase Gift für den erhofften Erfolg. Wir beide haben viele Jahre in verschiedenen Redaktionen gearbeitet und immer wurde erwartet, dass genau deshalb ein jeder die Abläufe blind beherrscht und einhält — aber auch zum passenden Zeitpunkt davon abweicht. Nie, wirklich *nie*, bekamen wir einen solchen Plan „zur definitiven Beachtung" ausgehändigt. In einer Redaktion hing er beim Chef vom Dienst an der Innentür, sah aus wie eine lieblose Skizze eines Informatikers , war vergilbt und wurde von niemandem beachtet. Das war der einzige Ort, an dem er öffentlich gezeigt wurde.

Übrigens sind es erfahrungsgemäß die Korrekturschleifen, die besonders viel Zeit in Anspruch nehmen — vor allem dann, wenn die Entwürfe von einer Person außerhalb der Redaktion redigiert werden (etwa einem Abteilungsleiter, der aber nur wenig Zeit hat). Hier muss reichlich Zeitpuffer eingeplant und idealerweise die Produzenten der Ursprungsversion darauf vorbereitet werden, dass es eine weitere Korrekturschleife geben wird. Das ist auch der Grund, warum viele Produzenten in ihren Kostenvoranschlägen die Zahl der Korrekturschleifen festlegen.

Der Redaktionsplan

Mit einem Redaktionsplan werden die einzelnen Phasen der Content-Produktion festgehalten. Damit kann man kontrollieren, ob alles nach Plan verläuft. Solche Tabellen können schnell sehr ausführlich werden.

Das gehört in einen Redaktionsplan[6]:

Basisinfos pro Content-Stück:

1. übergeordnetes Themenfeld (und Zeitrahmen),
2. Titel und kurze Beschreibung des Themas,
3. für welche Stakeholder?
4. Content-Art,
5. geplantes Volumen,
6. verantwortlich für das Fulfillment (Redakteur),
7. Produzent,
8. welche Verknüpfungen zu anderen Content-Arten gibt es?

---

[6] Wer sich informieren möchte, welche Tools außer Excel infrage kommen, um einen solchen Plan zu führen, dem empfehlen wir einen Beitrag von EConsultancy (2014): „Eight free content calendar templates to help plan your output."

Die Redaktion: Aufbau und Betrieb 5

Ablauf der Produktion:

1. Abgabe 1. Entwurf
2. Korrekturphase 1 (wer korrigiert?)
3. Korrekturphase 2 (wer korrigiert?)
4. Korrekturphase xy (wer korrigiert?)
5. Freigabe korrigierte Fassung
6. Produktionsphase
7. Optimierungsphase
8. Veröffentlichungstermin
9. Vermarktung, etwa auf Social Media

Gehört auch die Content-Vermarktung in den Redaktionsplan? Weil dieser sehr ausführlich werden kann, schlagen wir vor, die Vermarktung der Inhalte — sowie die Vorhaben für Social Media — in einem weiteren Plan festzuhalten (vgl. Kapitel 6.7). Vorteil: Diese Pläne können an betreffende Personen, die außerhalb der Redaktion arbeiten und für die Vermarktung zuständig oder im Social Web aktiv sind, zum Beispiel die Markenbotschafter, regelmäßig weitergereicht werden.

Briefing externer Mitarbeiter:

Je besser das Briefing ist, desto mehr können Personen, die von außerhalb zuarbeiten, ihr Bestes geben. Das sollten sie wissen:

1. Content-Art,
2. Thema und Ausrichtung,
3. Volumen,
4. Budget,
5. Info, wozu das Content-Stück eingesetzt werden soll,
6. Info über parallel geplante andere Content-Arten,
7. Beigabe von Content-Beispielen, die inhaltlich oder strukturell ähnlich sind,
8. Abgabetermin (dazu Info, ob es einen Puffer gibt — oder auf keinen Fall),
9. Kontaktpersonen (und eine Vertretung),
10. nützliche Recherchequellen,
11. evtl. Historie des Themas in dem Unternehmen,
12. Kernaussagen, Keywords,
13. Begriffe und Inhalte, die man nicht dort lesen oder sehen will,
14. Umgang mit Zitaten und woraus zitiert werden darf,
15. Vorstellung der Redaktionsmitglieder und ihre Aufgaben.

Der Aufbau eines Info-Centers

In vielen Unternehmen steht es mit dem strukturierten Bewahren wertvollen Contents nicht zum Besten. Vielleicht gibt es in der PR-Abteilung ein kleines Archiv, das sich aber auf Arbeiten für die Öffentlichkeitsarbeit beschränkt. Einer unserer Kunden bat uns vor einigen Jahren, als wir nach weiteren Inhalten zum Unternehmen und zu seinen Produkten fragten, doch bei der aktuell zuständigen Agentur anzurufen, vielleicht hätten die ja was. Wir wollen hier nicht die Vorzüge eines Archivs anführen. Nur zu oft sind diese in sich geschlossene Welten, aus denen nichts mehr dringt — außer wenn irgendwelche Anfragen kommen. Es sind weggesperrte Inhalte, deren Potential womöglich nicht erkannt und genutzt wird. Wie stark Inhalte aus der Vergangenheit die Gegenwart bereichern können, zeigt das Beispiel eines Beitrags in Gawker, der nichts anderes war als ein Originalartikel aus der New York Times vor 161 Jahren zu „12 Years a Slave" (siehe Kapitel 6.4).

Es geht aber um mehr als um das Beleben von Archivmaterial und eine Content Curation der eigenen Inhalte. Es geht uns darum, eine Art „Turbo-Archiv" vorzuschlagen, das stets Bezug zur Gegenwart hat und teilnimmt am Produktionsprozess. Es entlastet alle kommunizierenden Abteilungen, während die Informations- und Recherchequalität steigt und alle Beteiligten sich mehr Zeit für ihre eigentlichen Aufgaben nehmen könnten. Eine Art Info-Center könnte für solche Vorzüge sorgen. Egal, ob es aus einer Person oder mehreren besteht — es könnte alle Kommunikationsabteilungen gleichberechtigt mit passenden Inhalten und Informationen versorgen. Es könnte recherchieren, verwalten, kombinieren, modifizieren, terminieren, einfordern und aktualisieren. Damit keine Missverständnisse aufkommen: Ein solcher Content-Dienstleister darf kein schwerfälliges Informationsministerium sein, das seine Macht spielen lässt und anderen hereinquatscht. Die Entscheidungsgewalt muss bei den Kommunikatoren bleiben — auch wenn sich diese durchaus von ihm beraten lassen können. So könnte etwa zu seinen Aufgaben der Aufbau eines Medienpools gehören, der anhand von Content-Metadaten effizient genutzt werden kann. Laut Ann Rockley und Charles Cooper, zwei US-Content-Strategie-Experten, gehört der Aufbau eines Metadaten-Gerüsts, mit dem der gesamte Content sinnvoll archiviert und jederzeit wieder auffindbar ist, zu den wichtigsten Aufgaben der Content-Strategen (Rockley Cooper 2012). Anhand von Metadaten können die einzelnen Content-Angebote auf völlig neue Weise zusammengestellt werden, zum Beispiel sortiert nach Konsumentenbedürfnissen von Laien oder Profis; nach Bekleidungsstoffen, regionalen Zusammenhängen, Stakeholder-Typen, Abteilungen, Kontaktpunkten und vielem mehr. Nur wenn der Content ordentlich verwaltet wird, kann man früher oder später wieder Profit daraus schlagen — schlicht, weil die Inhalte wieder gefunden werden und ein fundiertes Bild der bisherigen Aktivität in den einzelnen Bereichen geben.

5.6 Anforderungen an Technologielösungen

„A fool with a tool is still a fool."

Sprichwort aus der Gegenwart

Technologien sind wichtige Hilfsmittel, um vor allem im digitalen Content-Marketing die größten Erfolge zu erzielen. Sie sind eine Voraussetzung dafür, den Content an den notwendigen Kontaktpunkten zur richtigen Zeit bereitzustellen und auf diese Weise die Bedürfnisse der Stakeholder zu befriedigen. Wer hier auf den Einsatz der neuen Content-Technologien verzichtet, riskiert einen Blindflug durch die digitale Welt und nimmt damit sein eigenes Scheitern vorweg. Niemand hinterfragt noch den Einsatz einfacher Content-Tools, zum Beispiel Word. Standards sind notwendig, um redaktionelle Arbeiten im Austausch mit anderen vorzunehmen. Es gibt Standards in der Content-Produktion, auf die Sie aufsetzen können. Genauso selbstverständlich ist es in vielen Unternehmen, ein CMS für die Website und vielleicht auch für das Intranet zu verwenden. Darüber werden die Inhalte systematisch intern und extern ausgespielt. In der Regel bietet ein CMS auch die technischen Voraussetzungen für Freigabeprozesse, die dem Publizieren vorausgehen.

Sie benötigen im Content-Marketing Tools für ganz unterschiedliche Bereiche. Zunächst einmal wird zahlreiche Owned Media selbst produziert, die in einem CMS oder sogar „Media Asset Management"-System (MAM) für die Speicherung und Verwaltung von digitalen Inhalten eingestellt werden können. Darüber hinaus werden auch die Inhalte Dritter in der Content Curation genutzt. Dafür ist eine Content-Curation-Lösung notwendig, die sich crossmedial in Social Media für die Recherche und Distribution einsetzen lässt. Sie kann einem Content-Team dabei helfen, häufiger relevante Inhalte zu spielen, und dabei unterstützen, die Meinungsführerschaft in einem Themenfeld der eigenen Branche zu erringen. Die Anbieter von Softwarelösungen haben sehr schnell erkannt, dass es von Vorteil ist, sich mit einem Buzzword wie Content-Marketing zu schmücken. Aus diesem Grund gibt es zahllose Content-Marketing-Tools, die allerdings für ganz unterschiedliche Zwecke ausgelegt sind.

In den meisten Unternehmen gibt es in den einzelnen Abteilungen oder im gesamten Unternehmen IT-Lösungen für das Managen und Distribuieren von Content. Über ein CMS werden Websites und Corporate Blogs mit Inhalten gefüllt und die Social-Media-Kanäle bespielt. Für das Measurement und das Webcontrolling sind Analysetools wie Google Analytics, Webtrends oder Adobe SiteCatalyst im Einsatz. Zudem nutzen Unternehmen längst Monitoring-Systeme wie Radian6, Brandwatch, Buzzrank oder Talkwalker und veröffentlichen im Social Web über Dashboards wie

Die Content-Strategie: Das Einbetten von Content-Strukturen in das Unternehmen

Hootsuite, Buffer oder Socialbro. Der direkte Zugriff auf Twitter oder Facebook ist nur auf personaler Ebene oder in kleinen Organisationen üblich und wesentlich zeitaufwändiger als mit den genannten Social-Media-Instrumenten. Zudem sind oft Abstimmungsprozesse notwendig, die das spontane Twittern und Facebooken nicht unbedingt erlauben. Zumindest ein Vieraugenprinzip ist in den meisten Unternehmen unverzichtbar, damit Fehler vermieden werden.

Selbst für ein Content-Team ist es schwer, die tägliche Flut an Beiträgen zu sichten und zu managen. Dafür nutzen die meisten Marketer eine Software. Wenn Sie noch nicht mit einem Content-Marketing-Tool arbeiten, werden Sie vermutlich auf Word, E-Mail, Whiteboards oder andere Tools als Ersatz-Management-System zurückgreifen. Bei kleinen Firmen mit ein bis zwei Content-Produzenten kann das sogar gut funktionieren, aber selbst dann bleibt es aufwändig. Mit einem Dashboard haben Sie alle Inhalte an einer einzigen, leicht zugänglichen Stelle. Damit halten Sie Ihren Kalender, Ihre Schreiber, Freelancer und alle Kanäle im gleichen Hub und stellen sicher, dass täglich guter Content verbreitet wird, dass Ihre Angestellten organisiert sind und dass Ihr Content auf den richtigen Plattformen landet.

Der Traum von der crossmedialen Content-Produktion

Der Corporate Content liegt in der Regel nicht zentralisiert vor: Die Online-Inhalte werden meistens in einem CMS gepflegt, der Content für Printprojekte liegt oftmals in In-Design vor, während die Inhalte für mobile Apps in Datenbanken festgehalten werden. Wer seine Inhalte automatisch über alle Kanäle erstellen, verteilen und auswerten könnte, würde unglaublich viel Geld sparen. Diesen Traum vom crossmedialen Publizieren gibt es schon sehr lange in Unternehmen. Wenn das gelingen würde, könnte eine Organisation seinen Content in einem einzigen System erstellen und dann jeweils passend auf den unterschiedlichsten Plattformen veröffentlichen. In der Content-Strategie stellt das allerdings eine große Herausforderung dar. Bislang wird in den meisten Firmen mit einer komplexen IT-Landschaft gearbeitet, in der es keine Integration eines Multichannel Publishings gibt. Oft werden die einzelnen Content-Stücke in vielen verschiedenen Systemen verwaltet.

Damit der Content wiederverwendet werden kann, muss es eine Trennung von Content und Layout geben. Der Grundgedanke des sogenannten adaptiven Contents oder des Single Source Publishings sieht hierbei vor, dass die Inhalte in einem CMS nur einmal erstellt und anschließend überall publiziert werden können. Auf diese Weise erhalten Sie einen besseren Überblick über die Content-Koordination und können Inkonsistenzen zwischen den Systemen vermeiden helfen. Das entspricht durchaus unseren Vorstellungen von einer Content-Produktion und eines flexiblen Content-Marketings auf unterschiedlichen Plattformen. Jedoch würde das in der Folge auch eine enorme Zentralisierung der Content-Produktion und des Marketings mit sich bringen, die bisher in vielen Organisationen noch nicht abzusehen ist. Insofern möchten wir Ihnen in dieser Hinsicht nicht allzu viel Hoffnung machen. Ohnehin ist das Publizieren des Contents nur eine Aufgabe von vielen im Content-Marketing. Darüber hinaus werden noch zahlreiche weitere Software-Lösungen benötigt.

Echtzeitkommunikation macht Innovationen erforderlich

Ein CMS ist eine notwendige Voraussetzung für eine Website, um regelmäßig Updates vornehmen zu können. Jedoch reicht das in Zeiten der Content-Revolution nicht mehr aus. Sie müssen nicht nur entscheiden, wann Sie was publizieren. (Diese Flexibilität ist heute nicht mehr technologie-, sondern managementgetrieben.) Zudem müssen Sie wissen, welche Ihrer Inhalte erfolgreich waren, worüber Ihre Kunden online diskutieren, was die Thementrends sind, welcher Content am meisten Erfolg verspricht, wie er für die SEO optimiert und in welchen Content-Formaten er publiziert werden kann. Dazu benötigen Sie einen schnellen Zugriff auf alle internen Medien (Texte, Bilder, Videos, Daten etc.), damit Sie hochwertige Inhalte in kürzester Zeit publizieren können.

Es reicht nicht mehr aus, lediglich eigene Texte im Sinne des Storytellings zu veröffentlichen. Ihre Kunden erwarten von Ihnen einen gewissen digitalen Kundenservice, sie wollen jederzeit und schnell Antworten auf ihre Fragen erhalten. Dabei sind sie sehr ungeduldig. Wenn Ihre Organisation nicht das eigene Wissen innerhalb kurzer Zeit nutzen und weitergeben kann, könnte das im schlimmsten Fall zu negativen öffentlichen Reaktionen und zu kleineren oder größeren Reputationsschäden führen. Niemand wartet heutzutage darauf, bis Sie sich bequemen, etwas zu publizieren. Niemand kann es sich mehr leisten, sich zurückzulehnen und auf die mediale Aufmerksamkeit zu warten. Ihre Öffentlichkeitsarbeit muss wesentlich aktiver sein und auf Echtzeitkommunikation setzen. Es geht darum, auf Kanälen wie Twitter, Facebook, Corporate Blog schnell gute Informationen bereitzustellen, die den fragenden Stakeholdern zügig Hilfestellung geben.

Laut Forrester Research haben gerade einmal fünf Prozent der befragten Marken das Content-Marketing-Ökosystem richtig verstanden und nutzen es gekonnt für ihr Business. Das ergab die Studie „Compare Your B2B Content Marketing Maturity"[7].

---

[7] Forrester Research 2014: B2B Marketers Struggle To Connect Content Marketing With Business Value http://www.forrester.com.

Die Content-Strategie: Das Einbetten von Content-Strukturen in das Unternehmen

Das zeichnet diese „Content-Master" aus: Sie beherrschen redaktionelle Aufgaben und die notwendigen Unternehmensprozesse, sie nutzen das Feedback ihrer Kunden für ihr Content-Marketing und sie setzen die richtigen Werkzeuge und die richtige Technologie ein. Damit messen sie genau, welche Content-Assets wie funktioniert haben und können dadurch einen gewissen Content-ROI beschreiben. Die anderen Unternehmen dürften ihre Stakeholder enttäuschen: Wenn diese nicht sofort den passenden Content erhalten, ob auf einer Website oder an anderer Stelle, werden sie der Marke künftig nicht mehr als Quelle vertrauen. Online gibt es immer Alternativen. Sie suchen dann an anderer Stelle weiter und kommen vielleicht nicht mehr zurück, weil sie dort nicht mehr die erwünschte Kompetenz vermuten.

Technische Hilfsmittel im Content-Marketing

Solange Sie nur eine Website zu betreiben haben, sind die Technologieanforderungen noch überschaubar. In gewisser Weise bildeten Sie in einem Content-Management-System (CMS) Ihre manchmal komplexe Organisationsstruktur ab und gewähren einzelnen Bereichen des Unternehmens den Zugriff auf die Website. Das ändert sich jedoch mit der Vielfalt der eigenen IT-Landschaft. Je komplexer die Content-Prozesse werden und je mehr unterschiedliche Verantwortliche innerhalb eines Unternehmens und der unterstützenden Agenturen existieren, desto anspruchsvoller wird die benötigte Technologie. Große Organisationen stehen vor der Herausforderung, ihren Content über alle Abteilungen und Länder hinweg effektiv zu managen.

Im Content-Marketing werden die Inhalte so distribuiert, dass sie eine größtmögliche Sichtbarkeit und Wirkung entfalten können. Dazu werden sie auf den jeweils passenden eigenen Kanälen publiziert. Die Content-Stücke müssen dabei so optimiert sein, dass sie zum einen in den Suchmaschinen gut gefunden werden können (SEO), zum anderen in Social Media gerne geteilt werden (Shares). Ergänzend ist eine bezahlte Content-Vermarktung sinnvoll, um die Content-Assets über die organische Findbarkeit hinaus sowohl in Social Media wie auch in der Google-Welt sichtbarar zu machen (Paid Media, Native Advertising). Mit der wachsenden Zahl der Kanäle, über die Unternehmen nach innen und außen kommunizieren, entstehen daher enorme Anforderungen an Content-Marketing-Software. Es gibt zahlreiche Einzellösungen. Doch in der Regel bevorzugen Marken eine One-Stop-Solution. Ob es sich lohnt, ein komplexes Content-Marketing-System anzuschaffen, über das sich die Content Creation, Curation und Distribution managen lässt, oder ob man sich für Spezialtools entscheidet, das ist Ansichtssache und hängt vom Content-Budget ab. So empfiehlt Stefan Rosenträger von Moresophy: *„Die*

Toolauswahl sollte immer so genau wie möglich auf Fachwissen und Bedarf des Kunden zugeschnitten sein. Ein empfehlenswerter ‚Einkaufsführer' ist TrustMap. Die Einteilung reicht von All-in-One Lösungen für KMUs bis zu sehr ausgefeilten Tools mit hohem Individualisierungsgrad. Ein Customizing von Software können aber nur Experten mit hohem technischem Know-how stemmen. Zum Einstieg in die Content-Marketing Software-Welt empfehlen sich Allzweck-Tools mit einem aussagekräftigen Analyse-Dashboard und einer komfortablen Drag & Drop-Funktion für Themenauswahl und Eingrenzung."

Integrierte Lösungen im Content-Marketing

Wer eine Content-Marketing-Lösung benötigt, sollte seine Anforderungen nie getrennt von der IT-Landschaft seines Unternehmens betrachten. Jedes einzelne Content-Tool für Publishing, Creation, Management, Curation und die Optimierung muss mit den anderen Instrumenten der Content-Marketing-Toolbox zusammenspielen. Das dürfte für die IT eine große Herausforderung darstellen. Sie muss gewährleisten, dass die Tools für Paid Media, Owned Media, Earned Media und Curated Media zusammenpassen. Dazu müssen die Verantwortlichen den Zugang erhalten und die Workflows angepasst werden. Hierbei werden je nach Komplexität einer Organisation und eines Marktes enorme Mengen an Content analysiert, bewertet, ausgewählt und publiziert.

„Es gibt zwei Ansätze, wie man den über viele Plattformen hinweg verstreuten Content managen kann", meint Jens Hoppe, Senior Technical Consultant bei Contents Software. *„Entweder man legt die Inhalte in einem zentralen Tool an, über das über Schnittstellen auf die verschiedenen Plattformen publiziert wird und in welches das verstreute Nutzer-Feedback aggregiert eingesammelt wird. Oder man erfasst die Inhalte direkt auf den verschiedenen Plattformen, geht dabei mehr auf die spezifischen Zielgruppen und Features der Plattformen ein und aggregiert lediglich die Inhalte und das Feedback über Schnittstellen in einem zentralen Such- und Analysetool."*

Stefan Rosenträger von Moresophy ist der Ansicht, dass es in vielen Unternehmen an Wissen fehlt, wie unterschiedliche Content bzw. Daten-Pools in Unternehmen auf einen Nenner gebracht und über Schnittstellen angezapft werden können. *„Dieses Unwissen schürt Ängste beim Kunden, die gesamte bestehende IT-Infrastruktur über den Haufen werfen zu müssen, nur um ein Content-Marketing-Tool zu integrieren. Diese Ängste zu zerstreuen ist eine der Hauptherausforderungen beim Projekt-Setup. Die Sorge aufwändiger Infrastrukturen ist unbegründet. Content-Marketing-Tools gibt es schon längst als Software-as-a-Service Lösungen. Das heißt, der Kunde muss keine neuen Server anschaffen oder seine IT bemühen, sondern kann bequem über seinen*

Die Content-Strategie: Das Einbetten von Content-Strukturen in das Unternehmen

Browser die entsprechenden Tools starten und z. B. in einer Redaktionsanwendung Themen planen und Content strukturieren. Software, die in die bestehende IT-Architektur integriert werden muss, wird heutzutage fast ausschließlich modularisiert und als Middleware angeboten. Standardisierte XML-basierte Skriptsprachen sorgen dafür, dass die Services schnell miteinander kommunizieren und der Kunde schnell seinen Content optimieren kann." Mit einem Media Asset Management-System (MAM) lassen sich alle unstrukturierten Daten, von Bildern über Videos und PDF-Dateien bis hin zu Word- oder Exceldateien, verwalten (Cumulus, Neo7even, Censhare, Marktsein, Six). Mittlerweile können einige MAM-Systeme auch strukturierte Daten verarbeiten und nähern sich so crossmedialen Systemen an.

Bevor Sie sich für ein System entscheiden, sollten Sie zunächst Ihre genauen Ziele und Anforderungen definieren. Wenn das geschehen ist, können Sie die richtige Technologie auswählen. So meint auch der Verlagsberater Ehrhardt F. Heinold: „*Das Problem bei der Entscheidung für das richtige System: Jeder Systemanbieter erweitert die Funktionalitäten, sodass nicht immer ganz klar ist, worin die eigentliche Stärke eines Tools liegt. Letztlich muss sich der Anwender entscheiden, ob er ein integriertes System mit möglichst vielen Funktionen will oder einen Best-of-Breed-Ansatz mit den jeweils besten Spezialsystemen favorisiert."* Wer auf einzelne Lösungen setzt, muss akzeptieren, dass diese nicht in den Unternehmensprozessen integriert sind. Aufgrund der damit verbundenen Kosten und den schnellen Veränderungen im Social-Media-Umfeld haben bisher nur wenige Marketingverantwortliche ihre Content-Marketing-Tools mit ihren Inbound-Marketing-Plattformen, CRM oder CMS verknüpft oder integriert. Vielleicht gibt es bei Ihnen bereits einen Content-Workflow, aber bilden Sie ihre komplette Content-Organisation (Planung, Creation, Curation und Distribution) wirklich darin ab? Meistens gibt es erst lose Verknüpfungen mit herkömmlichen Prozessen, auf die das Content-Team zugreifen kann.

Ideal ist eine Anbindung der nutzbaren Inhalte in dem bereits erwähnten abteilungsübergreifenden Media Asset Management-System. Allerdings glaubt der Münchner Strategie- und Kommunikationsberater Johannes Woll, dass die Diskussionen, welches MAM man nun nehmen soll, zu spät oder aus infrastruktureller Sicht geführt werden: „*Da ist ein teures Redaktionssystem angeschafft und plötzlich stellen wir fest, dass die Media Assets noch effizienter verwaltet werden sollen. Wichtiger ist – wie auch bei der Fragestellung, welches CMS das Richtige sein kann – die Frage nach den unternehmerischen Zielen. Sollen da auch Kampagnen verwaltet werden dürfen? Sollen Media Assets und Customer Assets in unterschiedlichen Datenbanken liegen? Will ich zukünftig meine Kunden individuell ansprechen können? Wie dialogfähig wollen wir uns aufstellen? Und wollen wir uns wirklich viele System- und Medienbrüche leisten? Schnittstellen sind selten eine Option, meist eine Zumutung. Heute wird der Markt für das Content-Marketing von All-in-One-Lösungen bedient, die sehr teuer sind und dann doch nur in Teilen genutzt werden, oder von augenscheinlich günsti-*

gen Teillösungen, die längst nicht alle Anforderungen abdecken." Es gibt heute einen unübersichtlichen Markt an Content-Marketing-Tools. Davon werden viele kleine Anbieter sehr schnell wieder in einer Konsolidierungsphase verschwinden. Zudem ist es schon jetzt wahrscheinlich, dass Social-Media-Management- und Content-Lösungen nicht mehr getrennt voneinander betrachtet werden, weil beide auf Content basieren. Wenn Sie sich für Content-Marketing-Tools entscheiden, sollten Sie Folgendes berücksichtigen:

- Vermeiden Sie Redundanzen. Oft gibt es vergleichbare Tools bereits im Unternehmen.
- Es ist wichtig, die Mitarbeiter im Content-Marketing zu schulen und ihnen dabei die einzelnen Tools näherzubringen.
- Führen Sie ein Tool zeitnah ein, damit es sofort genutzt werden kann und Nutzen bringt.
- Stimmen Sie sich mit dem IT-Bereich ab, statt den Bereich zu umgehen. Ansonsten fehlt Ihnen dessen Unterstützung.
- Setzen Sie auf offene Systeme, damit Sie Ihre Tool-Landschaft jederzeit flexibel erweitern können.
- Erweitern Sie Ihre Content-Marketing-Tools, wenn sich neue Anforderungen ergeben.

Als Fazit lässt sich festhalten: Richten Sie Ihre Content-Aktivitäten nicht nach einzelnen Tools oder einer Systemlandschaft aus, sondern entwickeln Sie zunächst eine zu Ihrem Unternehmen passende Content-Strategie. Sobald diese steht, können Sie eine Auswahl der dafür notwendigen Content-Tools treffen und diese jederzeit ergänzen. Es gibt im Prinzip für jedes Budget passende Lösungen. Wer nicht viel Geld in integrierte Gesamtlösungen investieren möchte, kann vieles durch Kreativität und Personal ausgleichen. Content-Marketing-Tools sind Hilfsmittel, die den Content-Arbeitsalltag erleichtern sollen — nicht mehr und nicht weniger. Wenn Sie Ihre Branche sehr gut kennen, darin vernetzt sind und es Ihnen gelingt, innerhalb Ihrer Organisation schnell auf internes Wissen zugreifen zu können, werden Sie mit Ihrer Content-Marketing-Strategie unabhängig von technischen Lösungen erfolgreich sein.

5.7 Die „Content Supply Chain" im Überblick

Die vorhergehenden Kapitel haben gezeigt: Wenn ein Unternehmen eine Content-Strategie aufbauen will, können die Strukturen und Prozesse recht komplex werden, selbst wenn man um Einfachheit bemüht ist. Viele Personen aus unterschiedlichen Fachbereichen sind involviert, sie nehmen verschiedene Rollen ein und eine jede hat andere Anforderungen. Um das Wesentliche während dieser Prozesse, deren Aufbau sehr lange dauern kann, nicht aus den Augen zu verlieren, fassen wir hier die einzelnen Aufgabenbereiche, die den Umgang mit Content-Strategie und Content-Marketing bestimmen werden, überblickend als „Content Supply Chain" zusammen. Denn selbst wenn jedes Unternehmen seine individuellen Strukturen und Prozesse definieren muss, so gibt es doch einige grundsätzliche Gemeinsamkeiten in der Herangehensweise. (Die Elemente 5, 6 und 7 der „Content Supply Chain" werden im Kapitel 6 über das Content-Marketing näher beschrieben)

Ähnlich wie das klassische „Supply Chain Management" bietet die „Content Supply Chain" eine Perspektive auf die Prozesse, die Unternehmen grundsätzlich brauchen — von der Bedarfsanalyse bis zur Distribution. Ihre Aufgabenbereiche können sich im laufenden Betrieb überschneiden — vor allem in der Redaktion, die vieles davon abdecken kann. Dennoch ist es wichtig, die wichtigsten Elemente der „Content Supply Chain" einzeln aufzuführen und zu beschreiben, weil jede davon im Aufbau der Content-Strategie einen gesonderten Blick braucht.

Zudem kann es beim Aufbau sinnvoll sein, für jedes einzelne Prozesselement einen Verantwortlichen zu benennen, der dann Mitglied der Content-Strategie Taskforce sein muss (Kapitel 5.4). Auch die gesamte Content Supply Chain braucht einen Verantwortlichen. Das kann ein Content-Stratege sein, der in der hausweiten Gesamtverantwortung für das Thema Content steht. Nach der Aufbauphase sollten die Verantwortlichkeiten jedoch wieder aufgelöst werden, weil sich in der täglichen Praxis völlig neue Abläufe ergeben, die aus mehreren dieser Elemente bestehen und deshalb neue „Owner" brauchen, zum Beispiel den Redaktionsleiter. Und auch der Content-Stratege sollte sich schrittweise zurückziehen und sich stattdessen zum Beispiel auf das Optimieren der installierten Prozesse konzentrieren.

> **! WICHTIG**
>
> **Die sieben Elemente der „Content Supply Chain" sind:**
> 1. Content-Analyse
> 2. Wissensbeschaffung
> 3. Content-Aufbereitung
> 4. Content Creation
> 5. Content Distribution & Content-Vermarktung
> 6. Feedback-Handling
> 7. Content Controlling

Die „Content Supply Chain" im Überblick 5

1. Content-Analyse

Mit einer Bedarfsanalyse wird als Erstes bestimmt, welche Inhalte das Unternehmen wirklich benötigt. Dazu werden verschiedene Instrumente und Methoden eingesetzt, mit deren Hilfe ermittelt wird, welcher Content für die Stakeholder des Unternehmens relevant ist und welchen das Unternehmen jeweils zur Verfügung stellen will. Da all dies dynamische Kriterien sind, die Veränderungen unterliegen — etwa durch ein geändertes Produktsortiment, verändertes Konsumentenverhalten — empfehlen wir Ihnen, die Content-Analyse regelmäßig durchzuführen (vgl. Kapitel 4). Es ist die Regel, dass es eine umfassende, komplexe Analyse in einem längeren Turnus gibt, für deren Durchführung Instrumente der Marktforschung wie Fokusgruppen oder Tiefeninterviews genutzt werden und die durch eine regelmäßige Ad-hoc-Bedarfsanalyse ergänzt wird. Letztere wird zum Beispiel im Zuge von Redaktionskonferenzen durchgeführt und ist Bestandteil des operativen Geschäfts. Wir haben in unseren Projekten die Erfahrung gemacht, dass sich hierbei ein Jahr als gutes Intervall eignet.

2. Wissensbeschaffung

Welche Informationen bzw. welches Wissen wird zur Content-Erstellung benötigt? Bei welchen internen oder externen Wissensträgern sind diese Informationen vorhanden? Um das herauszufinden, sind Interviews mit potenziellen Wissensträgern oder Berichte, die der Wissensträger zuliefert, empfehlenswert. Letztendlich geht es in diesem Schritt darum, die Quellen im Unternehmen oder auch außerhalb zu finden und in die weitere Planung einzubinden. Solche Quellen müssen nicht nur Experten sein. So sind andere Mitarbeiter — zum Beispiel jene, die dem Vorstand zuarbeiten — häufig ein Schatz an Know-how und inhaltlichen sowie politischen Ideen. Welche geeigneten Quellen entdeckt wurden, sollte in der Beschreibung der Content-Strategie festgehalten und von der Führungsspitze abgesegnet werden (womöglich gibt es zum Beispiel Experten, deren Wissen nicht publiziert werden soll). Sie ist für redaktionell arbeitende Beteiligte eine sehr wichtige Grundlage.

3. Content-Aufbereitung

Die Produktion der Inhalte kann nach verschiedenen Vorgehensweisen ablaufen. Grundsätzlich können Unternehmen ihre Inhalte zentral inhouse, dezentral inhouse oder extern erstellen lassen. Auch Mischmodelle sind denkbar. Dezentrale Modelle etwa sind oft sehr nah an den Bedürfnissen der Fachbereiche ausgerichtet, während zentrale Modelle meist effizienter sind und außerdem einen einheitlichen Qualitätsstandard gewährleisten. Outsourcing wiederum bindet keine Mitarbeiter-Ressourcen, ist aber mit der größten Distanz zum Unternehmen und der Marke verbunden, was die inhaltliche Qualität gefährden kann. Zur Content-Aufbereitung gehört auch das Redigieren der Inhalte, um die Content-Qualität zu sichern. Bei zeitkritischen Online-Inhalten muss das Vorgehen natürlich so gewählt werden, dass es nicht übermäßig zeitintensiv ist. Wie solche Prozesse in der Regel ablaufen und welche Aufgaben daraus erwachsen, beschreiben wir im Kapitel 5.5 über den Aufbau und Betrieb von Redaktionen.

In dieser Phase kommen auch die Content-Marketing-Dienstleister ins Spiel: Sie können ein Unternehmen nicht nur bei der Produktion von Inhalten unterstützen, sondern auch — losgelöst von den hausinternen Abläufen — ihre Kreativität walten lassen und inspirierende Kampagnenkonzepte beisteuern, die alle anderen Content-Prozesse sinnvoll begleiten. Häufig sind Redaktionsmitglieder und Marketingmitarbeiter in Unternehmen dermaßen in die Alltagsprozesse eingebunden, dass sie selbst kaum Muße für kreative Pläne haben. Daher können die Ideen externer Content-Marketer ein sehr wichtiger Beitrag sein, um für Marke und Unternehmen Aufmerksamkeit zu erzeugen. Nutzen Sie dieses Potential, aber sorgen Sie auch für ein zuverlässiges Erfolgscontrolling.

4. Content Creation

Das Publishing, das Veröffentlichen von Inhalten, ist ein komplexes Unterfangen geworden. In Zeiten des Multichannel-Marketings gilt es, die Inhalte auf allen jeweils zielgruppenrelevanten Kanälen zu publizieren. Dabei müssen Sie auf ein stringentes Timing und kanalspezifische technische Besonderheiten achten und im Online-Umfeld auch Querverweise auf relevante, ähnliche Inhalte berücksichtigen. Daher wird die Content Creation in der Regel von technischen Lösungen unterstützt. Sie sollen die Komplexität reduzieren und so für eine höhere Effizienz sorgen. Um durch eine gemeinsame Tool-Nutzung Synergieeffekte zu erzielen, sollte das Publishing zentral erfolgen. Derweil es während der Content-Aufbereitung ohne Weiteres möglich ist, auch dezentrale Ansätze zu nutzen, ist ein Gesamtüberblick über die gesamte Kanallandschaft eines Unternehmens notwendig, um hier effizient agieren zu können.

5. Distribution & Content-Vermarktung

Mit dem Publishing des Contents allein ist es nicht getan. Schließlich will er auch noch möglichst präzise, dabei jedoch maximal umfänglich zu den passenden

Stakeholdern gebracht werden. Besonders bei Online-Inhalten stehen für Distribution und Promotion zahlreiche Instrumente zur Verfügung, zum Beispiel SEO, SEA, Cross-Postings in Social Media, Display Ads, Content-Platzierung und viele mehr. Diese sollten jeweils danach selektiert werden, welcher Inhalt welche Stakeholder erreichen soll, wie relevant der Inhalt ist und, ergo, wie hoch die Investition jeweils sein darf. Hier bietet es sich an, durch den Einsatz von Standards eine schnelle Abwicklung im Regelbetrieb zu ermöglichen (vgl. Kapitel 6.7).

6. Feedback-Handling

Vor allem im Internet ist der Einsatz von Content keine Einbahnstraße. Vielmehr haben die Rezipienten die Möglichkeit, in Form von Kommentaren, Antworten oder vergleichbaren Mechanismen direkt auf die Inhalte zu reagieren. Daher sollte geregelt werden, wie mit diesem Feedback umgegangen werden soll. Hier sind häufig diverse Fachbereiche zu involvieren, etwa der Kundenservice, die Unternehmenskommunikation, das Beschwerdemanagement und womöglich auch Ansprechpartner aus unterschiedlichen Fachbereichen. Dabei kommt der Definition von klaren Subprozessen, Zuständigkeiten, technisch gestützten Workflows und weiteren Vereinbarungen wie Service Level Agreements oder einer „Social Media Policy" eine besondere Bedeutung zu.

7. Erfolgs-Controlling

Vor allem im performance-orientierten Content-Marketing hat die Erfolgsmessung natürlich eine herausragende Bedeutung. Insbesondere online stehen hierzu zahlreiche Instrumente zur Verfügung. Die Ergebnisse sollten anhand klar definierter KPIs gemessen werden und dies in einem regelmäßigen Turnus, dessen Intervall nicht zu kurz gewählt sein sollte. Ein monatliches Controlling hat sich als praktikabel erwiesen. Neben dem reinen Erheben der Daten sollten Sie auch klar definieren, welche Ergebnisse an wen berichtet werden. So ist ein Top-Level-Aggregat der Daten, das insbesondere die Performance im Bereich vertriebliche Effekte umfasst, sinnvoll für das Management, während operativere Daten, die eine kontinuierliche Verbesserung der Umsetzung ermöglichen, die jeweils zuständigen operativen Mitarbeiter erreichen sollte.

Content Supply Chain

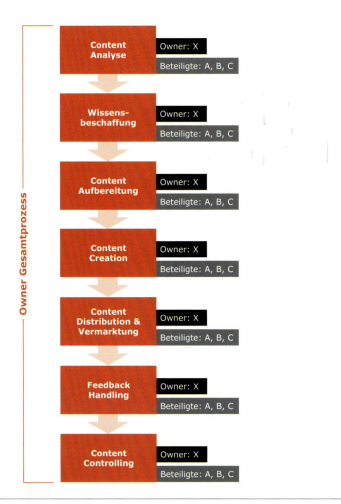

Abb. 5.3 Content Supply Chain

6 Das Content-Marketing

„Jede Art zu schreiben ist erlaubt, nur nicht die langweilige."

Voltaire

Zurzeit nutzen viele das Wort Content-Marketing, um ihre bisherigen Aktivitäten mit dem neuen Wording schick zu machen und zu verteidigen. Schreiben oder Fotografieren kann schließlich ohnehin (fast) jeder. Öffentlichkeitsarbeit wird somit einfach mit Content-Marketing gleichgesetzt. Corporate Publisher machen (schon immer?) Content-Marketing. Direktmarketer sind (per se) Content-Marketer. Sogar das Dokumentenmanagement fühlt sich im Content-Marketing wohl. Aber: Wer publizieren, fotografieren, dokumentieren, eine Pressemitteilung schreiben oder Mailings gestalten kann, der ist noch lange kein guter Content-Marketer. Es genügt nicht, möglichst zielgruppenaffine „Owned Media" zu veröffentlichen. Wäre das die Definition für Content-Marketing, könnte sich jeder Journalist und Werber als Content-Stratege feiern lassen.

Content-Marketing heißt vor allem, einzigartige Inhalte zu schaffen, zu choreografieren und diese mit seinen Kunden zu teilen. Dabei wirkt gutes Content-Marketing direkt auf die Marke ein, macht diese bekannt und beliebt. Wenn Kunden mit ihr in Kontakt kommen, sollten sie an den jeweiligen Touchpoints wertvolle Informationen erhalten, die das Vertrauen in die Marke stärken und einen Kauf wahrscheinlicher machen. Content steht ganz und gar für die Marke, repräsentiert diese.

Ein gemeinsames Ziel vereint die unterschiedlichen Akteure im Content-Marketing: Sie wollen alle bei ihren Kunden Aufmerksamkeit erregen und ihre Markenbotschaften effektiv verteilen. Es genügt heutzutage nicht mehr, in einer Werbekampagne die eigenen Inhalte breit zu streuen. Denn die Rezipienten haben längst vielfältige Umwege gefunden, um Werbung nicht mehr wahrnehmen zu müssen. Beim Besuchen der Websites nehmen sie die Banner immer weniger wahr oder benutzen gleich Adblocker. Die Klicks auf Banner nehmen seit Jahren ab, sodass potenzielle Kunden darüber nicht mehr auf die Kampagnenseiten geholt werden können. Noch weniger Akzeptanz finden die Anzeigen auf dem Smartphone, welches immer häufiger als Internet-Zugang genutzt wird. Wer mit seiner Marke auf dem kleinen Screen wirbt, trifft damit auf wenig Gegenliebe. Statt sich von Werbespots unterbrechen zu lassen, sehen Fernsehzuschauer ihre Filme via Online-Videodienste, auf DVDs oder in der Mediathek. Und die Jüngeren verbringen die meiste Medienzeit lieber online, sowohl zuhause als auch „on the go". Mobile Anzeigen nerven sie nur, was negative Auswirkungen auf die Reputation haben kann.

Das Content-Marketing

Die Kunden sind smarter geworden

Konsumenten sind es mittlerweile gewohnt, sich vor einem Kauf online zu informieren. Sie nehmen die Kaufempfehlungen ihrer Peergroup wahr, lesen die Besprechungen auf Bewertungsportalen, tauschen sich in den Social Networks über Marken aus und vergleichen die Preise, bevor sie sich für einen Kauf entscheiden. Dabei haben die Kunden meistens nichts dagegen, durch relevanten Content in ihrer Entscheidung unterstützt zu werden. Allerdings mögen sie keine aggressiven Angebote, die ihnen den Kauf quasi diktieren, sondern bevorzugen ein Social Selling, bei dem sie mit den Anbietern in den (Social-Media-)Dialog treten und Fragen stellen können, sobald sie daran Interesse haben.

Wer heute nur über seine tollen Produkte spricht und nichts anderes unternimmt als aggressiv mit Anzeigen und Werbespots für seine Marken zu werben, kann darüber vielleicht noch einige Kunden gewinnen. Allerdings wird dabei ausgeblendet, dass es längst nicht mehr ausreicht, Produkte und Services von ihrer schönsten Seite zu präsentieren. Dazu sind die Konsumenten viel zu smart und clever geworden. Content-Marketing ist letztlich das Resultat aus dem Verhalten der Onliner, die gelernt haben, Werbung zu vermeiden. Sie wollen über den Content jeweils ein aktuelles (Informations-)Bedürfnis befriedigen.

Nehmen Sie die Perspektive Ihrer Kunden ein

Die Kunden kennen in der Regel ihre Probleme sehr gut und wissen sehr gut, was sie wollen. Anders als in der Zeit vor dem Internet können sie sich jederzeit umfassend informieren. Dabei spielt die Website einer Marke nur noch eine geringe Rolle. Meistens wurde eine Kaufentscheidung bereits zum Großteil gefällt, bevor der Kunde mit einem Verkäufer online wie offline ins Gespräch kommt. Die Kontrolle über die Markeninformationen haben die Käufer längst durch das Internet erhalten. Sie entscheiden, wann sie welchen Content wo rezipieren. Denken Sie deshalb immer von Ihren Kunden her, wenn Sie eine Content-Marketing-Strategie entwickeln, in der Sie planen, mit welchen Content-Formaten Sie Ihre Adressaten erreichen wollen. Der Köder muss dem Fisch schmecken. Sie können aber nicht den ganzen Teich mit „Content" ausstatten (Push-Marketing), sondern müssen sich überlegen, wie Sie den Kunden direkt dazu bringen, freiwillig „anzubeißen" (Pull-Marketing). Je mehr Sie deshalb über Ihre Kunden wissen, desto besser können Sie Content als Köder einsetzen.

6 Das Content-Marketing

Content-Marketing vereint mehrere Aufgaben

Content-Marketing besteht aus einem gleichwertigen Anteil an Content Creation, Content Curation und Content Distribution, verbunden durch eine Content-Marketing-Strategie. Letztlich können Unternehmen über Content-Marketing ihre Botschaften in zielgruppengerechten Inhalten so verpacken, dass sich die Kunden freiwillig intensiver mit dem Content beschäftigen. Das ist das Gegenteil der unterbrechenden Werbung.

Bei Content-basierenden Maßnahmen setzen Marken auf informative und unterhaltsame Inhalte, die ihre Kunden in verschiedenen Phasen des Kaufprozesses abholen und begeistern sollen. Hierbei geht es nicht immer um den unmittelbaren Kauf, sondern um den Aufbau von Vertrauen und Reputation. Dazu eignen sich personalisierte Inhalte in besonderer Weise, weil sich Kunden darüber leichter mit einer Marke anfreunden und sich die Geschichten merken können. Je kreativer eine Marke es versteht, sich über ihr Storytelling zu inszenieren, desto größer ist hierbei natürlich die Chance, dass eine Markenbotschaft angenommen wird. Der Content selbst muss immer gebranded sein, nützlich, hilfreich oder unterhaltsam, um den Kunden die Markenexpertise zu zeigen und das Kundenverständnis zu vermitteln.

Relevante Inhalte sind gefragt

Im Content-Marketing ist die Relevanz entscheidend. Wer seine Kunden und ihre Bedürfnisse sehr gut kennt, kann für sie den passenden Inhalt produzieren und verbreiten. Je austauschbarer ein Content ist, desto eher fällt er aus diesem Rahmen heraus. Wenn viele dasselbe produzieren, nimmt nur die Quantität zu. Es gibt mehr vom Selben, was dem Kunden nicht gefallen kann. Dieser möchte lieber ein konkretes, detailliertes Lösungsversprechen, das sich nicht nur oberflächlich mit seinem Thema auseinandersetzt.

Wer heute auf Google sichtbar sein will, muss qualitativ hochwertige Inhalte liefern. Denn nur dieser Inhalt wird von den Onlinern verlinkt und weiterempfohlen. Mittelmäßige Inhalte werden von der Suchmaschine abgestraft, weil es davon ohnehin bereits sehr viel gibt. Wenn Sie jedoch herausragenden Content publizieren, wirkt sich das auch auf Ihre Online-Reichweite positiv aus. Bietet Google den Marketern auf diese Weise wirklich eine kostenlose Reichweite? Nicht wirklich. Denn der wertige Content ist in der Creation sehr viel teurer als übliche Angebote. Sie müssen mehr in die Content-Qualität und die Content-Vermarktung investieren, wenn Sie mit Ihrer Marke wahrgenommen werden wollen. Nützlich und unterhaltsam sollten Inhalte ohnehin immer sein, sonst werden sie von den Kunden nicht akzeptiert.

Das stellt keinen besonderen Mehrwert dar. Zwar können Sie Ihre Stakeholder über Content leichter erreichen als über so manche gekaufte Werbereichweite, allerdings werden Sie ohne eine gute Content-Marketing-Strategie und passende Inhalte sehr schnell übersehen.

Fehlt Ihnen die Aufmerksamkeit für Ihre Marke in den Suchmaschinen und auf Facebook, bleibt tatsächlich nur das klassische Schalten von Werbung: Paid Media für Owned Media ist eine ergänzende Maßnahme, die für erste Reichweiten auf Facebook oder in der Google-Welt sorgen. Von selbst werden leider nicht viele Inhalte wahrgenommen, wenn die Bekanntheit und das Vertrauen in die Content-Kompetenz noch fehlen.

Content-Marketing zählt zum Marketing

So wichtig es ist, dass Ihre Kunden Ihr Portfolio kennen, mit Content-Marketing hat das noch nicht so viel zu tun. Es ist nur ein kleiner Teil davon. Viel bedeutender in der Customer Journey ist es, den Kunden vorher bei seinen Interessen abzuholen und ihm bei seinen persönlichen Fragestellungen zu helfen; diese müssen noch nichts mit einer Produktentscheidung zu tun haben. Damit verspielen viele Unternehmen eine großartige Chance, die Markenbekanntheit und -reputation zu verbessern.

Viele Marketiers scheitern jedoch bereits an der Content-Produktion. Dabei fängt das Content-Marketing nach dem Publizieren des Contents, ganz im Sinne des Inbound-Marketings, erst richtig an. Im Content-Marketing geht es immer um die Art und Weise, wie Inhalte taktisch genutzt werden, um ein Produkt oder Service bekannt zu machen. Es ist auch Content-Marketing, wenn Sie in einer kritischen Situation schnell mit Ihren Informationen reagieren. Warum sollten Sie Kundenbeschwerden ignorieren oder verstecken, wenn diese ohnehin in Suchmaschinen schnell gefunden werden? Eine perfekte Welt erwartet niemand. Es wirkt jedoch sehr positiv, wenn Sie auf Kritik direkt reagieren — auf Ihrer Corporate Website, auf Facebook oder im Corporate Blog. Sollten Sie lieber darauf verzichten, müssen Sie damit rechnen, dass Sie damit vielen Ihrer Kunden vor dem Kopf stoßen.

Sie brauchen Content, um Ihre Kunden besser kennenzulernen. Andererseits benötigen Ihre Kunden Content, um Ihre Marke einschätzen zu können. Content bringt Angebot und Nachfrage auf analogen wie digitalen Marktplätzen näher zusammen. Es entsteht eine Beziehung, in der die Erwartungen beider Seiten transparenter sind. Auf diese Weise führt das Content-Marketing idealerweise zu weniger Enttäuschungen und Überraschungen auf beiden Seiten.

6 Das Content-Marketing

Es lohnt sich für Unternehmen, offen und ehrlich — transparent — auf Kundenanfragen zu reagieren. Während sich Unternehmen am liebsten von ihrer schönsten Seite zeigen und einen entsprechenden Webauftritt aufbauen, haben Kunden oft ein ganz anderes Informationsbedürfnis. Sie wollen keine werblichen Inhalte auf Ihrer Website sehen, sondern konkrete und aktuelle Antworten auf ihre Fragen erhalten. Oftmals fehlen diese auf der klassischen Website. Es gibt allenfalls Produktübersichten und eine FAQ-Liste. Je anonymer Ihre Webpräsenz wirkt und je mehr sie einer Werbebroschüre ähnelt, desto weniger glaubwürdig wirkt sie. Als eine der ersten Branchen hat es die Hotellerie lernen müssen, mit der kritischen Meinung ihrer Kunden umzugehen. Darüber hinaus werden Serviceanbieter (Restaurants, Cafés, Lokale, Friseure) auf Yelp bewertet und Arbeitgeber müssen mit der Bewertung durch ihre Mitarbeiter auf Kununu rechnen. Ignorieren kann und sollte keine Marke das Kundenfeedback, das jeder leicht über Suchmaschinen einholen kann. Warum kuratieren Sie nicht selbst das Feedback Ihrer Kunden? Jeder möchte gerne wissen, wie zufrieden andere Kunden mit einem Produkt sind. Das verhilft Ihnen zu mehr Glaubwürdigkeit und zeigt, wie ernst Sie die Bedürfnisse Ihrer Kunden nehmen.

Entdecken Sie Ihre eigene Themenperspektive

Keine Sorge, von Ihrer Marke werden nicht alle Antworten erwartet. Aber Sie sollten einen Schwerpunkt auf Ihrem Wissensgebiet setzen und dabei eine besondere Sichtweise präsentieren. Zu Ihrer eigenen Perspektive können Sie ergänzend die Einsichten anderer Experten hinzufügen, indem Sie deren Ansichten respektvoll aufgreifen und kuratieren. Obwohl es im Content-Marketing letztlich darum geht, den Verkauf anzukurbeln, treten die Produkte und Services eines Unternehmens in den Hintergrund. Stattdessen bemüht sich ein Unternehmen um seine Stakeholder und will wissen: Was kümmert sie? Was brauchen sie? Was unterhält sie? Abhängig von den Kundenbedürfnissen kann eine Marke darauf mit Content reagieren, in dem es gratis Videos, Newsletter, Vorträge, Blogartikel, E-Books etc. anbietet, die nicht werblich sind, sondern einen klaren Mehrwert liefern.

Mit der Content-Revolution verändern sich die Verhältnisse in den Unternehmen. Wer wirkungsmächtige Inhalte für sich nutzen will, muss sich an die neuen Verhältnisse anpassen. Effektiven Content kreieren und distribuieren — das ist eine Kunst für sich, die es zu erlernen gilt.

Das Content-Marketing

6.1 Content als emotionaler Trigger durch Storytelling

Content ist erst einmal für sich genommen absolut langweilig, eine Ansammlung von Buchstaben, Wörtern und Sätzen, die Sie begeistern oder nerven kann, je nachdem, wie Sie angesprochen werden. Deshalb macht der *passende* Content den Unterschied. Er sollte Sie im richtigen Moment emotional erreichen und Ihren konkreten Bedürfnissen entsprechen. Sie können noch so viel Content auf Ihre Website stellen, auf Facebook und Twitter teilen, das wird sich dennoch nicht unbedingt positiv auf Ihre Marke auswirken, weil es vielleicht der völlig falsche Ansatz ist, gar nicht zu dem Markenkern passt und den Betrachter oder Leser eher langweilt. Nicht Content per se führt zu Einfluss, sondern nur jener Content, der Sie bewegt und Sie berührt. In der Unternehmenskommunikation geht es deshalb darum, Geschichten zu finden, welche die Marke mit Emotionen aufladen. Gute Geschichten verbinden Menschen miteinander und lösen Probleme. Sie unterhalten und informieren uns und machen uns neugierig. Außerdem laden sie uns zum Gespräch ein.

In der Markenkommunikation ist Storytelling schon lange das mächtigste Mittel zur authentischen Zielgruppenansprache und wird deshalb nicht zuletzt in der Werbung eingesetzt. Wenn das Storytelling gut ist, verbindet es die Zielgruppe mit der Marke und führt sie in ihre Nähe. Storytelling macht den Unterschied und hilft ihnen dabei, eine Marke von einer anderen zu unterscheiden. Content-Marketer erzählen deshalb im besten Fall spannende Geschichten, aber betreiben eben nicht nur Storytelling. Es gibt viele weitere Content-Formate, die ebenfalls gebraucht werden, aber bei denen es weniger um Geschichten geht.

Wer Texte, Bilder und Videos kreiert, muss sich zudem darum kümmern, dass sie an der jeweils richtigen Stelle in der Customer Journey eingesetzt, von den Kunden wahrgenommen und gemocht werden. Allerdings muss dazu nicht jeder Stakeholder jedes einzelne Content-Stück lieben. Ganz im Gegenteil. Es kommt darauf an, wie sie auf den Content stoßen. Ist ihr Bedürfnis darauf ausgerichtet, eine konkrete Frage beantwortet zu bekommen, wollen sie diese schnell und ohne jeden Umstand finden und sich selbst aussuchen können, ob sie diese von einem Experten, Kunden, Journalisten oder Unternehmensmitarbeiter erhalten. Idealerweise können sie sofort die Urheber als solche erkennen.

6 Content als emotionaler Trigger durch Storytelling

Werbung ist kein Content-Marketing

Ein gut gemachter Werbefilm, der uns mit seiner Storyline fasziniert und dazu verleitet, diesen Spot zu sharen, ist deshalb noch lange kein Content-Marketing. Mit der klassischen Werbedisziplin hat Content-Marketing wenig gemein. Es stellt sich jedoch die Frage, wie der Spot entwickelt wurde und inwieweit bei der Creation auf werbliche Ansprache, Information oder Entertainment gesetzt wird. Wenn wir manche Virals online sehen, ist der Unterschied zwischen einem unterhaltsamen Clip und einem Werbespot eher fließend. So ist zum Beispiel das Edeka-Video „Supergeil" von Friedrich Liechtenstein eine eindeutig werbliche Inszenierung. Letztlich geht es in dem Video um einen Imagetransfer vom Berliner Musiker und seiner amüsanten Darbietung hin zur Marke Edeka. Der Spot hilft, die Marke emotional aufzuladen und durch seinen Unterhaltungswert Sympathien zu erzeugen. Es ist gelungene Werbung, kein Content-Marketing. Nicht anders ist die Opel-Kampagne „Umparken im Kopf" zu betrachten. Obwohl auf Facebook, Twitter und Youtube zahlreiche Informationen gestreut wurden und Kommunikation betrieben wurde, hält sich der Anteil des Content-Marketings in Grenzen. Es handelt sich eher um eine crossmediale Markenkampagne, die am Rande ein wenig Content-Marketing in Social Media nutzte und sich dabei auch auf Interaktionen mit den Stakeholdern einließ. Auch die Firma Blendtec setzt auf eine geschickte Viral-Marketing-Kampagne, in der das Storytelling im Vordergrund steht. In den Virals steht jeweils der Mixer (als Held) im Mittelpunkt einer Geschichte. Auf reines Produktmarketing wird dabei verzichtet. Stattdessen werden in den „Will It Blend"-Youtube-Videos Smartphones, Tablets und andere Gadgets zerstört. Das trifft in seiner klaren Sprache und Unterhaltsamkeit weltweit auf viel positive Resonanz und liegt in seiner werblichen Inszenierung auf der Grenze zwischen Werbung und Content-Marketing — ist aber letztlich eine klassische Viral-Kampagne. Besonders gelungen war hier das Zusammenspiel zweier Testimonials in einem Youtube-Video, als Old Spice während seiner großen Social-Media-Kampagne „Opfer" des Mixers wurde. In dem Viral von 2010 trifft Tom Dickson, Gründer des Mixer-Herstellers Blendtec, auf den damals erfolgreichen neuen Viral-Marketing-Hit Old Spice in Persona des Old-Spice-Guys und will diesen vernichten (Old Spice 2010).

Im Unterschied zur Content-Beraterin Miriam Löffler, die in ihrem Buch „Think Content!" nicht glaubt, dass eine scharfe Abgrenzung des Content-Marketings gegenüber anderen Disziplinen der Online-Kommunikationsbranche möglich ist, halten wir genau das für sinnvoll, damit es nicht zu einer Verwässerung der beiden Disziplinen kommt und beide ihre Kraft behalten. Trotzdem müssen beide natürlich intelligent miteinander vernetzt werden. Oft werden heutzutage Markenkampagnen durch Content-Marketing unterstützt. *„Primäre Herausforderung eines erfolgreichen Content-Marketings ist es, die richtige Verpackung und den passenden Vertriebs-*

Das Content-Marketing

kanal zu bestimmen, damit ihre Zielgruppe im Web auf ihre Angebote aufmerksam wird", meint die Münchner Autorin völlig zu Recht. *„Das erfordert bisweilen Mut zu Trial and Error"* (Löffler 2014). Die Form ist entscheidend, um die Wirkung aus sich selbst heraus entfalten zu können. Die Abgrenzung zur Werbung ist wichtig, damit Kunden nicht enttäuscht werden. Es kommt auf das Content-Format und dessen Funktion an. Was ist der Zweck? Wem soll der Inhalt helfen? Oder soll es unterhalten, um das Image aufzuladen?

Werbe- und verkaufsorientierter Content irritiert

Beim Content-Marketing geht es immer um die Frage, wie eine Marke die eigenen Informationen so antriggern kann, dass es Interesse bei potenziellen Kunden erzeugt und diese anzieht (Pull-Marketing). Dabei werden die Kunden im Erstkontakt bei dieser Form des Inbound-Marketings nicht mehr über Werbung angesprochen, sondern über gute Inhalte angezogen. Dazu wird im Inbound-Marketing unter anderem auf Suchmaschinenmarketing, Social Media Marketing, Content-Produktion, Blogging, PR, E-Mail-Marketing, Web-Analyse und CRM gesetzt. Es gibt unterschiedliche Definitionen des Inbound-Marketings. In der Regel wird das Content-Marketing dabei als Teil des Inbound-Marketings betrachtet. Der Content dient dazu, die Customer Journey und die individuellen Kundenbedürfnisse zu berücksichtigen, um dadurch bessere Absatz- und Ergebnisziele zu erreichen.

Hochwertige Inhalte alleine reichen oftmals nicht aus, um Kunden anzulocken. Sie müssen durch eine Content-Vermarktung unterstützt werden (vgl. Kapitel 6.7). Doch die Qualität der Information trägt dazu bei, Vertrauen und Glaubwürdigkeit zu erzeugen. Je mehr Reputation ein Unternehmen als Inhalteanbieter — viele sprechen hier von „Unternehmen als Medium" — aufgebaut hat, desto eher werden Stakeholder auf deren Bloginhalte, Videos, Webinare, Fachinformationen etc. positiv reagieren. Wenn sich die Leser oder Video-Seher auf den Absender verlassen können, schöpfen sie Vertrauen. Wer jedoch über Product Placement versucht, dem Kunden etwas zu verkaufen, verliert schnell wieder an Glaubwürdigkeit. Der größte Feind des Content-Marketings ist die konventionelle und ungezügelte Werbung, die Inhalte verwässert und ihnen den Charme der Authentizität nimmt, weil eine versteckte Agenda den Content vergiftet. Stakeholder merken schnell, wenn eine Markenbotschaft auf den Verkauf abzielt oder etwas suggerieren soll. Aus diesem Grund ist es immer empfehlenswert, deutlich auf den Absender des Contents zu verweisen. Eine Marke sollte sich nicht verstecken, wenn in ihrem Namen eine Geschichte erzählt wird. Ihre Stakeholder erwarten, dass Sie mit offenen Karten spielen.

6 Content als emotionaler Trigger durch Storytelling

Gute Werbung und Storytelling gehören zunächst einmal gar nicht unbedingt zusammen. Das bestätigt Petra Sammer, Chief Creative Officer bei Ketchum Pleon: *„Storytelling hat viel mit Literatur und Scriptwriting zu tun. Werbung unterstützt den Abverkauf von Produkten. Man kann beides kombinieren, muss man aber nicht."* Sales- und werbliche Inhalte zerstören schnell den Charme des Content-Marketings und nehmen ihm seine Wirkungskraft, wenn die Inhalte zu sehr den Vertrieb oder das Image unterstützen sollen. Je stärker ein Format auf den Verkauf getrimmt wird, desto weniger erfüllt er seinen Content-Marketing-Zweck für die Marke. Viele informierende und unterhaltsame Informationen im Text-, Video- oder Bildformat bieten großes Potential, einen Kunden in der Customer Journey zu erreichen. Jedoch müssen die Content-Stücke zunächst als vertrauensbildende Maßnahmen betrachtet werden, bevor es möglich ist, darüber tatsächliche Sales-Prozesse auszulösen. Leider versuchen viele Marketing- und Vertriebsverantwortliche, ihre bisherigen Kampagnen auf die Social-Media-Kanäle zu übertragen und scheitern damit grandios. Wer einfach nur seine alten und neuen TV-Spots auf Youtube stellt, betreibt noch kein Content-Marketing, sondern versucht nur, zu günstigen Konditionen Kampagneninhalte ohne große Anpassungen in die neue digitale Umgebung zu drücken. Das funktioniert in der Regel nicht. Es gibt natürlich einige Virals, die auf allen Kanälen erfolgreich laufen und weiterempfohlen werden, aber das sind eher Zufallserfolge und entspricht nicht dem Content-Marketing, wie wir es verstehen.

Das Wesen des Storytellings im Content-Marketing

Eine gute Geschichte arbeitet mit handelnden Personen oder Produkten, die im Mittelpunkt des Geschehens stehen. Mit diesen „Helden" müssen wir uns identifizieren können, wenn sie uns emotional erreichen sollen. In der Regel wird ein Held von einigen Helfern begleitet, die ihn auf dem Weg der Handlung unterstützen. Spannung wird dadurch erzeugt, dass der Weg kein einfacher ist, sondern der Held auf Gegner (Menschen, Situationen) stößt, die ihn an der Bewältigung einer Aufgabe hindern wollen. Beim Storytelling wird dieser dramaturgische Spannungsbogen oft als Heldenreise bezeichnet. Im Laufe der Geschichte löst der Held trotz einiger Rückschläge seine Aufgaben erfolgreich und gelangt zum Happy End. Das Storytelling bringt uns dabei auf anschauliche Art und Weise nahe, wofür ein Unternehmen steht und bleibt in der Erzählung nicht an der Oberfläche.

„Man kann zu so vielen Projekten sagen ‚das ist eine gute Story'", meint Petra Sammer. *„Für mich ist ‚Storytelling' als narratives Konzept definiert, das sich klar zunächst vom üblichen Marketing und Public Relations unterscheidet. Gute Geschichten haben eine zentrale Hauptfigur. In der Regel spricht die PR aber allgemein über ‚Zielgruppen' und*

greift nicht exemplarisch eine einzelne Person oder ein einzelnes Schicksal heraus. Jede gute Geschichte beginnt mit einem Konflikt. Wir sehen uns in einem guten Kinofilm 100 Minuten einen spannenden Konflikt an. Und erst am Ende kommt eine überraschende Lösung. Wir sehen uns auf keinen Fall 100 Minuten Lösung an. Das ist langweilig. Oft arbeitet aber Public Relations genau so: Sie stellt die Lösung zentral in den Mittelpunkt der Kommunikation. Das mag für viele Kommunikationsaufgaben richtig sein, ist aber kein Storytelling, wie ich es verstehe." Storytelling ist für eine Marke eine authentische Möglichkeit, sich gegenüber den Kunden zu präsentieren. Über Storytelling können Marken die eigene Awareness verbessern. Ist der Inhalt jedoch schlecht, wirkt der Content manchmal wie „Nontent" — so nennt ihn der Speaker Barry Feldman und beschreibt damit das Phänomen nutzloser Inhalte, die ständig auf zahllosen Plattformen mit uns geteilt werden. Dazu zählen schlechte Präsentationen, unsinnige Listen, irrelevante Blogbeiträge und vieles mehr, was uns keinen wirklichen Mehrwert schenkt. Andere sprechen in diesem Zusammenhang von „Cat Content".

Mit der richtigen Content-Marketing-Strategie reagieren

Leider kommen die Websites und Corporate Blogs von Unternehmen oft deshalb nicht wirklich gut an, weil sie zu wenig auf Storytelling-Elementen basieren und eher langweilig wirken. Klassische Websites bieten uns in der Regel wenig überzeugende Geschichten, sondern informieren uns sachlich über eine Marke. Damit bilden sie die verschiedenen Bereiche eines Unternehmens ab, zeigen, wofür es steht, was es anbietet und wer die Ansprechpartner sind. Die Website ist oft nicht mehr als eine digitale Visitenkarte, die den gesamten Content einer Organisation an einer Stelle zusammenführt. Dabei wurde in den vergangenen Jahren häufig vergessen, dass niemand sich wirklich von einer solchen statischen Website angezogen fühlt — weil die Geschichte fehlt.

Wenn es aber keine Geschichte gibt, die mir als Onliner einen Anknüpfungspunkt bietet, erhalte ich keinen Anreiz, diese Website zu besuchen und einzelne Content-Stücke weiterzuempfehlen. Es fehlt oftmals jeglicher Trigger. Dennoch halten viele Entscheider ihre Websites für das digitale Zentrum der Welt und wollen mit den Inhalten, die sie dort platzieren, wahrgenommen und gefunden werden. Oftmals haben sie jedoch das Zuhören vergessen und kennen die wahren Bedürfnisse ihrer Stakeholder nicht mehr. Dementsprechend selbstverliebt wirken manche Websites. Dabei ist es inzwischen sehr einfach geworden, die Bedürfnisse der Leserschaft herauszufinden. Wer seine Website analysiert und Controlling betreibt, sollte wissen, welche Inhalte abgerufen werden und welche nicht funktionieren. Die Gründe können vielfältig sein. Vielleicht liegt es an der komplexen Navigation,

6 Content als emotionaler Trigger durch Storytelling

wenn ein Content-Stück keine Pageviews erhält. Vielleicht interessiert niemanden, wie Sie Ihre Marke umfassend darstellen, weil Sie nicht die Sprache Ihrer Kunden sprechen oder deren Bedürfnisse falsch einschätzen. Eine umfassende Content-Analyse, wie wir Sie Ihnen im Kapitel 4 präsentiert haben, sollte hierbei Abhilfe schaffen. Dadurch erfahren Sie, woran Sie mit Ihrer bisherigen Content-Strategie sind, und können darauf aufbauen.

Falls Sie Facebook-Mitglied sind, werden Sie sich oftmals wundern, welche Inhalte Ihnen dort präsentiert werden. Sie erhalten einen Newsstream, der annähernd Ihren Wünschen oder Ihrem Like-Verhalten entspricht und dieses aufgrund des Facebook-Algorithmus abbildet. Oft müssen wir uns hierbei eingestehen, dass wir eben nicht nur harte Fakten wollen, sondern lieber Fotos unserer Bekannten liken und uns mit Freunden und Bekannten verbinden, um Anteil an deren Lebenswirklichkeit zu nehmen. Wir mögen lieber Geschichten, die uns an unser eigenes Leben erinnern und uns emotional ansprechen. Legt man diese Präferenzen zugrunde, empfangen die meisten Facebook-Mitglieder nur Soft-News. Wenn uns das nicht gefallen würde, könnten wir einfach nur noch konsequente harte Nachrichtenquellen liken. Das hätte direkte Auswirkungen auf unseren Newsstream, hat aber nur wenig mit unserer Facebook-Wirklichkeit zu tun. Echte Nachrichten lesen dort nur wenige. Laut einer Pew-Studie von 2013 lesen weniger als die Hälfte überhaupt „Nachrichten" auf Facebook. Nur zehn Prozent davon besuchen Facebook mit dem Ziel, sich über aktuelle Nachrichten zu informieren. Der Rest wird mit aktuellen Meldungen eher zufällig konfrontiert, während er sich lieber Bilder von Babys und Hochzeiten ansieht und diese mit „Gefällt mir" markiert. Die ersten Unternehmen haben auf die Bedürfnisse der Onliner reagiert und verändern ihre Content-Marketing-Strategie, indem sie ihre Erzählungen an die Kundenbedürfnisse anpassen. Erfolgreiche Marken im Storytelling wie Coca Cola, Lufthansa oder Red Bull nutzen immer häufiger Social Networks, in denen sie die Kunden direkt erreichen, kennenlernen und animieren können.

Das Storytelling, wie wir es heute brauchen, findet auf mehreren Kanälen und Plattformen statt, oft sogar in Echtzeit. Das erfordert ein enormes Anpassungsvermögen, Reaktionsfreudigkeit und Kreativität. Es müssen ausreichende Kapazitäten und Zeit zur Verfügung stehen, nicht nur um Content zu produzieren, sondern auch um aufmerksam Interaktionen zu verfolgen, das Verhalten der Community zu analysieren und ihr Feedback zu interpretieren. „Wir brauchen nicht nur eine Content-Strategie, sondern auch eine Strategie des Zuhörens", betont deshalb der Kommunikations- und Medienwissenschaftler Professor Ansgar Zerfaß.

> **BEISPIEL**
>
> Die Allianz Deutschland AG bringt ihr Kundenmagazin „1890" seit 2012 quartalsweise als Printprodukt, als App für Tabloids und Smartphones sowie auf einer eigenen Website heraus. Darin erzählt die Versicherung Geschichten, die nur im allerweitesten Sinne mit dem eigenen Geschäftsfeld Sicherheit zu tun haben. Renommierte freie Journalisten verfassen die Texte. In dieses Corporate Publishing investiert die Allianz viel Geld. So meint Markus Walter, der als Online-Redakteur und Social Media Communicator in der Unternehmenskommunikation der Allianz arbeitet: *„Diese Inhalte sind alles andere als billig, sondern müssen ihrer hohen Qualität entsprechend vergütet werden und bedingen einen hohen Planungsaufwand. Der Wert dieser Form des Storytellings wird auch zunehmend erkannt und anerkannt: Mit einem festen ‚1890'-Format, der ‚Schadenakte', in der Versicherungsspezialisten etwa die Zerstörungen im ‚Hobbit'-Film oder die Schäden beim Computerspiel ‚Grand Theft Auto' in Euro und Cent berechnen, erzielen wir regelmäßig ein breites Presseecho. Das sind Inhalte, bei denen bereits in der Konzeption so stark die Vermarktbarkeit bzw. ‚Interessanz' mitbedacht wurde, dass sie quasi zum Content-Marketing-Selbstläufer werden."* Diese Geschichten nutzt die Versicherung sehr gut in der crossmedialen Vermarktung auch auf den Social-Media-Kanälen.

Storytelling in Social Media

Wer bereits bei der Content Creation an die crossmediale Nutzung der Inhalte denkt, ist gut darauf vorbereitet, profitiert im Content-Marketing davon und kann Storytelling in allen Facetten in Social Media nutzen. So können Sie Ihren Content sehr gut über Twitter und Facebook anpreisen, indem Sie jeweils passende Teaser publizieren. Twitter ist ein großartiges Testgelände, um die eigenen Storytelling-Fähigkeiten zu verbessern. Es ist nicht leicht, auf nur 140 Zeichen unterhaltsam zu sein, andere zu amüsieren oder zu berühren. Kurz und präzise zu formulieren ist eine Herausforderung, genauso schwierig ist es, immer richtig auf Kundenanfragen zu reagieren. Dafür hat Twitter aber den Vorteil, dass man sofort Feedback erhält und Fehler korrigieren kann. Wenn Ihre Tweets ins Schwarze treffen, werden Ihre Follower diese favorisieren, retweeten und darauf antworten. Es spricht nichts dagegen, einen Tweet mehrfach zu veröffentlichen. Allerdings sollten Sie bei der Content Curation eigener Inhalte immer den gleichen Wortlaut vermeiden. Stattdessen können Sie unterschiedliche inhaltliche Varianten eines Tweets ausprobieren und dadurch herausfinden, welche Worte am besten funktionieren. Am Ende werden Sie so auch immer mehr Follower gewinnen.

6 Content als emotionaler Trigger durch Storytelling

Im Storytelling geht es um die richtige Vorgehensweise und die Choreographie. So können Sie mit den unterschiedlichsten Content-Formaten Ihr Publikum erreichen. 140 Zeichen auf Twitter, Bilder auf Pinterest oder lange Blogartikel schaffen eine Kundenerfahrung. Wenn das Storytelling zu den Bedürfnissen Ihrer Stakeholder passt, werden diese darauf reagieren und es weiterempfehlen. Storytelling innerhalb einer Community ist zudem eine schöne Sache. Mit einem Facebook-Posting laden wir unsere Kontakte dazu ein, zu kommentieren, zu diskutieren und mit uns zusammenzuarbeiten. Sie werden Teil einer gemeinsamen Geschichte. Anekdoten werden durch zusätzliche Meinungen von Freunden oder Followern nur noch unterhaltsamer. So wachsen Geschichten und Communities. Im Idealfall tragen Ihre Stakeholder die Geschichten weiter und interagieren damit.

Aus Markensicht macht das Storytelling ein Unternehmen menschlicher. Darüber erlaubt es seinen Mitarbeitern eine Beziehung zu ihren Stakeholdern aufzubauen. Allerdings müssen Sie dafür transparent mit Ihren Themen sein, direkt reagieren und leicht über viele Plattformen erreichbar sein. Wer das leistet, profitiert von seiner Performance. Nur so sind der mittlerweile berühmte Oreo-Tweet vom Super Bowl 2013 und seine zigtausenden Retweets erklärbar. Die positiven Reaktionen hätte es nie gegeben, wenn das Social-Media-Team von Oreo seine Tweets im Vorhinein festgelegt, terminiert und automatisiert hätte. Wer schnell und adäquat seinen Teil zur Geschichte hinzufügt, profitiert von der Übernahme aktueller Ereignisse – dem sogenannten Newsjacking oder auch Agenda Surfing (vgl. Kapitel 6.4).

▶ **BEISPIEL**

Nachdem Gray Powell, ein Apple-Entwickler, in einer Bar in Kalifornien einen damals streng geheimen iPhone-Prototypen verloren hatte, sorgte er damit im April 2010 weltweit für Schlagzeilen. Der 27-Jährige hatte auf Facebook zugegeben, unterschätzt zu haben, wie gut deutsches Bier sei. Die Apple-Fangemeinde wartete auf das neue Gadget sehr gespannt und verbreitete die Information über den Prototypen rasend schnell im Netz. Sehr geschickt nutzte die Deutsche Lufthansa diesen viralen Effekt für ihr eigenes Social-Media-Marketing. Nicola Lange, US-Marketing-Direktorin der Lufthansa, verfasste am 21. April einen offenen Brief an Powell und verbreitete ihn mit einem Link über den Twitter-Account @Lufthansa_USA. Darin schrieb sie voller Verständnis:
„Kürzlich las ich in den Nachrichten, dass Sie ein sehr wichtiges Telefon in einer deutschen Bierbar in Kalifornien verloren haben. Wir wissen alle, wie frustrierend es sein kann, Eigentum zu verlieren. Vor allem, wenn es sich um so besonderes handelt. Bei der Lufthansa haben wir außerdem gemerkt, dass Sie ein großes Interesse für deutsches Bier und die deutsche Kultur haben. Wir dachten uns, dass Sie eine Pause nötig haben. Daher würden wir Ihnen gerne einen kostenlosen Business-Class-Flug nach München anbieten."

Das Content-Marketing

Dort könne Powell die neue „Bavarian Beer Garden Business Lounge" der Lufthansa testen. Am besten solle er dazu das Team der Fluggesellschaft über den angegebenen Twitter-Account ansprechen. Diese ungewöhnliche Einladung erzielte eine enorme mediale Wirkung. Sie wurde via Twitter innerhalb von kürzester Zeit mehr als 110.000 Mal aufgenommen und kommentiert. Für die Lufthansa-Managerin Lange lag die Twitter-Botschaft auf der Hand: *„Ein idealer Kanal, um Nachrichten schnell zu verbreiten und kommentieren zu lassen."* Sie hatte einfach den richtigen Moment mit einer guten Idee abgepasst, die Gelegenheit beim Schopf gepackt und für eine intelligente Kommunikationsaktion (Newsjacking) genutzt.

So war es auch bei dem berühmten Selfie von Ellen DeGeneres bei der Oscar-Verleihung 2014: Die Moderatorin bekam in kürzester Zeit mehr als 2,5 Millionen Retweets für ihre inszenierte Aktion mit einem Galaxy-Handy des Hauptsponsors Samsung.

Abb 6.1 Selfie von Ellen DeGeneres
https://twitter.com/TheEllenShow/status/440322224407314432

6 Content als emotionaler Trigger durch Storytelling

Storytelling und Content-Marketing setzen sich durch

Immer mehr Unternehmen haben den Trend zum Content-Marketing erkannt und bieten Inhalte auf ihren Corporate Blogs oder Magazinen an, in denen nicht mehr die Produkte und eigene Unternehmensleistungen im Vordergrund stehen.

> **BEISPIEL**
>
> So hat die Haarkosmetik-Firma Schwarzkopf den Fokus ihrer Website bereits 2011 komplett überarbeitet und auf das Interesse ihrer Kunden an Haarpflege, Stylingtipps und Lifestyle ausgerichtet, weil das Unternehmen gemerkt hat, dass die Kunden gar nicht nach ihren Produkten suchen, sondern nach Lösungen für ihre Probleme. Die Markenprodukte treten deshalb in den Hintergrund. Stattdessen konzentriert sich Schwarzkopf auf das Branding seiner Unternehmensmarke und verbessert seine Reputationswerte durch eine Lösungsorientierung, an die sich Kunden, die ihre Frage auf der Plattform beantwortet bekommen, erinnern werden, wenn sie sich für ein Produkt entscheiden. Diese bietet Henkel inzwischen in Form von Geschichten auf der Schwarzkopf-Website an: Besucher erhalten Tipps zu den Trendlooks, erfahren, was die besten Fußballerfrisuren sind und gehen auf „Haarmythen" ein. Das macht neugierig und hat die Zugriffe auf dem Webangebot ohne zusätzliche Werbekampagnen enorm verbessert.

So ein Vorgehen ist Erfolg versprechend, das meint auch die Wiener Beraterin Judith Denkmayr, Digital Affairs: *„Content-Marketing bedeutet für mich, über nützliche Inhalte das Interesse von potenziellen Kunden/Stakeholdern zu wecken. Dabei wird also nicht konkret für ein Produkt geworben, wie in der klassischen (Display)-Werbung, sondern ein Mehrwert für den User durch Inhalte geschaffen und so eine Vertrauensbeziehung aufgebaut."* Wie Storytelling sehr unterhaltsam sein kann, zeigt das Unternehmen Manufactum auf seiner Website. So meint Udo Butschinek: *„Wenn die Manufactum-Leute lang und breit erzählen, wie genau ein Apfelmus hergestellt wird und es beschreiben wie einen Wein, möchte man das Apfelmus am liebsten direkt vom Bildschirm lecken. Das ist brillantes Storytelling."* Manchmal sind es ganz alltägliche Dinge, bei denen uns Marken helfen und dadurch unsere Sympathie gewinnen können. Das schafft Bellroy mit einer Website, auf der das Unternehmen erläutert, wie wir unsere Geldbörse besser in die Hosentasche bringen. Unter http://bellroy.com/pages/slim-your-wallet wird in einem visuellen How-to-do-Ansatz gezeigt, woran es liegt und wie wir das Portemonnaie künftig besser packen können. Am Ende der unterhaltsamen Geschichte können wir es uns sogar vorstellen, eine Bellroy-Geldbörse zu kaufen. Außerdem macht dieses Beispiel deutlich, dass es auf jeden einzelnen Content ankommen kann.

Abb 6.2 Bellroy: Slim Your Wallet
http://bellroy.com/pages/slim-your-wallet

Die Deutsche Bahn hat genauso wie die Deutsche Telekom eine Kunden-helfen-Kunden-Aktion gestartet, über die ihre Kunden Fragen stellen können und sehr zeitnah relevante Antworten erhalten. Die Plattformen verfügen über einen enormen Wissensschatz: das Know-how von Experten und vor allem der Kunden. Haben diese ihre Beschwerden vorher auf Fremdplattformen wie Ciao veröffentlicht, können sie dieses jetzt direkt bei der Bahn oder der Telekom tun.

Die Coca-Cola-Journey

Was nützen einer Marke gute Inhalte, wenn diese von niemandem wahrgenommen werden? Einige Marken wie Coca-Cola haben daraus ihre Konsequenzen gezogen. Sie halten Content zwar für wichtig, beschäftigen sich aber eher mit der Frage, wie sie ihren Content am besten distribuieren können. So heißt es bei Coca-Cola: *„Um guten Content zu produzieren, müssen sowohl die Idee als auch die Production Values den Konsumenten überzeugen. In unserer heutigen digitalen, dialogisch ausgerichteten Medienlandschaft braucht es dazu eine geeignete Mediastrategie, die den Konsumenten die Inhalte auch wirklich zuführt."*

Coca-Cola erzählt Geschichten im Grunde seit dem Tag, an dem der Apotheker John S. Pemberton dieses Getränk erstmals zusammengemixt hat. Das war 1886

6 Content als emotionaler Trigger durch Storytelling

— und bis heute ist das Storytelling ein wesentlicher Baustein des Erfolgs und die Basis für den Mythos Coca-Cola sowie die unzähligen Geschichten, die sich um die Marke ranken. Der Brauseherstellter verfolgt seit einigen Jahren eine Content-Marketing-Strategie, die auch als „Liquid and Linked" bekannt ist. In seiner Kommunikationsplanung setzt er deshalb nicht nur auf das klassische Paid Media, sondern macht sich schon früh in der Kampagnenentwicklung Gedanken darüber, wie eine breite Distribution von Inhalten auch über Social Media Shares zu erreichen ist. Coca-Cola will den User Generated Content einbinden und auf möglichst vielen Kanälen vernetzen. Dazu meint der CEO Muhtar Kent: „*The focus used to be creating positive consumer impressions. Now it's creating positive consumer expressions.*"

Content Marketing wird nicht als Verkaufsförderung betrachtet. Es gilt eher als imagebildend. Am Ende ist jedoch der Kommunikationsmix entscheidend für den Erfolg des Unternehmens. Bei Coca-Cola halten die Kommunikationsmaßnahmen in der Regel immer die Balance aus markenbildenden und verkaufsfördernden Elementen. Dabei war es Coca-Cola klar, dass niemand auf ihre Unternehmens-Website kommt, um sich eine Selbstdarstellung und die Markenbotschaft anzuschauen.

Abb 6.3 Coca Cola Journey
http://www.coca-cola-deutschland.de/

Das Content-Marketing

Seit April 2013 ist Journey der Unternehmensauftritt von Coca-Cola in Deutschland: Die vorherige Corporate Website wurde durch ein Online-Magazin abgelöst, in dem man nebenbei etwas über die Markenselbstdarstellung erfährt. Journey ist der digitale Hub des Unternehmens und die Storytelling-Plattform schlechthin. Während auf der alten Website Storytelling so gut wie gar nicht stattfand, besteht Coca-Cola-Journey zu einem Großteil aus redaktionellen Inhalten. Damit will die Marke einen transparenten, authentischen, glaubwürdigen Blick auf sein Unternehmen in seiner ganzen Vielfalt bieten und Vertrauen aufbauen. Coca-Cola will über sein Magazin Nähe schaffen, Kritiker zur Kommunikation einladen und Fans für seine Marke gewinnen. Durch den neuen Ansatz kann die Marke sehr viel direkter auf aktuelle Themen und Krisen reagieren und den unmittelbaren Dialog mit seinen Stakeholdern führen. Journey geht über die eigenen Markenthemen hinaus. Es werden generische Themen aufgegriffen, die zu den Werten und Überzeugungen des Unternehmens passen. Deshalb finden sich auf der Website Themen wie Lebensfreude, Sport und Bewegung, Musik oder Nachhaltigkeit. Patrick Kammerer, PR-Chef bei Coca-Cola Deutschland, ließ via Pressemitteilung wissen: *„Wir möchten die Nutzer inspirieren, mit uns und untereinander zu diskutieren und die Themen in den sozialen Medien zu teilen."*

Mit den Ergebnisse des Storytelling-Ansatzes ist Coca-Cola sehr zufrieden: Nach eigenen Angaben konnte der Konzern die Anzahl der Besucher auf der Website um bis zu 30 Prozent steigern und die Verweildauer, Anzahl der Seitenaufrufe oder Relevanz bei Google-Suchanfragen verbessern. In den USA wurde die Coca-Cola-Journey bereits Ende 2012 gelauncht. Bis April 2014 wurden auf der Plattform des Brauseherstellers rund 1.200 Artikel publiziert, die 13,1 Millionen Besucher anlockten. Anfangs setzte Coca-Cola auf hochwertige Inhalte, doch sehr bald stellte sich heraus, dass die Leser lieber unterhaltsame Geschichten von der Marke erwarten. Die meisten Besucher sind zwischen 18 und 25 Jahre alt, auf diese jungen Konsumenten ist Journey ausgerichtet. In dem Team der Content-Verantwortlichen gibt es unter anderem TV-Journalisten, Social-Media-Redakteure, Grafiker und Analysten. Außerdem wird es von zahlreichen freien Autoren und Fotografen unterstützt. Eine enge Verzahnung mit den anderen Online-Aktivitäten von Coca-Cola sowie den Social Networks wie Facebook und Twitter ermöglicht die Distribution der Inhalte an Fans und Follower. So werden die einzelnen Artikel des englischsprachigen Auftritts im Durchschnitt 238-mal auf Facebook, 103-mal auf LinkedIn und 42-mal auf Twitter geteilt.

6 Content als emotionaler Trigger durch Storytelling

Bosch will nicht Held, sondern Kumpel sein

Bosch hat eine Content-Strategie, die sowohl auf B2B als auch auf B2C ausgerichtet ist. Dabei spielt das Storytelling eine sehr wichtige Rolle: Es soll die unterschiedlichen Produktbereiche, Länderangebote und digitalen Plattformen miteinander verbinden. Hierbei ließ sich das Technologie- und Dienstleistungsunternehmen von Online Games inspirieren, erklärt Michael Schmidtke, Director Digital Communication bei Bosch: *„Wir haben von Games gelernt, bei denen die Spieler immer in permanenten ‚Loops' sind, um von einem auf das nächste Level zu gelangen. Unser Storytelling legen wir ebenfalls so offen an, dass unsere Stakeholder über verschiedene ‚Storyloops' auf unterschiedliche Ebenen gelangen können."* Dabei kann jeder selbst zum Storyteller werden, seinen Beitrag hinzufügen und diesen selbst weiterentwickeln. *„Bosch ist der Kumpel, nicht der Held"*, so Schmidtke.

Abb 6.4 Bosch World Experience

Bei der Bosch World Experience haben sich über 50.000 Menschen beworben, um als einer von sechs „Bosch Explorern" auf eine Weltreise zu gehen und Bosch-Projekte zu besuchen. Die Explorer haben im Sommer 2014 ihre persönlichen Reiseeindrücke auf drei Kontinenten festgehalten und mit anderen via Twitter, Blogs und vielen weiteren Social Media Tools geteilt. In einer „Blogumentary" hat Bosch diese Geschichten aggregiert und sie mit den Bosch-Angeboten der jeweiligen Produktbereiche in den Ländern verbunden. Von dem Erfolg solcher Aktionen

Das Content-Marketing

ist Schmidtke überzeugt: „Mit solchen Formen des offenen Storytellings und Social Media-Engagements haben wir bereits vor der Bosch World Experience sehr positive praktische Erfahrungen gemacht."

Curved

Mit der E-Plus-Gruppe hat sich ein weiteres Unternehmen ein wenig von der reinen Produktorientierung verabschiedet. Sie hat mit Curved ein Online-Magazin über den digitalen mobilen Lifestyle gestartet. Es berichtet seit der Consumer Electronics Show in Las Vegas Anfang 2014 über neue Trends und Innovationen im Digitalen. Je erfolgreicher die eigenständige Plattform ist, desto eher glaubt das Telekommunikationsunternehmen, davon zu profitieren. E-Plus will über Curved seine Reichweite vergrößern und die Aufmerksamkeit auf unterhaltsame und relevante Themen rund um Smartphones, Tablets und sonstige Gadgets lenken. Über dieses Pull-Marketing will das Unternehmen neue Kunden anlocken und die Qualität in der allgemeinen Berichterstattung über Mobiles verbessern.

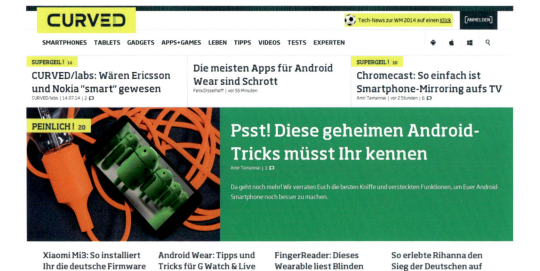

Abb 6.5 Curved
https://curved.de

Content als emotionaler Trigger durch Storytelling

Auf dem Portal ist die Marke E-Plus nicht sofort erkennbar, sie hält sich dezent im Hintergrund. Stattdessen setzt Curved lieber auf die hohe Qualität der journalistischen Texte und hält den Markenbezug eher gering. So wird auf der Plattform genau ausgewertet, welcher Content zur Mobile-Community am besten passt. Letzlich ist Curved ein großes Marktforschungsprojekt, das unter anderem auch dazu dient, die eigenen Kunden und deren Bedürfnisse besser zu verstehen. *„Wir schreiben über Produkte schon, bevor sie den Markt erreicht haben. Dadurch können wir erfahren, ob die Menschen daran Interesse zeigen"*, beschrieb der Curved-Berater Rainer Markussen im Juli 2014 auf dem Content Strategy Forum in Frankfurt das Prinzip. Darüber hinaus könne E-Plus herausfinden, was seine Kunden besonders spannend finden und entsprechend planen. Außerdem will das Unternehmen die Verbindung zu den Kunden stärken, indem es den Service-Bereich von E-Plus in das Portal integriert, damit der Weg zur Marke nicht weit ist.

Inwieweit Curved auf die Marke einzahlt, ist noch nicht absehbar. Bislang setzt E-Plus bewusst auf Understatement, vermutlich um die Glaubwürdigkeit der journalistischen Beiträge nicht zu gefährden. Content-Marketing bedarf jedoch auch einer gewissen Markensichtbarkeit, sonst zahlt es sich nicht wirklich aus. Curved macht mit seinen guten Inhalten vor allem Curved bekannt, ohne seine E-Plus-Herkunft zu verraten. Wenn das Zusammenspiel mit dem Konzern von den Lesern nicht akzeptiert oder falsch als Schleichwerbung verstanden wird, kann diese Art dezenten Content-Marketings der Glaubwürdigkeit einer Marke schaden. Besonders die Produkttests und Kundenservicethemen stellen in dieser Hinsicht eine Herausforderung dar.

Letztlich ist Curved eine Content-Marketing-Plattform, die nach dem Verständnis von E-Plus Marketing-Geld an anderer Stelle einsparen soll. Deshalb setzt Curved bislang nur auf organischen Google-Traffic und hat zumindest bis zur Drucklegung dieses Buchs auf Paid-Media-Budgets verzichtet.

Das Content-Marketing

Weitere Content-Marketing-Beispiele:

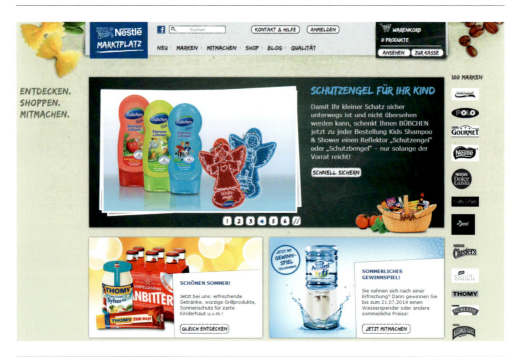

Abb 6.6 Nestlé Marktplatz
http://www.nestle-marktplatz.de

6 Content als emotionaler Trigger durch Storytelling

Abb. 6.7 Blendtecs „Will it Blend"
http://www.willitblend.com/

Das Content-Marketing

Abb. 6.8 Tvino
http://www.tvino.de/25/06/2014/dieter-meier-der-wein-und-seine-leidenschaft

Abb. 6.9 NIVEA Deo Stresstest

6 Content als emotionaler Trigger durch Storytelling

Interactive Storytelling

Online wurde das Storytelling immer weiterentwickelt und bietet dadurch völlig neue Chancen der Kundenbindung. Wie das digitale Storytelling Leser in den Bann ziehen kann, hat die New York Times mit ihrer Reportage „Snow Fall" 2013 hervorragend deutlich gemacht. In dem Text wird mit mehr als 10.000 Wörtern, zahlreichen Bildern und Videos erzählt, was einer Gruppe von Skifahrern im Jahre 2012 bei einer riskanten Ski-Abfahrt passierte. Bereits beim Einstieg in die Erzählung sehen die Besucher tolle — und teuer produzierte — Landschaftsaufnahmen und werden dadurch in einen langen Text hineingezogen, der durch Videos und weitere großformatige Fotos ergänzt wird. Die unterschiedlichen Medienformate werden bei Snow Fall sehr gut gemischt. Dafür erzielte das Projekt eine große Aufmerksamkeit in der Medienwelt und gilt als wichtiger Meilenstein des „New Journalism". Andere Medien nutzen ebenfalls das Konzept des Interactive Storytelling. So setzte der Guardian mit den Reportagen „Firestorm" und „NSA Files: Decoded" einige Geschichten in Szene. In Deutschland setzen vor allem Süddeutsche Zeitung und „Die Zeit" auf diese Art von Long-Form-Content.

Für das Content-Marketing in Unternehmen eröffnen sich durch diese Art des Storytellings fantastische Möglichkeiten, ihre komplexen Inhalte zu einem visuellen Erlebnis zu machen und viele Content-Formate miteinander fließend zu verbinden, ohne dass es den Onliner nervt. Apple setzt das Interactive Storytelling bereits als Ergänzung zu seinen Werbespots ein, um über kleine multimediale Geschichten ihre Produkte geschickt anzupreisen (Apple 2014).

Abb. 6.10 https://www.apple.com/de/your-verse/orchestrating-sound/Apple_Salonen

Das Content-Marketing

Auf der Webseite „Your Verse" kombiniert Apple Texte, Bilder und Videos, um reale Geschichten über außergewöhnliche Situationen zu zeigen, in denen Apple-Kunden ihre iPads nutzen. Die in der Werbekampagne angedeuteten Geschichten werden in einem Online-Magazin weitererzählt und zeigen dadurch sehr deutlich auf, wie gut Werbekampagne und Content-Marketing zusammenspielen können. Für das Content-Marketing nutzt Apple unter anderem Geschichten von Extrembergsteigern, Reisebloggern, einem Bollywood-Choreographen sowie einem Meeresbiologen und einer Rockband aus China. Die einzelnen Personen werden als Testimonials genutzt. Auf einen direkten Dialog mit seinen Kunden legt Apple keinen Wert, ermöglicht aber die Kontaktaufnahme via Social Media zu den präsentierten Helden.

Content-Marketing auf Video

Letztlich sind gute Geschichten immer auch der Aufhänger, um mit den Influencern ins Gespräch zu kommen. Die Deutsche Bank achtet bereits bei der Content-Planung auf die Bedürfnisse ihrer jeweiligen Zielgruppe. Sie identifiziert für ihre jeweiligen Stakeholder die adäquaten Themen und versucht diese gezielt einzubinden. Dabei legt die Bank besonders viel Wert auf die visuelle Kommunikation. Die Deutsche Bank will sich als innovatives Unternehmen und Vorreiter in der Digitalisierung der Gesellschaft präsentieren. Aus diesem Grund produzierte sie in Kooperation mit der Social-Media-Konferenz re:publica sowie dem Online-Magazin http://www.freundevonfreunden.com drei Videos, in denen unter anderem Szene-Protagonisten wie Holm Friebe, Geschäftsführer der Zentralen Intelligenz Agentur in Berlin, sowie Andreas Gebhardt, der Manager der re:publica, vorgestellt und interviewt wurden, ohne über die Marke Deutsche Bank zu sprechen. Die Videos wurden jeweils mehr als 30 — 50.000-fach abgerufen (Deutsche Bank 2014). Mit dem Ergebnis des visuellen Storytellings ist Nico Reinhold, Co-Head Digital Communications, Deutsche Bank, sehr zufrieden: „*Wir sind mit dem Keyword ‚Digitalisierung' bei Youtube und in den Suchmaschinen insgesamt sehr gut gelistet. Durch unser Video Storytelling zur Digitalisierung der Gesellschaft ist es uns gelungen, Aufmerksamkeit für unsere Positionierung im digitalen Umfeld zu erhalten und in diesem Kontext unsere Unternehmensreputation zu verbessern.*" Damit hat es das Finanzinstitut geschafft, die richtigen Influencer aus der Kreativszene zu erreichen. Die Videos werden inzwischen von der Deutschen Bank genutzt, um bei Vorträgen über die Bank der Zukunft zu sprechen. Sie will Startups gegenüber vermitteln, dass das Thema Digitalisierung bei der Deutschen Bank gut aufgehoben ist. Die Reaktionen auf die Content-Marketing-Maßnahmen waren insgesamt positiv.

6 Content als emotionaler Trigger durch Storytelling

Erwartungen im Content-Marketing

Wenn Sie sich online informieren, haben Sie selten eine klare Vorstellung davon, welche Marke Ihre Probleme wirklich befriedigt. Wir geben eher beschreibende Keywords oder Fragen ein und überprüfen in den Suchergebnissen die Übereinstimmung mit unseren Wünschen. Nach einem Produkt suchen wir eher selten. Je passgenauer die Teaser auf unserer Ergebnisseite wirken, desto eher klicken wir auf die Webseite, die uns Google in den Suchergebnissen anzeigt. Von einem Unternehmen erwarten wir dabei nicht unbedingt neutrale Antworten. Sie genießen im Web nur eine geringe Aufmerksamkeit und werden nicht als Erstes aufgesucht, wenn wir uns informieren wollen. Demgegenüber erfahren Fachinhalte von Wissenschaftlern, Journalisten oder sonstige Experten eine höhere Wertschätzung. Ihre Reputation überträgt sich auf die formulierten Inhalte eines Textes oder Videos.

Solange uns als Kunde noch nicht klar ist, welches Konsumentenbedürfnis wir konkret haben und befriedigen wollen, interessieren uns detaillierte Produktinformationen von Unternehmen herzlich wenig. Sie wirken fast störend und im schlimmsten Falle sogar wie Spam. Bevor ich mich für ein bestimmtes Handy begeistern kann, informiere ich mich online über den gesamten Markt und die Performance der einzelnen Geräte. Was ist wirklich neu und erstrebenswert? Wie lang hält der Akku? Wie viel kosten die Smartphones im Durchschnitt?[1] Richard Edelman hält deshalb ein „substantielles Storytelling" für notwendig, um interessante und überraschende Geschichten mit Information zu erzählen. Der Agenturgründer sieht darin eine klare Alternative zu Werbeanzeigen. Damit dieses jedoch gelingt, sollen Marken seiner Ansicht nach folgende Arten von Content veröffentlichen:

1. rationalen Content für den Konsum, weil es nützlich für den Leser ist;
2. emotionalen Content zum Teilen, weil es von menschlichem Interesse ist;
3. gestützten Content durch Daten und Erkenntnisse, weil es faktisch stichhaltig ist.

Edelman will das Denken der Marketiers verändern und sie zu einer journalistischeren Gangart bewegen. Für Petra Sammer, Ketchum Pleon, sind PR-Verantwortliche schon immer Storyteller gewesen. Doch während sie sich in der Vergangenheit vor allem darum bemühten, Journalisten beim Geschichtenerzählen zu unterstützen, geht die moderne PR weiter: Sie nutzt attraktive Themen, um darüber Influencer einzubinden und zu beteiligen: *„Wir müssen Branded Content und Owned Media*

---

[1] Es gibt dafür Preisvergleichsportale wie Ciao, Dooyoo oder Blogger wie Sascha Pallenberg (www.Mobilegeeks.de) und Carsten Knobloch (Caschys Blog) – und neuerdings Curved von E-Plus.

selbstverständlich in der PR nutzen und dafür attraktive, informative und auch emotionalisierende Inhalte schaffen." Letztlich liegt die Herausforderung in der Unternehmenskommunikation nicht mehr allein darin, die Möglichkeiten des Content-Marketings und des Storytellings zu nutzen, sondern dabei relevant genug zu sein, um die Menschen wirklich zu erreichen. Gerade im alltäglichen Information Overload, dem wir auf vielen Ebenen ausgesetzt sind, ist es leicht, in einen Content-Schock zu geraten (vgl. Kapitel 6.3).

Wer in der Social-Media-Kommunikation seine Kunden erreichen will, kann es sich längst nicht mehr leisten, nur auf Gewinnspiele zu setzen und die eigenen Produkte vorzustellen. Es geht darum, spannende und originäre Geschichten auf völlig neue Art zu erzählen, die dabei den Bedürfnissen der Kunden gerecht werden und diese zur Weiterempfehlung verführen. Auf diese Weise laden Sie die Kunden ein, sich auf Ihre Marke einzulassen. Das wird auch als narrative Markenführung bezeichnet.

6.2 Die Rolle von Social Media in der klassischen Customer Journey

Wenn Sie relevanten Content online veröffentlicht haben und Menschen darauf klicken, dann kaufen sie in der Regel noch lange nicht.[2] Der Kaufprozess ist wesentlich komplexer, als es die klassische Customer Journey vorgibt. Es wäre schön, wenn man in einen Trichter nur ein wenig Inhalt einzufüllen bräuchte und am Ende käme die Kundenbeziehung heraus. Solche Marketier-Fantasien (gerne bei leadfixierten Vertriebsmitarbeitern zu finden) halten am Markt nicht stand.

Aus Sicht des Marketings definiert die Customer Journey die Serie aller Touchpoints eines Kunden mit einer Marke So bezieht ein Konsument vor der Kaufentscheidung zahlreiche Informationen zum Beispiel über Werbung, Websites, Foren, Blogs und Facebook. Je mehr ein Unternehmen darüber in Erfahrung bringt, desto eher kann

---

[2] Wie man online mit guten Inhalten verkaufen kann und sich dabei als Persönlichkeit einbringt, zeigt Gary Vaynerchuk, der das Verkaufen von Wein weltweit revolutioniert hat (garyvaynerchuk.com). In seinen Büchern erklärt der Weinblogger, wie das Social Selling in einer „Thank You Economy" funktionieren kann. In Deutschland verfolgt der Master-Sommelier Hendrik Thoma mit seinem Videoblog „Wein am Limit" ein vergleichbares Konzept (weinamlimit.de). Zuvor arbeitete Thoma unter anderem auch für Tvino mit der Sommelière Stephanie Döring, der Shop startete im August 2009 (Tvino.de). Beide stellen in ihren Videoblogs unterhaltsam Weine vor und kommunizieren mit ihren Fans, Gästen und Followern auf ihren jeweiligen Social-Media-Präsenzen. Damit sind sie hierzulande ein gutes Beispiel für gelungenes Content-Marketing im Netz.

6 Die Rolle von Social Media in der klassischen Customer Journey

es Streuverluste bei seiner Kundenansprache vermeiden. Häufig wird die Customer Journey in fünf Phasen unterteilt: In der ersten Phase erfährt der Kunde vom Produkt. In der zweiten Phase wird seine Präferenz für das Angebot gesteigert, sodass er in Phase drei den Kauf des Produkts erwägt. Das führt in der vierten Phase zur konkreten Kaufabsicht, die abschließend in der Phase 5 realisiert wird. In der Praxis erweist sich das Trichtermodell jedoch als viel zu unflexibel. Einige Experten behaupten, dass das Funnel-Modell tot ist, weil es zu altmodisch sei und die heutigen digitalen Bedingungen nicht mehr berücksichtige.

Besonders vor dem Kauf einer Marke kommt es darauf an, Kunden mit dem jeweils passenden Content anzuziehen. Hierbei zählt nicht so sehr, selbst den Content zu produzieren und zu veröffentlichen. Geschickt ist es, wenn es Markenbotschafter gibt, die aufgrund guter Kundenerfahrungen bereit sind, unabhängig darüber zu berichten. Solche Kundenempfehlungen genießen eine viel höhere Glaubwürdigkeit als jede Reklame oder jeder selbst produzierte Content. In der Aufmerksamkeitsökonomie teilen viele Kunden ihre Erfahrungen mit ihrem jeweiligen Netzwerk. Schon beim Auspacken neuer Gadgets („Unboxing") entstehen die ersten Fotos, die oftmals auf Facebook gepostet werden. Kunden berichten dabei über ihre allerersten, originären Erfahrungen mit einem Produkt und lassen ihr Netzwerk unmittelbar daran teilhaben. Derlei Empfehlungen wirken sich auf die frühen Funnel-Aktivitäten der Konsumenten aus.

Das zielgerichtete Management der Leads ist aufgrund solcher Entwicklungen nicht einfacher geworden. Forrester hat dazu das Lead-to-Revenue-Management-Modell (L2RM) entwickelt, bei dem Marketing und Vertrieb nicht mehr getrennt voneinander betrachtet werden. Das Marketing erhält in diesem Modell eine zentrale Rolle im gesamten Verkaufszyklus. Es reicht längst nicht mehr aus, sich auf die kurzfristigen Marketingaktivitäten an den einzelnen Touchpoints zu konzentrieren. Vielmehr geht es darum, den Kunden während seiner gesamten Customer Journey zu begleiten, ohne dabei aufdringlich zu werden. Kampagnen greifen hierbei zu kurz und zielen oft am Kunden vorbei, der es gelernt hat, Werbung aus seinem Alltag auszublenden. Ein einzelner Online-Beitrag führt also noch nicht unbedingt zum Lead oder Kaufimpuls. Aber es kann der Startpunkt für eine Kundenbeziehung sein, wenn es Ihnen gelingt, den Stakeholder mit den weiteren Inhalten ebenfalls zu erreichen. Voraussetzung dafür ist ein wertvoller, qualitativ hochwertiger Content, den Ihre Kunden gerne als Newsletter, RSS-Feed oder über Twitter oder Facebook abonnieren.

Das Content-Marketing

Unternehmen müssen anziehend sein

Idealerweise sollten Unternehmen sich darauf konzentrieren, Anziehungspunkte aufzubauen, bei denen sich die Beschäftigung mit Markenthemen für Kunden lohnt. Je mehr sich jemand für Ihre Markenwelt interessiert und dafür engagiert, desto leichter können Sie eine Verbindung herstellen und darüber eine Community entwickeln, anhand der Sie mehr über Ihre Stakeholder erfahren und dieses direkt in relevanten Content übertragen können. Hierbei geht es darum, mit jedem einzelnen Content-Stück eine gewisse digitale Nähe zu erzeugen, die Kunden anzieht.

Sehr gut eignen sich Blogbeiträge. Sie werden in der Regel für ein Publikum geschrieben, das Sie als Blogger klar vor Augen haben. Im Idealfall treffen Sie dabei den richtigen Ton und verstehen die Bedürfnisse Ihrer Leser. Sie können bei einem Beitrag auf pure Information setzen oder ihn emotional aufbereiten. Seine Wirkung entfaltet der Artikel ganz von alleine. Erfolgreicher wird jedoch ein Blog-Posting über eine Veranstaltung, wenn Sie diese in den richtigen Kontext setzen, indem Sie auch über Ihre Erfahrungen berichten und lebendig schildern, wie Sie das Event erlebt und was Sie gelernt haben. Wenn Sie bei der Content Creation auf Stockfotos verzichten und stattdessen auf die eigenen Fotos von dem Event setzen, Twitterbeiträge hinzufügen und weitere Bezüge zu den Teilnehmern herstellen, wirkt der Blogartikel spannender, wird stärker durch echte Emotionen aufgeladen und erhält eine ganz eigene Farbe. In diesem Sinne sollten Sie bei jedem Content-Stück darauf achten, Ihre Stakeholder kontextuell einzubinden, damit diese ihre Bedürfnisse wiedererkennen und die Relevanz für sich selbst erkennen können. Kunden lieben Menschen, die wie sie selbst sind und dabei glaubwürdig wirken.

Den richtigen Kontext erkennen und ihn nutzen, das sollte Ihre Devise auch in der Content Curation sein, wenn Sie Inhalte auf Twitter und Facebook teilen. Das Sharen ist letztlich eine kreative Leistung, mit der Sie Nähe zu Ihren Kunden in der Customer Journey herstellen können, wenn Sie deren unterschiedliche Lebens- und Kaufsituationen richtig abbilden können. Auf diese Weise bilden Sie sehr gute Anknüpfungspunkte. Jeder einzelne Tweet spielt dabei eine bestimmte Rolle. Allen werden Sie es mit den kleinen Content-Stücken ohnehin nicht recht machen können.

Um das Zusammenspiel von Marketing, Vertrieb, HR und PR zu gewährleisten, ist es notwendig, über die Ownership eines Kanals nachzudenken. Es macht aus Kommunikationssicht keinen Sinn, Twitter, Facebook oder ein Corporate Blog nur einer Abteilung zuzuordnen. Eine unternehmensweite integrierte Kommunikation eröffnet sehr gute Chancen, die Kunden auf dem jeweiligen Touchpoint seiner Wahl auf die

Die Rolle von Social Media in der klassischen Customer Journey

jeweils richtige Art und Weise für sich einzunehmen. Eine Trennung der Kanäle hat meistens organisatorische und unternehmenspolitische Gründe, die inzwischen immer weniger die Kundenwünsche berücksichtigen. Ihre Stakeholder wollen lieber selbst entscheiden, ob sie Ihre Informationen in Print, per Newsletter, über Ihre Tweets oder Facebook-Artikel oder einem Video- und Blogbeitrag erhalten. Wer hierbei seine Marke unterschiedlich akzentuiert darstellt und nicht konsistent wirkt, verliert in der Customer Journey schnell den Kontakt zum Kunden.

Forrester bietet mit seinem Modell einen ganzheitlichen Blick auf die Kunden. Bei der L2RM-Strategie geht es darum, dem Stakeholder immer wieder Anknüpfungspunkte während der gesamten Customer Journey anzubieten, um ihn an sich zu binden. Eine Trennung in Marketing und Vertrieb macht bei dieser Betrachtung wenig Sinn. Stattdessen sollten alle Marketing- und Vertriebsmaßnahmen dem Kunden relevante Informationen an allen möglichen Touchpoints anbieten und dessen Verhalten jeweils messen. Die Ergebnisse dieser Analyse sollten jedoch nicht nur für das Targeting genutzt werden, sondern den Content relevanter machen, der den Kunden angeboten wird.

Uns gefällt dieser ganzheitliche Ansatz, der zu einer integrierten Content-Strategie passt. Es ist eine große Herausforderung, Marketiers und Sales-Verantwortliche dazu zu bringen, in Content zu investieren. Schließlich sind das in der Regel keine Content-Professionals und können dessen Nutzen auch nicht unbedingt abschätzen. Der Aufbau von qualitativ hochwertigem Content bedarf Zeit und Expertise und eine abteilungsübergreifende Zusammenarbeit. Das ist mit entsprechenden Kosten verbunden. Idealerweise sollte man daher frühzeitig den Nachweis der Bedeutung des richtigen Contents für die Customer Journey erbringen. Voraussetzung dafür sind gute Daten und ein Web Controlling und ständiges Testing der Content-Ansätze.

TIPP

Den Erfolg Ihres Content-Einsatzes können Sie überprüfen, indem Sie potenzielle Kunden befragen, die kaum in Berührung mit Ihren Markeninhalten gekommen sind, und die Ergebnisse mit den Aussagen derjenigen vergleichen, die regelmäßig über Facebook, Twitter oder E-Mail-Newsletter Ihre Inhalte erhalten.

6.3 Wie Sie den Content-Schock und die Content-Allergie durch gute Inhalte vermeiden

Wir leben in einer Informationsgesellschaft, in der wir eine gigantische Auswahl an Content jederzeit mobil nutzen können und das auch tun. Laut einer Studie des Verbands der deutschen Internetwirtschaft (eco) haben wir 2012 jeden Tag 477 Minuten Medien konsumiert. Immerhin 169 Minuten täglich widmen wir dabei im Durchschnitt dem Internet, ergab die ARD/ZDF-Onlinestudie 2013. Die 14- bis 29-Jährigen nutzen das Internet sogar 237 Minuten am Tag und verbringen damit mehr Zeit im Internet als mit dem Lesen anderer Medien oder dem TV-Konsum. Wer über sein Tabloid oder Smartphone jederzeit online gehen kann, ist länger als der Durchschnitt im Web unterwegs: 208 Minuten am Tag (www.ard-zdf-onlinestudie.de).

Unsere enorm gestiegene Mediennutzungszeit zeigt die grundsätzliche Bereitschaft, viele Informationen aufzunehmen. Gleichzeitig steigt das Informationsvolumen im Netz. Das ist eigentlich noch nicht das Problem. An für sich hatten wir schon immer eine große Auswahl. Der Blick auf die Zeitschriften im Kiosk zeigt das genauso deutlich wie die Zahl der jährlichen Neuerscheinungen der Buchverlage, die in Deutschland seit vielen Jahren bei über 90.000 Büchern liegt. Dazu kommt eine enorme Backlist an lieferbaren Büchern. Neu ist die unmittelbare Zugriffsmöglichkeit auf das Wissen der Welt durch das Internet. Es gibt zwar die Google-Algorithmen, die uns das Finden von relevanten Informationen erleichtern, und inzwischen werden auch wertigere Inhalte von der Suchmaschine bevorzugt und verbessern unser Sucherlebnis. Doch die Quantität an Information bleibt bestehen und das Gute ist nicht immer leicht vom Schlechten zu trennen.

Wir lehnen Unordnung eher ab und bevorzugen schnelle und gute Ergebnisse. Daher vermeiden wir eine große Auswahl, abonnieren lieber weniger Newsletter und lesen nur wenige Medien regelmäßig, um nicht überfordert zu werden. Diesem Bedürfnis tragen die Filtermechanismen im Internet Rechnung. Wer zu viel Content erhält, gerät in eine Schockstarre angesichts der Vielfalt. Wir erhalten über Suchmaschinen und unsere Newsfeed via Twitter, Google+ und Facebook eine enorme Auswahl an Texten, Bildern und Videos. Jeden Tag entscheiden wir von Neuem, was wir davon wahrnehmen und vertiefen wollen. Mit der großen Auswahl haben Menschen aber in der Regel ein Problem. Wenn Sie im Lebensmittelgeschäft in einem Regal 50 Gläser Marmelade zur Auswahl haben, begrüßen Sie diese Vielfalt nicht, sondern sind eher genervt. Denn Ihnen fällt die Entscheidung schwerer, als wenn Sie nur eine kleine Auswahl vor Augen hätten.

Wie Sie den Content-Schock und die Content-Allergie durch gute Inhalte vermeiden

Das Filtern von Informationen wird wichtiger

> **BEISPIEL**
>
> Das Netzwerk Facebook filtert unseren Newsstream, der auf unserem Klick- und Interaktionsverhalten mit unseren Kontakten und Fanpage-Abonnements basiert. Während die Unternehmen auf Facebook jedoch eine möglichst große Reichweite erzielen wollen, limitiert der US-Konzern die organische Sichtbarkeit einzelner Content-Updates und schützt auf diese Weise die meisten Mitglieder vor banalen Postings auf Fanpages. Ohnehin achten die Facebook-Mitglieder eher auf die Meldungen ihrer Freunde und sind nicht besonders an werblichen Markenbotschaften interessiert.

Unsere Aufnahmekapazität ist begrenzt. Der Information Overload ist schnell erreicht. Das zeigen nicht zuletzt die Reaktionen auf Werbung, die uns multimedial zugespielt werden soll. Darauf reagieren die meisten sehr empfindlich und lehnen diese in der Regel eher ab. Wir wollen gar nicht immer mehr Informationen und schon gar nicht irrelevante Reklame erhalten. Deshalb sollten Unternehmen vorsichtig agieren und nicht dieselben Fehler der klassischen Markenkommunikation wiederholen. Wenn wir Content im Push-Marketing einsetzen und an viele häufig verteilen, wird dieser dadurch nicht wirklich erfolgreicher. Allenfalls nehmen ihn mehr Menschen verärgert wahr, was den gegenteiligen Effekt haben kann: Misserfolg. Ob die Menge des Contents irgendwann seinen Zenit überschreitet, gar nicht mehr akzeptiert wird und es damit zu einem generellen Content-Schock kommt, wie er von Mark Schaefer prophezeit wird, wagen wir zu bezweifeln (Schaefer 2014). Es gab schon immer ein Zuviel an Inhalten, die nicht von allen Stakeholdern wahrgenommen werden konnten. Im Unterschied zu der Zeit vor dem Internet gibt es aber heute ein Mittel dagegen: Erstmals können relevante Informationen mit wenigen Klicks angesteuert und selektiert werden.

Allerdings macht sein Szenario deutlich, wie wichtig die Qualität des Inhalts ist, sowie der Zeitpunkt und der Ort der Content-Distribution. Die digitale Konkurrenz hinsichtlich guten Contents macht für jeden Einzelnen den Auswahlprozess schwerer. Es wird künftig zahlreiche Akteure im Content-Markt geben. Dabei zählen nicht die Lautstärke eines Content-Marketiers, sondern die Qualität seiner Empfehlungen und das Vertrauen in seine Vorauswahl. Marktschreier werden sich also schwertun, erfolgreich zu sein. Stattdessen wird die Reputation einen immensen Einfluss auf die Wahrnehmung des Corporate Contents haben und dafür sorgen, dass sich Qualität mittelfristig durchsetzt. Je häufiger Ihre Stakeholder auf Ihren Content verweisen, desto stärker wirkt sich das auf die positive Wahrnehmung Ihrer Marke aus. Daher lohnt es sich, an einem fachlich kompetenten Artikel mit exklusiven Inhalten zu feilen und ihn mit sehr gutem Bild- und Videomaterial zu unterstützen. So werden lange Texte beliebter und zahlen langfristig positiv auf das Image ein, weil sie Ihre Kompetenz belegen.

Es wird für die Content-Player nicht leicht sein, sich mit ihren Inhalten zu behaupten. Wer wahrgenommen werden will, muss dafür erhebliche Ressourcen bereitstellen. Einige Unternehmen werden vor diesem Investment zurückschrecken. Ihnen bleibt dann allenfalls die Chance, durch Kreativität zu überzeugen. Der Kulturbereich macht es bereits seit langer Zeit vor. Kostengünstige, aber gute Ideen können durchaus mit Projekten mithalten, die große Budgets und komplexe Strukturen haben. Allerdings wird es nicht mehr möglich sein, mit geringstem (zeitlichen) Aufwand erfolgreich zu sein. Kurz: Ohne eine gute Content-Strategie und passende Inhalte werden Sie Opfer des Content-Schocks.

Auch Google fordert qualitativ hochwertige Inhalte. Auf Facebook verhält es sich inzwischen ähnlich. In der organischen Suche werden die Facebook-Fanpages kaum noch angezeigt. Die Reichweiten liegen oft nur noch bei unter einem Prozent. Dafür werden Onliner nicht mehr mit völlig irrelevanten Informationen bombardiert. Einige Unternehmen haben daraus bereits ihre Konsequenzen gezogen wie Coca-Cola mit seinem Online-Magazin Journey: *„Eine Marke wie Coca-Cola kann es sich auch gar nicht leisten ‚Trash-Content' zu veröffentlichen"*, heißt es aus dem Konzern. *„Sicherlich liegt die klassische Form des Storytelling, wie wir sie in unserem Online-Magazin Journey umsetzen, dazu in einem verhältnismäßig günstigen Rahmen"* (vgl. Kapitel 6.1).

6.4 Content Curation: So lassen sich fremde Inhalte einbinden

Mögen Sie es, wenn jemand die ganze Zeit nur über sich selbst spricht? Die meisten werden diese Frage verneinen. In der Social-Media-Welt sieht das nicht anders aus, zumal sie dialogorientiert ist. Achten Sie darauf, dass Sie nicht denselben Fehler machen wie vielleicht schon auf Ihrer Website und Ihre Marke ins Zentrum aller Aktivitäten rücken. Niemand möchte auf Ihren Social-Media-Accounts ständig lesen, was Sie tun und nur Ihren eigenen Content wahrnehmen. Viel spannender ist es, etwas über Ihr Markenumfeld zu erfahren und den Kontext kennenzulernen, in dem Sie sich bewegen.

Aus diesem Grund hat die Content Curation eine wichtige Bedeutung in der Content-Strategie. Darunter versteht man im Allgemeinen das Sammeln, Ordnen,

6 Content Curation: So lassen sich fremde Inhalte einbinden

Strukturieren und Aggregieren von Informationen. Damit übernehmen Sie die Rolle eines Redakteurs, der aus dem Themenstrom des Nachrichtentickers wichtige Informationen filtert und seinen Lesern neu aufbereitet zur Verfügung stellt. Wenn Sie ein Thema kompetent aufgreifen und mit Ihrer Marke verbinden, profitiert Ihre Reputation davon. Schließlich helfen Sie Ihren Kunden dabei, sich über ein Thema besser zu informieren. Wer diese Filterfunktion als Kurator für seine Kunden übernimmt, kann sich darüber als glaubwürdige Quelle empfehlen. Je besser Sie kuratieren, desto stärker wirkt sich das auf Ihre Sichtbarkeit im Web und darüber hinaus aus. Jedoch sollten Sie jeweils die Quelle nennen und deren Wert überprüfen.

Die Vorteile der Content Curation:

- Verweis auf weiterführende Inhalte zu einem für die Kunden relevanten Thema;
- redaktionelle Sichtung spannender Themen schafft Branchenüberblick;
- Positionierung als Experte verbessert die Reputation;
- gute Ergänzung der Owned Media erhöht die Content-Frequenz;
- Verweis auf Earned Media, die sich mit Ihrer Marke auseinandersetzen;
- Aufbau und Ausbau der Influencer Relations durch Verlinkung und Kommunikation.

In der Content Curation werden durch die gezielte Auswahl großartige Mehrwerte für Ihre Stakeholder geschaffen und in einem Kontext zu Ihrer Marke gesetzt. Sie sparen Ihren Kunden und Influencern Zeit und stellen relevante Inhalte bereit, die nicht aus Ihrem Hause stammen. Wenn Sie das sehr gut machen und strategisch vorgehen, können Sie damit sogar einer der Meinungsführer und Vordenker werden, der frühzeitig innovative Themen entdeckt und diese als relevant erachtet und kuratiert. Den Aufwand, den Sie für das Filtern und Zusammentragen der passenden Inhalte betreiben müssen, ist in der Regel überschaubar. Sie sollten jedoch auf hochwertige Inhalte achten und bei der regelmäßigen Kuratierung nicht zu beliebig vorgehen. Im Vergleich zur Content Creation ist es dennoch weniger zeitaufwändig. Allerdings müssen Sie zunächst für die Content Curation passende Influencer und Marktteilnehmer recherchieren und auswählen, deren Inhalte zu Ihrer Branche passen.

> **TIPP**
>
> Jeden Tag sollten Sie 30 bis 60 Minuten für das Sichten, Lesen und Kuratieren der neuesten Artikel einplanen. Es kann hierbei sehr hilfreich sein, eine Routine zu entwickeln. Manches lässt sich auch automatisieren. So können Sie die aktuelle Nachrichtenlage in Ihrer Branche sehr gut über ein kleines Medienmonitoring via keyword-basierte Google Alerts aufbauen. Einmal definiert, erhalten Sie regelmäßig Alerts von der Suchmaschine per E-Mail zugeschickt und können relevante Neuigkeiten für die Content Curation verwenden.

Das Content-Marketing

Anders als bei Ihren eigenen Inhalten können Sie jedoch den Content nicht planen. Bei der Content Curation wird sehr viel Wert auf Aktualität gelegt. Je früher Sie eine Content-Perle finden und darauf verweisen, desto eher wirkt sich das auf Ihre Reputation aus. Wenn Sie der fünfzigste Twitterer sind, der denselben Inhalt noch einmal retweetet, dann stoßen Sie auf wenig Resonanz. Der Newswert ist nicht mehr gegeben.

Wie Sie in der Content Curation aktiv werden können

In der Content-Planung sollten Sie einen gewissen Anteil kuratierter Inhalte einplanen. Im Idealfall sprechen Sie auf Ihren Social-Media-Plattformen nicht immer nur über Ihre Marke, sondern beziehen auch Ihr Marktumfeld mit ein. Deshalb empfiehlt es sich, regelmäßig über Branchenthemen etwas zu publizieren. Damit müssen Sie nicht immer nur auf Topmeldungen wie bei dem Newsjacking reagieren. Für Unternehmen stellen Social Networks wie Twitter, Facebook, Google+, Instagram oder Pinterest sowie der eigene Newsletter eine gute Möglichkeit dar, kuratierten Content zeitnah zu veröffentlichen, solange ein Thema noch relevant ist. Diese Methode ist erst einmal kostenfrei und erlaubt es, effektiv fremden Content einzusetzen. Über Hootsuite, Buffer oder andere Dashboards können Sie Ihre Inhalte crossmedial über verschiedene Touchpoints hinweg planen und nach Ihrem Redaktionsplan automatisiert veröffentlichen.

Wie viel Sie jeweils kuratieren, hängt von der geplanten Content-Frequenz auf den einzelnen Plattformen ab. So können Sie beispielsweise auf Twitter das stärkste Verhältnis von fremden und eigenen Inhalten haben. Wir empfehlen einen kuratierten Anteil von 80 Prozent gegenüber nur 20 Prozent Owned Media. Das klingt viel. Trotzdem heißt das noch nicht, dass jeder dieser kuratierten Tweets reine Retweets sind. Fünf Tweets am Wochentag stellen hierbei ein Minimum dar. Insgesamt betrachtet wird Twitter von vielen am stärksten für die Content Curation genutzt. Das liegt an dessen starken Charakter als Informationsnetzwerk.

6 Content Curation: So lassen sich fremde Inhalte einbinden

> **ACHTUNG**
>
> Auf Twitter sollten Sie beim Kuratieren immer darauf achten, die Quellen des fremden Contents mit deren (personalisierten) Twitter-Accounts zu benennen. Wenn Sie Medien oder Blogger-Inhalte retweeten, ist es empfehlenswert, nicht das Medium selbst, sondern den jeweiligen Autoren zu nennen. Wenn Sie beispielsweise wissen, dass Ole Reißmann einen Spiegel-Artikel verfasst hat, sollten Sie ihn im Retweet @oler nennen und nicht alternativ @spiegelonline schreiben, wie es bei Spiegel Online vorgegeben ist. Die Twitter-Accounts werden meistens am Ende des Spiegel-Artikels angezeigt.
>
> Tweet 1: Einblicke in Datenspeicher: NSA erfasst viel mehr Unschuldige als Verdächtige im Web http://spon.de/aegX7 via @SPIEGELONLINE
>
> Tweet 2: #NSA erfasst viel mehr Unschuldige als Verdächtige im Web http://spon.de/aegX7 via @oler
>
> Beim Vergleich beider Tweets sehen Sie, dass wir bei Tweet 2 eine Beziehung zum Autoren herstellen und seine Reputation als Autor unterstützen.

Eine Content Curation wirkt am besten, wenn sie auf die persönliche Beziehung zu Menschen setzt und nicht auf abstrakte Marken. Deshalb lohnt sich die Recherche nach Ihren Stakeholdern auf Twitter. Am besten können Sie auf Twitter eine Liste aufsetzen, über die Sie thematisch Ihre Kontakte einordnen und somit Content zu Ihren Themengebieten sammeln und anschließend kuratieren können. Diese Listen lassen sich unsichtbar oder öffentlich aufbauen und erleichtern Ihnen die schnelle Auswahl passender Inhalte. Anschließend können Sie diese News auf einem Dashboard wie Hootsuite oder Buffer festhalten, um den Content zeitlich passend auf Twitter oder Facebook zu posten. Auf ähnliche Weise können Sie diesen auch auf Facebook oder Google+ Inhalte sortieren, aggregieren und sharen.

Auf Facebook oder Google+ berichten die meisten Unternehmen nur über sich, dabei ist es dort ebenfalls wichtig, auf Branchentrends zu verweisen und über diese jeweils im Kontext zur eigenen Marke zu berichten. Im organischen Newsstream werden ohnehin Inhalte bevorzugt angezeigt, die auf großes Interesse stoßen und einen gewissen Newscharakter haben. Ihr Content ist in der Regel auch für die Content Curation Dritter geeignet. Deshalb sollten Sie generell darauf achten, es Ihren Influencern und Kunden so leicht wie möglich zu machen, Ihre Inhalte zu teilen. Viele Webseiten haben daher einen Facebook-, Google+ oder Twitter-Share-Button, der das Teilen sofort ermöglicht. Ideal sind dafür Social-Media-Widgets, die den Besuchern Ihrer Website oder Ihres Corporate Blogs das Teilen des Contents auf Facebook, Twitter, LinkedIn, Google+ und Pinterest erleichtert. Außerdem wird häufig angezeigt, wie oft ein Inhalt bereits geteilt worden ist. Häufiger geteilte Inhalte bieten einen gewissen Anreiz, sie zu lesen und weiterzuverbreiten. Die Sharing-Rate wirkt sich auf die Attraktivität der einzelnen Inhalte aus. So werden

Das Content-Marketing

Videos und Tweets häufiger geshared, wenn sie schon von vielen verbreitet wurden. Aber auch in Corporate Blogs werden häufig externe Inhalte eingebunden. Im Idealfall greifen andere die Inhalte auf, sodass hochwertige Backlinks generiert werden können, mit denen Webseiten in der Rangliste weiter aufsteigen. Wer in seinen Blog-Postings auf andere Blog- oder Fachartikel verweist, kuratiert diese und schenkt ihnen Inbound Links bzw. Backlinks, die das Ranking der Webseite in Google verbessern helfen.

Content Curation ist ein Geben und Nehmen zwischen Publishern. Wer immer nur verlinkt werden will, ohne selbst auf Dritte zu verweisen, verhält sich nicht besonders geschickt und verliert schnell an Reputation. Langfristig basiert Content Curation auf das Prinzip der Gegenseitigkeit. Sie müssen sich nur die Verlinkung im Webcontrolling anschauen und überprüfen, inwieweit sich darüber Influencer Relations entwickeln lassen, um Ihre Content Curation anzupassen. Darüber bauen Sie eine Beziehung zu Ihren Multiplikatoren und Kunden auf. Wenn Sie etwa die Inhalte eines Wirtschaftswoche-Artikels auf Twitter teilen und dabei sogar den Autor nennen, stellen Sie dadurch in gewisser Weise einen Kontakt her: „Das Vertrauen in die Werbung sinkt 2014 weiter @ufomedia #wiwo."[3] In diesem Beispiel konnte der Publizist und wiwo-Blogger Thomas Koch sehen, dass sein Tweet von Klaus Eck kuratiert wurde und hätte darauf reagieren können, was er des Öfteren tut.

In gewisser Weise findet bei Blogparaden ebenfalls eine Content Curation statt. Schließlich ruft ein Blogger hierbei dazu auf, zu einem Thema seinen Beitrag zu leisten. Alle Blogparaden-Teilnehmer verlinken jeweils auf den Aufruf und informieren den Urheber über ihren Artikel. Daraufhin werden die Links zu allen Blogartikeln in einem Beitrag gelistet. Auf diese Weise können Sie zahlreiche Blogartikel auf Ihrem Corporate Blog mit einem zu Ihnen passenden Thema vorstellen und profitieren von einem Link-Baiting, schließlich verweisen alle Teilnehmer der Blogparade auf Ihren ursprünglichen Blogbeitrag.

Content-Curation-Tools

Es gibt jede Menge Tools, die Ihnen helfen, Content zu finden und zu kuratieren. Insgesamt sollte die Software das Finden, Sortieren, Terminieren und Veröffentlichen von Content erleichtern und zudem bei der Verbreitung im Social Web unterstützen. Idealerweise lässt sich dabei außerdem die Reichweite des kuratierten und eigenen Contents messen und vergrößern. Oftmals werden dafür jedoch unterschiedliche Tools genutzt.

---

[3] https://twitter.com/klauseck/status/405752124321333248.

Content Curation: So lassen sich fremde Inhalte einbinden 6

Überblick über einige Content-Curation-Tools:
- Delicious
- Diigo
- Flipboard
- Keeep
- Newsle
- Paper.li
- Pinterest
- Scoop.it
- Storify

Auf die Vorstellung der einzelnen Tools verzichten wir an dieser Stelle, empfehlen Ihnen dazu einige Artikel im Anhang des Buches. Wir arbeiten zum Beispiel sehr gerne mit dem Nachrichten-Aggregator Flipboard. Es ist das visuell ansprechendste und leicht zu bedienende Curation-Tool, um darüber über das Web, iPad oder Smartphone Inhalte zu erfassen, zu eigenen Magazinen zusammenzustellen und einzelne Inhalte zu sharen.

Content Curation in eigener Sache

Content Curation in eigener Sache ist leicht, wird aber dennoch viel zu selten betrieben. Wenn Sie eine gewisse Markenhistorie aufweisen, lohnt es sich, einen Blick in die Content-Archive zu werfen und nicht nur die digitalisierten Assets zu betrachten. Selbst ein umfassendes Content Audit wird noch immer viel zu selten genutzt, um alte Themen zu reaktivieren und neu zu verpacken. Dabei sparen Sie hierdurch mitunter viel Geld in der Content Creation.

▶ **BEISPIELE**

Andrew Phelps, ein ehemaliger Mitarbeiter des Nieman Lab, hat ein Flipboard Magazin mit den besten Nachrufen 2013 aus der New York Times zusammengestellt. Das wurde die meistgelesene Flipboard-Collection, die jemals veröffentlicht wurde. Die Redaktion der New York Times selbst ist nicht auf diese Idee gekommen, nahm das aber zum Anlass für eigene Experimente auf Flipboard. Sie arrangierte alte Inhalte auf Flipboard neu, darunter eine Sammlung mit Videos, die sich mit dem Thema Liebe auseinandersetzen und am Valentinstag erschienen. Zum anderen publizierte sie eine Sammlung mit alten Geschichten von Nick Kristof zum Thema Zwangsprostitution. Durch das Content Recycling und die hohe Sharing-Rate erzielten sie zusammen 468.106 Seitenaufrufe innerhalb von nur sechs Tagen.

Es lagern ungefähr 14,7 Millionen Artikel in den Archiven der New York Times, die bis ins Jahr 1851 zurückreichen. So gibt es eine 161 Jahre alte Geschichte der New York Times über Solomon Northup, die das Blog Gawker wiederverwertete, indem es diese zeitgleich mit dem Start des US-Kinofilmes „12 Years a Slave" publizierte, der auf dem Leben von Solomon Northup basiert. Der uralte Beitrag wurde mehr als 100.000-mal aufgerufen, weil der Archiv-Inhalt gut verpackt und mit einem perfekten Timing erneut veröffentlicht wurde. Für Gawker war dies einer der größten Erfolge in seiner Geschichte.

Abb. 6.11 Gawker
http://gawker.com/this-is-the-161-year-old-new-york-times-article-about-1-1535199589

Des Weiteren gibt es den sogenannten „Evergreen Content", der langlebig und immer relevant bleibt, weil sich viele Menschen dafür interessieren. Diesen können Sie mit kleinen Aktualisierungen immer frisch halten, ohne jedes Mal wieder auf das Update des Updates zu verweisen. Wikipedia-Beiträge arbeiten nach die-

6 Content Curation: So lassen sich fremde Inhalte einbinden

sem Prinzip. Aber es gehören auch Präsentationen auf Slideshare, Videos, Erklärtexte, Fachtexte und Infografiken dazu. Die entscheidende Frage für diese Art von Content ist: Interessiert sich in einem Jahr noch jemand für diesen Content? Wie muss er beschaffen sein, damit er dann immer noch funktioniert? Besonders gut geeignet dafür sind „Was ist was"-Beiträge, die einen einführenden Charakter in ein Thema haben. Über Evergreen Content erreichen Sie viel mehr und langfristiger Ihre Leser als über aktualitätsbezogene Blogartikel. Andererseits muss der fachliche Beitrag für den Onliner dann einen anderen, nicht aktuellen, aber nachvollziehbaren Mehrwert bieten. In einem Corporate Blog oder einem Magazin verschwindet der Evergreen Content zu schnell aus der Aufmerksamkeit, deshalb müssen Sie darauf an deutlicher Stelle auf Ihrer Website verweisen oder ihn durch Content Promotion und Content Curation immer wieder sichtbar machen. Es lohnt sich, auf Twitter, Facebook, Google+ und Co. regelmäßig auf den Evergreen Content zu verweisen — erst recht dann, wenn Sie diesen aktualisiert und mit neuen Details versehen haben.

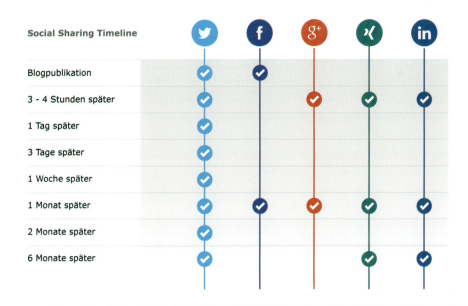

Abb. 6.12 Content Recycling in Variation eines Blog-Artikels. Quelle Eck/Eichmeier

Regeln für die Content Curation

Inzwischen setzen auch deutsche Medien wie Spiegel Online immer häufiger auf Content Curation. So hat das Nachrichtenmagazin beispielsweise mit Hilfe von Storify im Juni 2014 Tweets und Videos aus dem Alltag des deutschen Astronauten Alexander Gerst auf der Raumstation ISS zusammengestellt und im Wissenschaftsressort veröffentlicht. Die Redaktion wählte dazu unter anderem populäre Tweets von @Astro_Alex aus und kommentierte diese.

Wenn Sie fremde Inhalte erneut publizieren, müssen Sie jedoch auf die rechtlichen Rahmenbedingungen achten. Sie dürfen den Content anderer nicht Eins-zu-Eins publizieren, selbst wenn Sie jeweils die Quelle nennen. Erst wenn Sie die Erlaubnis des Urhebers vorliegen haben, könnten Sie dessen Inhalte in Gänze erneut veröffentlichen. Das gilt vor allem für Bilder und komplette Texte. Etwas komplizierter verhält es sich mit anderen Formaten. Auf Twitter oder Facebook müssen Sie niemanden fragen, wenn Sie die Inhalte erneut retweeten oder sharen. Allerdings müssen Sie immer vorsichtig agieren, wenn Sie fremde Inhalte nutzen und die Quelle nicht kennen. Zwar können Sie problemlos auf alle Inhalte Dritter verlinken, doch sobald Sie in der Content Curation auf längere Texte, Bilder oder Videos setzen, müssen Sie die Urheberrechte und das Zitatrecht berücksichtigen. Wer daher fremden Content aus Facebook, Twitter, Google+ verwendet und sogar veröffentlicht, kann sehr schnell das Urheberrecht verletzen. In jedem Fall sollten Sie immer die Quelle nennen und verlinken.

Viele Unternehmen befinden sich bei Content Curation in einer rechtlichen Grauzone. Deshalb sollten Sie im Zweifel um die Erlaubnis bei den Urhebern nachsuchen, wenn Sie von diesen regelmäßig Inhalte kuratieren wollen. Idealerweise formulieren Sie dazu eine freundliche E-Mail, in der Sie die Wertschätzung für die Arbeit des Creators betonen und um die Erlaubnis zur Content Curation bitten. Darauf werden die meisten Influencer positiv reagieren. Außerdem können Sie das als eine gute Maßnahme in den Influencer Relations betrachten und entsprechend Ihr Netzwerk ausbauen.

! WICHTIG

In jedem Fall benötigen Sie eine klare Richtlinie in Ihrem Unternehmen, damit alle Social-Media-Akteure und Content-Verantwortlichen einheitlich auftreten. Es lohnt sich, die Zeit in eine Content Guideline zu investieren, um Verantwortlichkeiten zu klären und Bewusstsein für die rechtlichen Bedingungen bei der Content Curation zu schaffen. Auf diese Weise sichern Sie sich ab und ersparen sich viel Ärger.

Content Curation: So lassen sich fremde Inhalte einbinden

Es ist übrigens sehr viel besser, wenn Sie persönlich als Kurator auftreten und Ihren realen Namen verwenden. Vor allem im Social Media kommunizieren Menschen miteinander, nicht Marken. Durch Ihre Kuratierung können Sie zu einem Personal Brand werden, zu einem Markenbotschafter Ihres Unternehmens, wodurch dieses unmittelbar profitiert.

Der Social Media Newsroom und Content Curation

Der entscheidende Vorteil eines gut konzipierten Social Media Newsrooms besteht darin, dass er die gesamte Online-Aktivität eines Unternehmens übersichtlich zusammenführt und für Journalisten und andere Multiplikatoren jederzeit frei zugänglich und abonnierbar ist. Der Newsroom dient dem Zweck, die verstreut veröffentlichten Inhalte des Social Webs sinnvoll chronologisch und nach Tags zu sortieren und an einem zentralen Ort zu bündeln.

Ein gutgemachter Social Media Newsroom

- bietet einen schnellen Zugang zu den wichtigsten Markenbotschaften eines Unternehmens,
- lebt von aktuellen und vielfältigen Inhalten, die möglichst zeitnah erneuert werden,
- ist per RSS abonnierbar und individualisierbar,
- bietet Newsletter an,
- ist für Blogger, Journalisten und Markenfans von Interesse,
- verweist nicht nur auf die eigenen, sondern auch auf fremde Quellen (Content Curation),
- ermöglicht den schnellen Kontakt für einen Dialog,
- erleichtert die Vernetzung mit Markenbotschaftern,
- bietet reichhaltiges lizenzfreies Video- und Bild-Material,
- integriert alle eigenen „Owned Media" der Marke,
- lädt zum Sharing der Inhalte ein.

Einige Unternehmen wie Audi, Mercedes und Porsche nutzen ihren Newsroom dazu, um Blogartikel, Tweets, Bilder, Video und andere Formate von Influencern vorzustellen. Sie kuratieren darüber das, was Dritte über ihre Marke zu berichten haben.

Das Content-Marketing

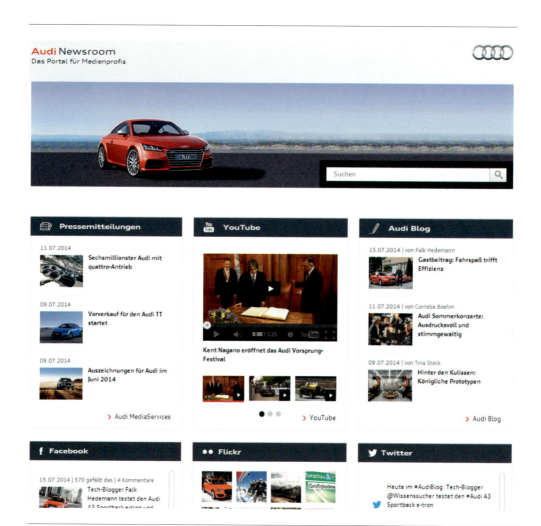

Abb. 6.13 Audi Newsroom
http://audi-newsroom.de/

Newsjacking im Content-Marketing

Die hohe Kunst der richtigen Content Curation liegt darin, ein Gespür für Themen und Trends zu entwickeln und relevante Inhalte ausfindig zu machen. Wer gute Informationen mit der Öffentlichkeit teilt, verbessert dadurch seine Reputation und bleibt anderen im Gedächtnis. Wenn Sie frühzeitig auf ein aktuelles oder populärkulturelles Thema setzen und es mit Ihrem Content verbinden können, profitiert Ihre Marke davon, solange Sie alles richtig machen. In der PR spricht man hierbei oft von „Agenda Surfing", aber wir bevorzugen den Begriff Newsjacking, den der US-Autor David Meerman Scott geprägt hat. Damit wird die Anreicherung eines aktuellen Themas mit eigenen (kreativen) Ideen bezeichnet.

6 Content Curation: So lassen sich fremde Inhalte einbinden

▶ **BEISPIELE**

Manchmal sind es ganz banale Dinge, wie der kurzeitige Ausfall des Networks Facebook am 19. Juni 2014, die für Aufmerksamkeit sorgen. Nestlé nutzte die Chance des halbstündigen #facebookdown für eine eigene Anmerkung auf Twitter, die zu ihrer Marke Kitkat sehr gut passte: „Looks like #Facebook is having a BREAK right now. Have a BREAK, too!" Dafür erhielt Kitkat viel positives Feedback in Form zahlreicher Retweets und Presseberichterstattung. Beim Superbowl 2013 profitierte die Keksmarke Oreo davon, dass sie zeitnah auf Twitter auf den 35-minütigen Stromausfall im Superdome reagierte. Dafür erhielt die Marke mehr als 15.000 Retweets und mehr als 20.000 Likes auf Facebook. Ohnehin hatte Oreo damals seine erste Super-Bowl-Werbung erfolgreich geschaltet und sie mit einer Instagram-Kampagne verbunden. Anschließend überschlugen sich die Medien mit ihren Beifallsbekundungen.

Hootsuite stellt in der Infografik „Social Media Winter is Coming" die Verhältnisse der Social Media Networks untereinander dar. Das war 2013 großartiges Content-Marketing im Kontext der HBO-Serie „Game of Thrones" und profitierte von deren Popularität. Vorher hatte Hootsuite bereits erfolgreich auf einen Twitter-Guide zu Ehren von Dr. Seuss gesetzt. Der Autor und Illustrator ist durch seine Kinderbücher „The Cat with the Hat", „How the Grinch Stole Christmas!" und „The Lorax" bekannt.

Der britische Streaming-Dienst Blinkbox hat sich zum Start der dritten Staffel von „Game of Thrones" ebenfalls eine Marketingaktion ausgedacht, die von der Popularität der US-Serie profitieren wollte. Das Portal legte einen 13 Meter langen Drachenschädel auf den Sandstrand des englischen Städtchens Dorset mit dem schönen Namen „Jurassic Coast", der an eine Filmszene mit Arya Stark erinnert, die dort ebenfalls einen Drachenschädel entdeckt.

Abb. 6.14 Drachenschädel am Strand von Dorset

Das Content-Marketing

Für Newsjacking sind Themen besonders gut geeignet, die

- reale Probleme aufgreifen und Identifikationspotential anbieten,
- brandaktuell sind und eine breite Öffentlichkeit berühren,
- positive Emotionen ansprechen,
- mit einer bekannten Marke verbunden sind,
- als Erstes kreativ überraschen. Wer zu spät auf das Thema aufspringt und langweilt, erhält weniger Aufmerksamkeit.

Jedoch sollten Sie im Unterschied zur allgemeinen Content Curation das Newsjacking eher sparsam einsetzen. Konzentrieren Sie sich lieber auf einige wenige Issues, auf die Sie sehr schnell und kreativ reagieren können, statt viele Themen nur oberflächlich und halbherzig zu bedienen. Sie sollten Ihr Thema beim Newsjacking sehr gut kennen, damit es nicht zum PR-Desaster wird oder völlig an Ihrer Zielgruppe vorbeigeht. Was natürlich nicht bedeutet, dass Sie nicht dennoch damit experimentieren können. Aktuelle Nachrichten kann man ebenfalls gut für die eigene Marke nutzen, allerdings muss man sehr schnell aktiv werden, bevor Journalisten beginnen, tiefer nachzuforschen und Berichte zu veröffentlichen. Wichtig ist es, sich geschickt in der Geschichte zu platzieren, denn die eigene Marke sollte sinnvoll eingebaut werden und thematisch passen.

Beim Newsjacking gibt es verschiedene Verfahrensweisen. So können Sie eine Information von jemandem ergänzen, der bereits mit seinem Thema stark in der Öffentlichkeit steht. Dabei sollte Ihre Ergänzung einen deutlichen Mehrwert und dadurch einen hohen Aufmerksamkeitswert haben, etwa weil Sie über Insiderwissen verfügen und dadurch ein Thema um zusätzliche Aspekte und Hintergründe bereichern können. Wichtig ist es hierbei, über das Publizierte hinauszugehen und die Information weiter zu vertiefen. Eine Geschichte lässt sich verändern, indem Sie ein Thema aus einem völlig anderen Blickwinkel betrachten und so das Issue neu interpretieren. Auf diese Weise können Sie unter Umständen sogar einen größeren Nutzen für Ihre Stakeholder herausarbeiten und davon profitieren. Außerdem spricht nichts dagegen, über eine eigene Meinung in der Berichterstattung zu polarisieren und dadurch die Aufmerksamkeit auf sich selbst zu ziehen. Demgegenüber kann die ursprüngliche Geschichte sogar in den Hintergrund treten.

6.5 Markenbotschafter übernehmen Verantwortung

Die Mitarbeiter sind die besten Botschafter eines Unternehmens. Über diese treten Sie mit Ihren Stakeholdern online wie offline in Kontakt. Im Content-Marketing erhalten Mitarbeiter eine neue Bedeutung, denn sie können durch ihre Beziehungen Einfluss auf Ihre Reputation nehmen und das Engagement der Stakeholder fördern.

In Social Media interagieren Unternehmen in der Regel auf zahlreichen Plattformen mit ihren Kunden. So beantworten sie Kundenserviceanfragen auf Facebook, antworten vielleicht auch auf Twitter oder Google+. Unternehmen wie die Telekom Deutschland oder die Deutsche Bahn haben dafür eigene Social-Media-Teams aufgebaut. Mit diesen reagieren die Konzerne darauf, dass Menschen am liebsten mit Menschen reden und nicht mit Logos. Zudem nutzen immer mehr Unternehmen Blogger Relations, um gezielt auf Multiplikatoren einzuwirken. Wer die Influencer direkt anspricht und mit ihnen in Kontakt bleibt, profitiert davon im Content-Marketing. Dazu setzen die meisten professionellen Markenbotschafter auf persönliche Touchpoints, das heißt, sie pflegen ihre eigenen Online-Profile und sind persönlich auf Twitter, Facebook, Xing und anderen Kanälen für Influencer erreichbar.

Die Zeiten sind vorbei, in denen Unternehmen ihre Mitarbeiter hinter einem Kontaktformular, einer anonymen E-Mail-Adresse oder Telefonnummer verstecken konnten. Längst haben viele ohnehin ein Xing, LinkedIn oder Facebook-Profil, über die sie ihre beruflichen und persönlichen Kontakte pflegen. Wenn Mitarbeiter mit den Influencern sprechen, tun sie sich leichter, wenn sie selbst öffentlich agieren. Immer mehr Unternehmen kennen ihre wichtigsten Stakeholder, weil diese auf Facebook-Fanpages, Twitter oder in Foren mit echten Namen auftreten und kommunizieren. Dieselbe Transparenz fordern die Stakeholder ein. Sie wollen, dass die Mitarbeiter Persönlichkeit zeigen und vor allem für ihre Marke engagiert Verantwortung übernehmen. Doch die Rolle eigenverantwortlicher Markenbotschafter ist sehr anspruchsvoll. Sie müssen auf Augenhöhe mit Stakeholdern agieren können und benötigen dafür eine Kommunikationsprokura, damit sie schnell auf die Anforderungen reagieren können. Lange Abstimmungswege schaden der notwendigen schnellen Kommunikation. Aus diesem Grund bedarf es klarer Regeln des Unternehmens, um ausgewählten Markenbotschaftern den freien Umgang mit Stakeholdern zu ermöglichen.

Markenbotschafter auszubilden ist schwierig. Oftmals handelt es sich um geborene Networker, die bereits aus eigenem Interesse viele Kontakte pflegen und die

Das Content-Marketing

Nähe von Menschen suchen. In der Regel sind sie extrovertiert. Von diesen persönlichen Verbindungen können Sie profitieren, wenn Sie die Markenbotschafter im Unternehmen gezielt unterstützen. *„Markenbotschafter haben heute sicherlich eine größere Bedeutung als früher"*, meint auch Stefan Keuchel, Pressesprecher MyTaxi. *„Durch Social Media sind die Mitarbeiter insgesamt weniger anonym. Mitarbeiter, die freiwillig darüber erzählen, wie toll ihr Produkt oder ihre Dienstleistung ist, tragen enorm viel dazu bei, eine Marke aufzubauen und erfolgreich zu machen. Man kann viel Geld in Marketing-Kampagnen stecken, aber die glaubwürdige Empfehlung eines Markenbotschafters ist nicht nur günstiger, sondern auch nachhaltiger. Wenn man so will, sind Markenbotschafter die besten Vertriebsleute."*

Im Idealfall gibt es in den Unternehmen Markenbotschafter, die im Kundenservice, im Marketing, in Human Resources, Vertrieb und in der PR tätig sind und mit Leidenschaft online für ihre Marke kommunizieren. Sie prägen dort den ersten Eindruck, den wir von der Unternehmensmarke haben und zahlen damit auf deren Reputation ein. Nur wenige werden den Titel „Markenbotschafter" auf ihrer Visitenkarte haben oder sich als solche bezeichnen. *„Als Markenbotschafter bin ich nicht bei mytaxi eingestellt worden, sondern als Leiter der PR- und Social Media-Aktivitäten"*, meint dazu Stefan Keuchel. *„Dennoch war meinen Chefs bestimmt klar, dass sie einen Mitarbeiter rekrutieren, der sich auch öffentlich zu seiner Arbeit (und den Produkten) äußert. Das sollte natürlich kein selbstreferenzielles Marketing-Bla-Bla sein, sondern um Inhalte und Authentizität gehen."* Julia Jung, Onlinemarketing Managerin bei Neusta Etourism, ergänzt das: *„Letztlich sind alle Mitarbeiter Markenbotschafter ihres Unternehmens. Professionelle Markenbotschafter müssen nach innen ihre Mitarbeiter wie außen ihre Kunden und Influencer begeistern. Egal wo ich etwas schreibe, muss ich konsistent im Sinne meiner Marke kommunizieren. Mein Content sollte daher immer zu meiner Marke passen. Dazu gehören für uns Fotos, Videos und Texte, die uns an jedem Touchpoint näher an den Gast heranführen. Als Markenbotschafter achten wir darauf, dass wir alle Gäste auf jedem Kanal duzen."*

Offizielle Markenbotschafter benötigen ein gutes Netzwerk in ihrer Branche, um darüber ihre Reichweite für den eigenen Content zu vergrößern und Earned Media zu erhalten. Deshalb meint Jung: *„Ich muss als Expertin für Journalisten und Blogger jederzeit auf unseren Touchpoints ansprechbar sein. Dabei fokussiere ich mich im Hotelbereich nicht nur auf Reiseblogger, sondern versuche auch fachfremde Influencer zu gewinnen. Im Idealfalle kann ich sie ansprechen, wenn sie gerade bei uns zu Gast sind. Die Beziehungspflege gehört für mich als Markenbotschafterin zum Alltag einfach dazu."*

Meistens sind eingesetzte Markenbotschafter bereits Personal Brands, die im Laufe der Jahre ihre eigene Marke pfleglich behandelt haben und dadurch zur öffentlichen Person geworden sind. Für ihr Unternehmen gehen sie auf Veranstaltungen, halten dort Vorträge, führen Interviews mit der Presse und laden Blogger ein, um zu diesen Nähe herzustellen. Von ihrer persönlichen Reputation können Sie als Unternehmen unmittelbar profitieren, wenn Sie deren Rolle akzeptieren und fördern.

> **! WICHTIG**
>
> Markenbotschafter sind keine Vertriebsleute, die in Social Media für Ihr Unternehmen werben und Kunden anlocken. Sie interagieren auf Ihren Plattformen mit den Stakeholdern und bauen im Idealfall die Beziehungen zu den wichtigen Influencern Ihrer Branche auf. In der Regel kennen sie diese gut und initiieren Content Sharing, weil sie auf deren Informationen verweisen und direkt darauf reagieren.

Das Content-Marketing wird durch einzelne Markenbotschafter vertreten. Sie sind das Gesicht einer Marke und fördern durch ihre persönlichen Interaktionen mit den Stakeholdern die Reputation des Unternehmens. Erst die Personalisierung gibt wichtigen Teilen des Corporate Content das gewisse Etwas und macht ihn einzigartig. Denn es geht nicht nur um fachlich hochwertigen Content: Er sollte auch einen persönlichen Touch haben. Dieser ist besonders im reaktiven Content-Management von großer Bedeutung. Jede persönliche Antwort auf einem Social Touchpoint der Marke zahlt mehrfach auf diese ein, macht sie nahbarer und persönlicher.

6.6 Influencer Relations

Von selbst wird Ihre Website, Ihr Blog oder Ihr Video keine Besucher anziehen. Wer seinen digitalen Content online bekannt machen will, hat mehrere Optionen. Zum einen können Sie auf Paid Media (Content-Vermarktung) setzen und sich dadurch die Reichweite einkaufen. Allerdings lohnt sich das nur, wenn Ihr Content den Bedürfnissen Ihrer Kunden entspricht. Wenn Sie Content veröffentlichen, können Sie natürlich auf Ihre eigenen Kanäle setzen und über Social Media und Printobjekte auf Ihre Assets verweisen. Doch schon bei einer Pressemitteilung zu Ihrem neuen Beitrag werden Sie auf wenig Resonanz stoßen. Dazu gibt es längst zu viele Inhalte, die jeden Tag digital und analog verbreitet werden. Auch klassische Push-Instrumente eignen sich immer weniger zur Verbreitung der eigenen Inhalte. Selbst die Suchmaschinenoptimierung, die früher erfolgreich über Linkfarmen Aufmerksamkeit auf die Website lenkte, versagt durch die neuesten angepassten Google-Algorithmen hinsichtlich der Qualität des Contents. Aber Qualität alleine macht leider noch nicht sichtbar in der Aufmerksamkeitsökonomie. Wer ein virales Video produziert und verbreitet, muss das sehr gut planen und dazu seine Kunden und die Distributionsmechanismen des Webs kennen. Hier kommen die Influencer ins Spiel, die eine gute Alternative zu Paid Media sein können, auch wenn trotzdem organisatorische Voraussetzungen unvermeidlich sind und klare Ansprechpartner für diese Multiplikatoren vorhanden sein müssen.

Die Influencer Relations sind eine neue Profession, die sich ein wenig von den Press Relations unterscheidet. Dennoch geht es jedes Mal um den Kontaktaufbau und das Beziehungsmanagement mit Multiplikatoren. Aus diesem Grund sollten Sie sowohl Medienvertreter wie auch Blogger ernst nehmen und vor einer Verteileraufnahme überprüfen, ob diese dort hinein passen, ob sie wirklich Ihrer Informationen bedürfen. Eine einfache Recherche reicht meistens aus, um herauszufinden, worüber Journalisten oder Blogger schreiben. Wenn das gut zu Ihren Themenfeldern passt, sollten Sie bei den wichtigen Influencern sogar anrufen und sich ins Gespräch bringen. Hierbei geht es nicht um das Nachtelefonieren im Anschluss einer Pressemitteilung, sondern um die Analyse der Beziehung, die es Ihnen erlaubt, den Kontakt mit einem Influencer erfolgreich zu gestalten.

! **ACHTUNG**

Leider unterschätzen viele Unternehmen die Blogger und glauben, dass diese in jedem Fall an den eigenen Informationen interessiert sein müssen. Wer einem Blogger eine Pressemitteilung zuschickt, erreicht nichts oder erntet einen öffentlich gemachten Sturm der Entrüstung. Blogger verstehen sich in der Regel nicht als Journalisten und verhalten sich dementsprechend völlig anders. Selbst wenn zahlreiche Influencer mit großen Mediareichweiten einen journalistischen Hintergrund haben, können Sie diese nicht einfach in Ihren Presseverteiler aufnehmen und mit regelmäßigen Pressemitteilungen beglücken. Das „Gießkannenprinzip" ist in der Regel nicht von Erfolg gekrönt und entspricht nicht der sinnvollen Gestaltung der Influencer Relations. Außerdem wirken Inhalte, die via „Copy and Paste" beliebig und über viele Blogs verteilt werden, sehr bald negativ auf die Unternehmensmarke.

Sie sollten Ihre Influencer gut kennen. In der Mode- und Reisebranche oder im Gagdet-Umfeld werden oftmals Geschenke an Blogger verteilt, das lässt sich allerdings nicht auf andere Branchen und jeden Blogger übertragen. Wer hierbei unvorsichtig agiert, verliert schnell das Vertrauen der Influencer und erleidet manchmal sogar einen Reputationsschaden. Im Sinne des Content-Marketings profitieren Unternehmen davon, wenn es ihnen gelingt, ihre Inhalte den Influencern anzupreisen, ohne zu marktschreierisch zu sein und sich anzubiedern. Wenn Blogger, Twitter oder Youtuber über ein spannendes Unternehmensthema berichten, steigt die Sichtbarkeit der eigenen Themen. Zudem werden die Informationen kuratiert, interpretiert und distribuiert. Je individueller das geschieht, desto wertiger wirkt der Content, der sich auf Ihre Marke bezieht. Ein kompetenter Fachblogger oder

Influencer Relations 6

Youtuber wirkt sehr viel glaubwürdiger als eine interessensgesteuerte Organisation, die mit „Owned Media" klare Unternehmensziele verfolgt. Expertenblogs werden lieber gelesen als Corporate Blogs. Fachliche Markenbotschafter veredeln Ihren Content mit ihrer Persönlichkeit und Kompetenz. Zudem sind das jene persönlichen Ansprechpartner, die sich viele Multiplikatoren wünschen.

Blogger machen „ihr eigenes Ding"

Ein Autoblog wird kaum über Essen berichten. Daher ist es wichtig, im Vorfeld die für das jeweilige Unternehmen relevanten Blogs zu identifizieren und anschließend mit den richtigen Inhalten zu versorgen. Gute Presseverteiler orientieren sich an solchen Bedürfnissen der Influencer. Im Zweifel verschickte man früher Faxe an Journalisten, wenn diese E-Mails verschmähten. Die Wahl des richtigen Touchpoints ist wichtig. Nicht immer ist es die E-Mail, über die kommuniziert werden sollte. Manchmal ist es sogar besser, per Twitter oder Facebook zu schreiben oder zum Telefonhörer zu greifen. Es nervt viel weniger und hinterlässt keine digitalen Spuren. Den präferierten Kanal können Sie leicht herausfinden.

Es lohnt sich, individuell angepasste und vor allem zu den jeweiligen Blogs passende Informationen zur Verfügung zu stellen. Sobald es eine vertrauensvolle Beziehung zu einem Influencer gibt, können Sie diesen durchaus konkret für einzelne Aktionen ansprechen. Dieses sollte jedoch möglichst individuell geschehen. Auf diese Weise werden die vielfältigen Informationen über Ihre Marke in den Blogs eher noch aufgewertet, weil sie jeweils einen individuellen Zugang anbieten, der dem Facettenreichtum Ihrer Marke dient. *„Sie multiplizieren Themen nicht einfach"*, meint Agnes Happich, die bei Audi für Influencer Relations verantwortlich ist. *„Blogger machen ihr ganz eigenes Ding daraus."* Mit jeder Interaktion auf Twitter oder Facebook sowie den Blogartikeln erhalten Sie Earned Media. Das zahlt unmittelbar positiv auf Ihre Marke ein.

Der Kontrast zu den Open-PR-Portalen könnte dabei nicht größer sein. Dort gibt es zahlreiche Pressemitteilungen, die sehr gut in den Suchmaschinenergebnissen zu sehen sind. Allerdings stellt sich die Frage, wie sich das auf Ihr Image auswirkt, wenn es „nur" vermeintliche Reaktionen in den PR-Portalen gibt. Es kann nicht im Sinne einer Marke sein, wenn derselbe Content in unveränderter Form auf zahlreichen Webseiten auftaucht und die Brand Experience mit dieser ewigen Wiederholung eher enttäuscht und langweilt. Zum Glück werden die mehrfachen Treffer manchmal von Google in den Suchergebnissen herausgefiltert. Viel besser sind die Bewertungen, Empfehlungen, Rezensionen der Influencer und Kunden, die sich mit einer Marke auseinandersetzen, sich vielleicht an ihr reiben, aber ihr immerhin eine intellektuelle Wertschätzung schenken.

> **BEISPIEL**
>
> *„Wer sich für Blogger Relations entscheidet, sollte wissen, warum er das tut",* erläutert Agnes Happich. *„Wir bei Audi machen Blogger Relations, weil Blogger neue Perspektiven schaffen. Sie schreiben nicht einfach einen Bericht darüber, wie wenig der Audi A3 verbraucht, sie fahren ein Rennen gegen die Tanknadel. Sie posten innere Monologe voller Kindheitserinnerungen aus den Garagen der Audi Tradition. Sie plädieren leidenschaftlich für Stoffverdecke auf Cabrios. Sie legen sich in den Kofferraum des Audi quattro, um im YouTube-Video zu zeigen, wie geräumig er ist."* Von diesem Storytelling profitiert das Content-Marketing des Automobilunternehmens.

Eine erfolgsversprechende Strategie der Influencer Relations besteht darin, andere Blogautoren zu verlinken und auf das Prinzip Reziprozität zu vertrauen. Sie erhöhen die Wahrscheinlichkeit, dass Blogger auf Ihren Content verweisen, indem Sie selbst auf deren Inhalte verlinken und diese auf Facebook oder Twitter kuratieren. Je mehr Sie geben, desto eher erhalten Sie im Gegenzug Aufmerksamkeit. Aus diesem Grund lohnt es sich, auf Twitter den wichtigsten Influencern zu folgen und sich via Xing oder Facebook mit ihnen zu vernetzen. Darüber können Sie Vertrauen aufbauen und ernten im Krisenfalle eine positive Unterstützung oder können zumindest ins Gespräch miteinander gehen. Zudem lohnt es sich, bekannte Blogger um Gastartikel zu bitten oder diese zu einem Thema zu interviewen. Dadurch erzeugen Sie große Aufmerksamkeit und profitieren von der Bekanntheit Ihrer Influencer. Manchmal genügt es sogar, eine kleine Umfrage unter Branchenbloggern durchzuführen und diese persönlich anzusprechen.

Die Frankfurter Buchmesse ist seit 2009 in Social Media sehr aktiv. Deshalb meint Markus Gogolin, Abteilungsleiter Marketing & Kommunikation: *„Es ist für uns ein so selbstverständliches Kommunikationsmittel wie Telefon. Neben der Betreuung eigener Accounts auf Facebook und Twitter ist das Netzwerken und Austauschen in Communities wie Facebook-Gruppen oder Branchen-Blogs relevant. Die Einbindung von Influencern macht das Streuen eigener Angebote und Aktionen unendlich viel leichter, als wenn alles nur über eigene PR-Ressourcen läuft. Diese Influencer sind über Social Media am besten ansprechbar. Außerdem bietet Social Media uns als Firma eine einfache Möglichkeit, selbst zum Sender zu werden – ohne den Umweg über die Presse gehen zu müssen. Mit Social Media und Content-Marketing ist heute jedes moderne Unternehmen auch ein Medien-Unternehmen in eigener Sache."*

Wer erfolgreich in Influencer Relations sein will, muss genau verfolgen, was die eigenen Stakeholder publizieren und darauf manchmal schnell reagieren, um durch dieses persönliche Engagement eine gute Beziehung zu den wichtigsten Influencern aufzubauen. Sind Sie bereits sehr gut mit Multiplikatoren Ihrer Branche vernetzt, können Sie zumindest das Sharing und die Verlinkungsrate verbessern. Lesen Ihre Influencer Ihr Corporate Blog regelmäßig, profitieren Sie davon, wenn diese jeweils darauf reagieren und es auf ihren Touchpoints verteilen. Agnes Happich freut sich über ihre Erfolge in den Influencer Relations: „*Blogger erzählen ihre Geschichten über mehrere Kanäle hinweg. Sie posten Fotos auf Facebook und Instagram, involvieren ihre Fans auf Twitter, berichten auf ihren Blogs, stellen Videos auf YouTube und verlinken all diese Kanäle miteinander. Die Rechnung für die Unternehmen ist ganz einfach: Als wir 12 Blogger zur Audi Land of quattro Alpentour einluden, entstanden daraus 35 Blogbeiträge, 7 YouTube-Videos, rund 32 Facebook-Posts und 110 Tweets. Unsere Autos waren also auf all diesen Plattformen präsent – mit einer beachtlichen Gesamtreichweite. Die Blogger verlinken aber nicht nur ihre eigenen Präsenzen. Sie verweisen auch auf die Beiträge anderer Blogger – bei Journalisten wäre das kaum vorstellbar.*"

Die Frankfurter Buchmesse nimmt die neuen Influencer sehr ernst: „*Wir behandeln Blogger bei der Akkreditierung genauso wie Journalisten. Wer Kriterien wie mediale Relevanz, Branchennähe und Aktualität erfüllt, kann Zeitungsartikel schreiben, ein Foto-Tumblr hosten oder YouTuber sein – er wird akkreditiert. Vor Ort veranstalten wir seit Jahren Bloggertreffen, supporten mit unserer Social Media alle Tweetups und bieten 2014 regelmäßige Blogger-HappyHours an*", erzählt Frank Krings, PR Manager Marketing & Kommunikation. Auf diese Weise stellt die Frankfurter Buchmesse Nähe zu seinen Influencern her und kann sich der Aufmerksamkeit nicht nur unter den Buchbloggern gewiss sein. Bloggertreffen, Barcamps oder Twitteraktionen sind seit einigen Jahren in Deutschland in vielen Branchen etwas ganz Normales geworden. Darüber vernetzen sich zahlreiche Unternehmen mit den Influencern und unterstützen diese im Storytelling rund um ihre Marken. Das geht viel weiter als jede Testimonial-Kampagne und ist wesentlich nachhaltiger.

Ohne einen Markenbotschafter im eigenen Haus ist es äußerst schwierig, den Kontakt zu den Influencern herzustellen. Diese wollen wissen, mit wem sie es zu tun haben. Dieses Beziehungsmanagement ist für Unternehmen sehr aufwändig, lohnt sich aber für das Content-Marketing, weil Sie über Ihre persönlichen Kontakte zu den Multiplikatoren mehr Aufmerksamkeit für Ihren Content erhalten und viel Geld bei der bezahlten Content-Vermarktung sparen können. Jede initiierte Empfehlung durch Ihr Netzwerk spart an anderer Stelle viele personelle und finanzielle Ressourcen.

6.7 Content-Vermarktung

Hochwertige Inhalte zu produzieren, das reicht bei Weitem nicht mehr aus, um mit einer Markenbotschaft erfolgreich die eigenen Stakeholder zu erreichen. Ihre (potenziellen) Kunden werden erst von einem lesenswerten Blogartikel oder tollen Video-Interview angelockt, wenn jemand sie darauf aufmerksam macht. Nicht jeder hat schon auf irgendeine Weise Ihre Content-Kanäle abonniert.

▶ **BEISPIEL**

So hat die Weltbank Hunderte von Studien gratis als PDF-Dateien auf ihrer Website zur Verfügung gestellt. Bei einer Content-Analyse stellte sich jedoch heraus, dass ein Drittel der Reportings überhaupt noch nicht abgerufen worden war. Laut „Washington Post" wurden weitere 40 Prozent der teuer produzierten Studien weniger als 100-mal abgerufen. An der Qualität der Inhalte kann das Desinteresse der Öffentlichkeit nicht gelegen haben. Schwerer wiegt sicherlich das schwer zugängliche PDF-Publishing.

Der ungehinderte Zugang allein reicht also nicht aus, um Inhalte zu verbreiten. Es ist die Aufgaben des Content-Marketings, Strategien zu entwickeln, das Interesse der Stakeholder herzustellen und die Content-Formate darauf abzustimmen. Dazu muss man allerdings auch die Zielgruppen und ihre Content-Bedürfnisse kennen und verstehen lernen. Auf die veränderten Seh- und Nutzungsgewohnheiten hat sich auch die Deutsche Bank eingestellt. Sie bereitet ihre DB-Research-Analysen als Infografiken auf und macht sie über ihre eigenen Social-Media-Kanäle und Influencer Relations bekannt. „*Unsere volkswissenschaftlichen Studien sind besonders für Professoren und wissenschaftliche Mitarbeiter spannend*", so Nico Reinhold, Co-Head Digital Communications, Deutsche Bank. „*Durch unsere andere Aufbereitung ist das attraktiv für Universitäten und wird dort für Präsentationen genutzt.*" So kommuniziert auch Gutefrage.net die Ergebnisse ihrer Umfragen. Die Content-Plattform hat kompakte Ratgeber zu unterschiedlichen Themen erstellen lassen und diese verbreitet, „geseeded". Dabei werden die Themen strategisch ausgewählt, um einen möglichst großen PR-Mehrwert zu erzielen. Manche Inhalte lassen sich gut über Influencer verbreiten, andere finden jedoch nicht so viel Response. In diesem Fall ist es notwendig, über bezahlte Formen der Content-Vermarktung nachzudenken.

Paid Media für das Content-Marketing

Sobald Ihr Redaktionsplan über alle Touchpoints hinweg steht, können Sie überlegen, welche Ihrer Inhalte besonders wichtig sind und eine hohe mediale Reichweite

6 Content-Vermarktung

erzielen sollen. Damit diese Assets eine entsprechende Aufmerksamkeit erhalten, ist es sinnvoll, sie mit einer Content-Promotion oder einem Content Seeding zu unterstützen. Im Folgenden sprechen wir immer von einer Content-Vermarktung. Damit bezeichnen wir jegliche Form der Paid Media.

Paid Media ist der bekannte Werbeansatz, bei dem Sie in der Regel dafür bezahlen, mit Ihren Botschaften wahrgenommen zu werden. Dafür werden die Inhalte und der Umfang der Medialeistung vom Werbetreibenden selbst kontrolliert. So können Sie abhängig von Ihrem Budget bestimmen, wie viel Aufmerksamkeit Sie in einer bestimmten Zeit in TV, Radio, Print, Online oder in der Außenwerbung erhalten wollen. Unternehmen sind es gewohnt, sich die Reichweite über Mediadienstleister einzukaufen. Dafür werden nach wie vor TV- und Radio-Spots sowie Anzeigen in Tageszeitungen und Zeitschriften geschaltet. Online wird das flankiert durch Bannerwerbung, Google Ads und Facebook-Ads. Jedoch ist das nicht besonders nachhaltig. Jede Werbung ist zeitlich limitiert und kostenintensiv. Ob sie tatsächlich funktioniert, weiß vorher niemand. Manche Kampagnen zahlen positiv auf die Marke ein, andere wirken hingegen reputationsschädigend, zumal die klassische Werbung immer unbeliebter wird.

In der Aufmerksamkeitsökonomie ist es sehr schwer, überhaupt mit guten Inhalten wahrgenommen zu werden. Selbst wenn Sie Storytelling vom Feinsten betreiben, gut vernetzt sind und als Marke ohnehin eine gewisse Bekanntheit haben, sollten Sie darüber nachdenken, Ihre Content-Strategie um den Part einer aktiven Vermarktung zu ergänzen. Einige Content-Marketer bewerben ihre Content-Angebote über etablierte Werbekanäle. So schaltet der Portemonaie-Hersteller Bellroy für seine „Slim Your Wallet"-Aktion Online-Ads. Südtirol Marketing plant für sein aufwändiges Online-Magazin „Was uns bewegt" sogar TV-Werbung. *„Wir haben sehr viel Geld und Zeit investiert, wir hatten noch nie ein so großes Projekt! Wir werden uns also ganz bestimmt nicht darauf verlassen, dass die Leute uns von alleine finden"*, sagt Greti Ladurner, Geschäftsführerin Strategisches Marketing bei Südtirol Marketing in Bozen. Allerdings geht es uns in diesem Buch weniger darum, die Vermarktung über klassische Marketing- und Werbekampagnen zu besprechen. Stattdessen beschreiben wir die jungen — und meist auch weitaus kostengünstigeren und fokussierteren — Vermarktungswege, die uns Online-Medien und das Social Web eröffnet haben.

Was ist sinnvoll, um Ihren Content erfolgreich zu vermarkten? Es reicht nicht aus, generell auf die Website, den Twitter- und Facebook-Account und weitere Owned Media zu verweisen, sondern es ist eine gezielte Vermarktungsstrategie erforderlich. Über eine bezahlte Content-Vermarktung können Sie für eigene redaktionelle Inhalte zusätzliche Reichweite erzeugen. Dabei geht es nicht einmal so sehr um

Das Content-Marketing

einen Reputationsgewinn durch die beworbenen Inhalte, sondern um den Gewinn von Leads. Den Erfolg Ihrer Paid-Media-Maßnahme können Sie am Feedback, der Klickrate sowie dem Engagement der Onliner messen. Wenn Sie diese Form der Content-Vermarktung verwenden, sollten Sie darüber hinaus idealerweise neue Abonnenten (RSS, Newsletter), Fans (Facebook) oder Follower (Twitter) generieren. Jedes einzelne Content-Stück bedarf einer kleinen oder großen Vermarktung, abhängig von der Rolle des jeweiligen Inhalts. Wie wichtig ist dieser im Rahmen Ihrer Content-Marketing-Strategie? Wen wollen Sie in der Customer-Journey damit erreichen? Wenn es ein Service-Inhalt ist, der auf konkrete Fragen Ihrer Kunden zeitnah eingeht, ist es sicherlich nicht unbedingt nötig, dieses Facebook- oder Twitter-Posting zu promoten. Allerdings wenn Sie ein neues Video auf Youtube stellen, das mit viel Aufwand produziert worden ist, sollten Sie auch dafür Sorge tragen, dass es wahrgenommen wird.

Content-Vermarktung auf Facebook

Bei Facebook können Sie Ihre Inhalte mit den Facebook Ads an der rechten Seite oder im Newsstream direkt promoten. Dabei haben Sie in dem Network sehr gute Möglichkeiten, die Werbeanzeigen über Themen, Interessen, Alter und geographische Zuordnung der Mitglieder zu steuern (facebook.com/advertising). Am erfolgreichsten ist dabei die Content-Promotion über Anzeigen innerhalb des Facebook Newsstreams. An der Sidebar wird die Werbung eher ignoriert. Aber lohnt es sich wirklich, auf Facebook Anzeigen für Corporate Content zu schalten? Wir meinen ja. Für die Reichweiten der Inhalte mussten Unternehmen bislang schon immer Geld bezahlen. Wenn die Reichweite einer Zeitschrift bei 500.000 Lesern liegt, eine Farbanzeige dort 15.000 Euro kostet, beträgt der Tausender-Kontakt-Preis (TKP) 30 Euro. Der TKP gibt an, wie teuer es ist, 1.000 Personen mit seinen Werbemaßnahmen zu erreichen. Es ist eine quantitative Kennzahl, die nicht erfasst, wie die Werbebotschaft tatsächlich bei den Rezipienten angenommen wird. In der Zielgruppe der 14- bis 49-Jährigen liegt der TKP laut Radiovermarkter RMS für das Radio bei 3,36 Euro und bei TV nach Angaben der AGF bei 13,74 Euro. Demgegenüber lassen sich über Google AdWords 1000 Personen bereits für etwa zwei Euro erreichen, während es auf Facebook gerade einmal rund 20 Cent kosten würde.

Daraus geht hervor, dass Facebook ein attraktives Werbeumfeld darstellt, um kostengünstig den eigenen Content zu promoten. Es ist mit Abstand günstiger als Suchmaschinen- und Printwerbung. Als Werbender profitieren Sie zudem vom sozialen Kontext der Facebook-Mitglieder. So wird unter einer Anzeige angezeigt, welchem Ihrer Kontakte die Werbeanzeige gefallen hat. Das wird als Weiterempfehlung wahrgenommen. Aufgrund der geringen organischen Reichweite für

Content-Vermarktung 6

Owned Media sollten Sie bei Facebook auf Paid Media setzen, um Ihre relevanten Informationen für Fans sichtbar zu machen. Dabei kommt es jedoch darauf an, dass Sie tatsächlich Ihren Content vermarkten und nicht eine klassische Produktanzeige schalten. Aus Sicht des Content-Marketings geht es darum, eine Leserschaft für Ihre Facebook-Informationen zu erhalten. Von alleine werden Ihre Inhalte nicht mehr in dem Network wahrgenommen. Facebook zeichnet sich dadurch aus, dass Sie ein sehr feines Targeting für Ihre Content-Vermarktung zur Verfügung gestellt bekommen. Sie können Ihre Zielgruppen über Facebook-Werbung gut identifizieren. Dabei haben Sie unter anderem die Auswahl bei der Ansprache:

1. Demografische Zielgruppenansprache:

Facebook erlaubt es Ihnen, allgemeine demografische (Alter, Geschlecht, Ort etc.) wie auch spezielle demografische Daten (sexuelle Orientierung, Beziehungsstatus, Arbeitsplatz, Bildungsstand etc.) für Targeting zu nutzen. Ob das für Sie von Interesse ist, hängt vor allem von Ihrer Branche und der Feinjustierung Ihres Content-Marketings ab. Während diese Daten in der klassischen Werbung, die auf große Reichweiten abzielt, nicht so spannend sind, lassen sie sich wunderbar nutzen, um einzelne Zielgruppen mit passgenauem Content zu bedienen. Dadurch bekommen Sie für Ihr Paid-Media-Budget die jeweils richtigen Stakeholder.

2. Genaue Zielgruppenansprache:

Auf Facebook können jene Personen angesprochen werden, die bereits Interesse an dem beworbenen Produkt- bzw. Themenfeld gezeigt haben. Dazu wird jeweils auf die Interessen und Likes der Mitglieder zurückgegriffen. Das Marketing kann die optimale Zielgruppe für den beworbenen Content erreichen.

3. Kategorische Zielgruppenansprache:

Dazu werden Nutzer in Kategorien eingeteilt und darauf basierend ausgewählt. Auf diese Weise können Sie zum Beispiel Facebook-Mitglieder erreichen, die sich laut Facebook-Beziehungsstatus gerade verlobt oder geheiratet haben.

Bei der genauen und der kategorischen Zielgruppenansprache ist die richtige Balance wichtig, damit Ihre Werbung bei einer Click-Through-Rate von 0,1 Prozent noch von genug Nutzern gesehen wird, um sinnvoll eingesetzt zu sein. Sie sollte dennoch so begrenzt sein, dass genügend interessierte Facebook-Mitglieder angesprochen werden. Wenn Sie eine Facebook-Zielgruppe definiert haben, die beispielsweise Ihr Blog geliked hat, können Sie diese auf der Plattform für einen begrenzten Zeitraum über Anzeigen mit ausgewählten kostenlosen Content-Formaten wie E-Books, Infografiken oder Whitepaper ansprechen. Diese Exklusivität und zeitliche Begrenzung sollten Sie bei der Content-Promotion auf Facebook deutlich betonen. Dieses Vorgehen spricht genau die Zielgruppe an, die bereits Interesse an Ihren Bloginhalten gezeigt hat und verhilft zugleich zu einem Image als verlässliche Quelle für Information und zu mehr Wiedererkennungswert der eigenen Marke.

Bei Sponsored Ads auf Facebook geht es hauptsächlich darum, neue Kundenkontakte für die eigene Marke zu gewinnen und die Kundenbindung zu stärken. Wenn eine Kampagne nicht funktioniert, lohnt es sich, die gleiche Anzeige mit verschiedenen Bildern zu kombinieren, um herauszufinden, welches Bild die höchste Click-Through-Rate erhält.

Content-Vermarktung auf Twitter

In den USA, dem Heimatland von Twitter, inzwischen Alltag, spielt Werbung auf und mit Twitter in Deutschland noch keine Rolle, weil die Zahlen der Twitterer insgesamt geringer sind. Ihnen sollte immer bewusst sein, dass Twitter kein klassisches Anzeigenmedium ist, aber wunderbar dabei helfen kann, Ihre Inhalte zu vermarkten.

Durch den wachsenden Mobile-Boom wird Twitter immer interessanter werden, an Reichweite und Relevanz zunehmen, denn 140 Zeichen sind eine ideale Größe für Smartphone-Bildschirme. Täglich werden auf Twitter rund 500 Millionen Kurznachrichten abgesetzt. Schon heute twittern viele Prominente, Politiker, ja sogar der Papst und mit ihm einige Hundert Millionen Menschen weltweit. Auf Twitter Ads (https://business.twitter.com/) stehen Promoted Tweets, Promoted Accounts und Promoted Trends zur Auswahl. Hierzulande gibt es diese Self-Service-Plattform zum Buchen von Werbung noch nicht, deutsche Werbetreibende können erst ab einem Mindestbudget von 15.000 Euro ein Kundenkonto erhalten. Doch seit Beginn des Jahres 2014 arbeitet in Deutschland ein Team für Twitter an einer Plattform, über die Werbung möglich sein wird.

Promoted Tweets sind mit dem Hinweis „Sponsored" versehen und unterscheiden sich von regulären Kurznachrichten einmal durch ihre Reichweite. Sie erscheinen nicht nur in der Timeline der Follower, sondern auch in der von Nutzern ähnlicher Accounts, bei entsprechenden Suchanfragen an erster Stelle und bei Klicks auf Hashtags, die im Promoted Tweet enthalten sind. Eine Auswahl der User nach Geschlecht, Ort und Endgerät ist möglich, ebenso nach E-Mail-Adressen oder Cookie-ID. Mit Promoted Accounts können Sie durch interne Empfehlungen neue Follower

Content-Vermarktung

gewinnen. Über Promoted Trends lassen sich alle Tweets zu einem bestimmten Thema (Trend) bewerben, die Platzierung ähnelt der bei den Promoted Tweet. Abgesehen vom Letztgenannten, das recht kostenintensiv werden kann, wird bei den Promoted Accounts nach neugewonnenen Followern bezahlt, bei den Promoted Tweets fallen erst dann Kosten an, wenn der Tweet retweetet oder beantwortet bzw. favorisiert wird oder wenn Nutzer auf den Link im Tweet klicken. Das Budget kann wie bei Facebook vorgegeben werden, so bleiben die Kosten im Überblick.

Content-Promotion auf Google+

Auf Google+ werden Sie schon bald Ihre Content-Promotion über Influencer Ads und Google+ Post Ads betreiben können. Durch die Influencer Ads sollen Sie bis Ende 2014 in der Lage sein, Influencer direkt via Sponsored Posts gezielt mit Ihren Inhalten in deren Newsstream anzusprechen. Google schlägt dann auf Grundlage der bisherigen Postings der Multiplikatoren Personen vor, die für Ihr Thema relevant sind. Jeder einzelne Influencer soll hierbei von Google+ gerankt werden, sodass Sie abhängig von deren Score individuelle Preise für die Platzierung in deren Newsstreams zahlen. Die Google+ Post Ads erscheinen direkt im Google Display Netzwerk, das aus zahlreichen Blogs und Websites besteht. Dadurch können Sie zu einem günstigen TKP-Preis für Ihre Unternehmenspräsenz auf Google+ werben, Ihre Markenbekanntheit verbessern und Ihre Community gezielt vergrößern. Die Influencer Ads und die +Post Ads, die Sie für Ihren Content schalten, werden sich vermutlich auch auf die organischen Rankings bei Google+ auswirken. Letztlich könnten Sie durch die Werbeformen die Interaktionen mit Ihrem Content auf Google+ erhöhen. Aus diesem Grund lohnt es sich, über eine Content-Vermarktung auf Google+ nachzudenken.

Blog-Promotion im Social Web

Ein Corporate Blog oder ein Online-Magazin liefert im Prinzip die Inhalte, die Sie über andere Social-Media-Kanäle sowie über Newsletter und gezielt über Anzeigen auf Twitter, Facebook, Google+ und Co. promoten können. In einzelnen Fällen kann es durchaus sinnvoll sein, auch noch Google Ads zu schalten, um bei einzelnen Beiträgen die Reichweite zu steigern. Allerdings ist es sinnvoller, über SEO-geeignete Inhalte das Blog als solches zu stärken. Paid Media ist eine kleine Ergänzung, findet jedoch in erster Linie im Social Web statt.

Newsletter nutzen

In der Content-Vermarktung ist die E-Mail ein wichtiges Asset, denn noch immer werden viele Inhalte über E-Mail geteilt. Das ergab Anfang 2014 die Studie der Mobile-Publishing-Plattform Rumble's Q1. Demnach werden 76 Prozent aller Online-Artikel per E-Mail geteilt, aber nur jeweils zwölf Prozent über Twitter und Facebook. Laut der Analyse erhielten Nachrichten und Video-Content die höchsten Sharing-Raten, während Business- und regionale Inhalte eher selten weiterempfohlen werden. Allerdings fanden die Analysten auch heraus, dass die Teilungsrate keine Aussagekraft über die tatsächliche Attraktivität eines Inhalts beinhaltet. So sind Titelgeschichten einer Nachrichtenseite zwar sehr beliebt, werden aber trotzdem seltener als andere Themen geteilt. Aus diesem Grund sollte das Content-Sharing nur ein Faktor von mehreren zur Bewertung der eigenen Inhalte sein.

Falls Sie ein Corporate Blog oder Online-Magazin betreiben, empfehlen wir Ihnen, die Inhalte zusätzlich als automatisierten Newsletter anzubieten. Auf diese Weise können Sie Ihren Content mehrfach vermarkten. Außerdem ist das ein guter Service für Ihre Kunden, die sich selbst aussuchen können, auf welchem Weg sie Ihren Content wahrnehmen.

Es gibt zahlreiche Fachnewsletter, die einen Branchenbezug haben und damit vielleicht sogar zu Ihrer Zielgruppe passen. Bislang werden die Newsletter hierzulande erst wenig für die Vermarktung eigener Inhalte genutzt. Stattdessen setzen viele Unternehmen auf produkt- oder servicebezogene Anzeigen in den Newslettern. Dabei bieten sich fachliche Newsletter auch als Paid-Media-Maßnahme an. So können Sie in den Newslettern für Ihr neues E-Book werben oder auf eine Blog-Serie oder Ihr neues Youtube-Angebot verweisen. Zum Beispiel hat die gutefrage.net-Gruppe im B2B-Bereich sehr gute Erfahrungen mit dem Seeding über Fachzeitschriften-Newsletter und Sponsored-Posts gemacht. Darüber konnte sie die Download-Zahlen ihrer Ratgeber erheblich steigern.

Weitere Ansätze in der Content-Vermarktung

Es gibt viele Tools und Services, mit denen Sie Ihre Content-Vermarktung unterstützen können. Einer der wichtigsten Content-Marketing-Dienstleister ist hierbei Plista. Diese Agentur und ähnliche Dienstleister wie Outbrain oder Ligatus kooperieren mit zahlreichen Medienpartnern, auf deren Websites kleine Empfehlungsboxen im redaktionellen Umfeld untergebracht werden. Dort gibt Plista den Lesern Hinweise auf weitere thematisch passende Artikel und mixt die Links mit Teasern zu eigenen oder fremden Content-Angeboten. Wenn Sie auf diese Weise Ihre Inhalte promoten, bezahlen Sie für die Reichweite, die darüber erzielt wird. So können Sie Ihre Inhalte auf reichweitenstarken Premium-Portalen wie Spiegel Online, T-

Content-Vermarktung 6

Online oder Süddeutsche Zeitung präsentieren. Durch die Kooperationen mit großen Online-Portalen hat diese Form der Content-Promotion Vorteile gegenüber anderen, z. B. Facebook Ads oder Google Ads. In der Facebook Timeline gehen Anzeigen häufig in der Masse der Informationen unter bzw. werden in der rechten Sidebar oft als klassische Produktwerbung erkannt und abgelehnt und über das Google-Display-Netzwerk lassen sich vorwiegend nur Werbeflächen auf kleineren und unbekannteren Seiten ansteuern.

Empfehlungen über Plista sorgen aber nicht nur für eine Steigerung der Reichweite, sondern auch für eine nutzerindividuelle Auslieferung der eigenen Inhalte. Zudem erreichen Sie Onliner, die zwar an den Inhalten interessiert sind, jedoch nicht wie bei Google AdWords aktiv danach suchen. Spezielle Targeting-Mechanismen sorgen dafür, dass Ihr Content und die Links jeweils im richtigen thematischen Umfeld erscheinen. Plista bietet wie Outbrain und Ligatus beim Einrichten des Targeting einen themen- bzw. kanalbasierten Ansatz an, der allerdings mit 14 Kanälen etwas unspezifischer daherkommt als zum Beispiel beim Google Display Netzwerk, wo man themen- und interessenbezogen sowie nach geografischen und demografischen Aspekten sehr viel genauer seine Zielgruppen definieren kann.

Fazit der Content-Vermarktungschancen

Es gibt mannigfaltige Möglichkeiten, die eigenen Inhalte geschickt zu distribuieren und für die Markenbotschaften Aufmerksamkeit zu erhalten. Allerdings kommt es hierbei auf eine gute Content-Marketing-Strategie an. Sie müssen das Verhältnis von Owned und Paid Media austarieren, damit Sie beides Erfolg versprechend einsetzen können. Letztlich geht es in der Content-Vermarktung darum, die Budgets dafür einzuplanen und richtig zu gewichten. Idealerweise sollten Sie sich bei Ihren Paid-Media-Kampagnen im Content-Marketing immer folgende Fragen stellen:

1. Wie wichtig sind die betreffenden Inhalte für Ihre Marke? Welche Erwartungen verknüpfen Sie damit?
2. Welche Ziele wollen Sie über den beworbenen Content erreichen? (Leads, Reputation, Influencer Relations, Webtraffic, Markenbekanntheit etc.)
3. Auf welchen Kanälen erreichen Sie Ihre Zielgruppen am besten?
4. Wie machen Sie auf Ihren Content aufmerksam?
5. Wie viele Abonnenten wollen Sie über Newsletter und RSS-Feed erreichen?
6. Wie viele Abrufe eines E-Books, einer Präsentation, eines Videos oder eines Vortrags sind Ihr Ziel?
7. Wie stark ist das Engagement der Stakeholder?
8. Wie hoch sind die Kosten pro Lead und wie viele Verkaufsabschlüsse wollen Sie erzielen?
9. Wie gut wirkt Ihre Paid-Media-Kampagne?

Das Content-Marketing

6.8 Native Advertising

Offensichtliche Reklame stößt wie bereits erwähnt auf wenig positive Resonanz im Web. Die Werbetreibenden reagieren inzwischen darauf, indem sie relevante Werbeinhalte in die Seitenstruktur eines anerkannten Webangebots integrieren, sodass es sich auf natürliche Weise einzufügen scheint. Das wird seit einigen Jahren als Native Advertising bezeichnet. In den Zeitschriften und Zeitungen gibt es schon seit Jahrzehnten Advertorials, die in den Medienformaten so integriert werden, dass sie kaum von den herkömmlichen redaktionellen Beiträgen zu unterscheiden sind und von deren Reputation profitieren. In Deutschland müssen journalistische und werbliche Beiträge immer deutlich voneinander getrennt und kennzeichnet werden. Deshalb steht über den meisten Advertorials ein Hinweis auf den Anzeigencharakter oder auf das redaktionelle Sponsoring. Nicht viel anders verhält es sich mit „Sponsored Stories" bei Facebook, Promoted Tweets, Promoted Videos bei Youtube, Sponsored by Content in Online-Magazinen und Sponsored Links auf weiteren Social Media Touchpoints. Sobald Sie Ihren Content in einer fremde Seite einbinden lassen, um auf Ihre Botschaften zu verweisen, sprechen wir von Native Advertising. Je wertiger dabei Ihr eigener Content ist, desto eher wirkt er positiv auf Ihre Marke. Wenn Sie eine gute kreative Idee haben, lohnt es sich, auf natives Content-Marketing zu setzen. Eine Berichterstattung über Trends und nichtwerbliche Inhalte sind hierfür besonders geeignet. Ihr Content sollte auch als Nativ Ad einen gewissen Mehrwert für die Empfänger Ihrer Botschaft haben, ansonsten verfehlt sie ihren Zweck und erreicht niemanden. Videos, Infografiken und Reportagen sind dafür prädestiniert.

Seit Juni 2013 bietet die New York Times sogenannte Paid Posts in ihrem Online-Portal an, die von unabhängigen Journalisten im Sinne des Corporate Publishings verfasst werden. Dadurch können Unternehmen bei der US-Zeitung einen Artikel auf dem Online-Auftritt bestellen und kostenpflichtig veröffentlichen. Bei den Inhalten legt die New York Times viel Wert auf Qualität: Firmen-News und andere werbliche Inhalte werden eher abgelehnt. Die Zeitung setzt beim Native Advertising auf Transparenz und kennzeichnet die einzelnen bezahlten Artikel deutlich mit den Firmenlogos und präsentiert alle entsprechenden Artikel unter paidpost. nytimes.com. Bei den Lesern kommen diese Native Ads gut an, sie klicken die Beiträge genauso an wie die normalen redaktionellen Texte.

▶ **BEISPIEL**

Adobe warb 2014 für ein fiktives Network namens „Woo Woo" nicht nur mit eigenen Videos, einer Beta-Website (http://woo-woo.me) und einem Woo-Woo-Twitter-Account, sondern veröffentlichte auch auf der Nachrichten-Seite „The Onion" am 16. Juni einen Sponsored-Post, der redaktionellen Charakter hatte: *„Ambitious Social Media Startup Has Long-Term 3-Month Plan For Company."*

Aber auch in Deutschland gibt es Sponsored-Post-Angebote wie bei Lead Digital, Green.wiwo.de oder der Huffington Post. In der Überschrift eines redaktionellen Beitrags wird der Anzeigen-Charakter jeweils deutlich hervorgehoben. Verlage haben dafür oftmals feste Anzeigenpreise. In Social Media hingegen gibt es zahllose Möglichkeiten, den eigenen Content mit Paid-Media-Maßnahmen zu fördern. Meistens liegt der Content-Promotion ein Pay-per-Click-Preis (PPC) zugrunde.

6.9 Content-Marketing mit Blogs

Einem Corporate Blog sollte eine zentrale Bedeutung im Content-Marketing zukommen. Darüber lassen sich viele Unternehmensthemen wunderbar ansprechen und verbreiten. In der Theorie sind Blogartikel Selbstläufer, demgegenüber zeigt die Praxis, dass nur wenige Leser Interesse an den Inhalten der Corporate Blogs haben. Daran sind die Unternehmen selbst schuld, die sich zu wenig um die Inhalte und ihr eigenes Agenda Setting kümmern. Viele Corporate Blogs weisen ein strukturelles Problem auf. Die Inhalte werden nur auf das Blog bezogen geplant. Statt das gesamte Zusammenspiel mit anderen Medientypen und -formaten zu nutzen, Synergien herzustellen, verweilt das Blog auf seiner Insel und wird kaum wahrgenommen. Das Corporate Blog wird oftmals nicht als wichtige Kommunikationszentrale des Content-Marketings genutzt, sondern völlig isoliert betrieben. Es gibt allenfalls einige Verweise auf andere Online-Aktivitäten in Social Media. Leider genügen daher viele Corporate Blogs nicht professionellen Ansprüchen. In der Studie „Die Blogs deutscher Unternehmen im B2B-Umfeld" kam die Münchner PR-Agentur PR-COM Anfang 2014 zu dem Ergebnis, dass viele Firmen ihr Corporate Blog nicht genügend pflegen und sogar hin und wieder als reine „Recycling-Plattform" missbrauchen, indem sie Marketingtexte oder Presseinformationen einfach unverändert übernehmen.

In der Anfangsphase des Corporate Bloggings haben viele geglaubt, dass jeder Mitarbeiter seinen persönlichen Beitrag zum Bloggen leisten sollte. Nur so sei es authentisch. Mittlerweile hat sich herausgestellt, dass die Blogbereitschaft in den Firmen nicht besonders ausgeprägt ist. Viele Mitarbeiter haben gar nicht die Zeit, manche auch nicht die Fähigkeit, ein Corporate Blog mit lesenswerten Inhalten zu füllen. Deshalb setzen inzwischen viele auf ein ausgewähltes Redaktionsteam, in dem verschiedene Bereiche eines Unternehmens die Themen planen und veröffentlichen. Da Corporate Blogger in der Regel nicht aus dem Journalismus stammen und Redaktionsprozesse nicht unbedingt kennen, tun sich einige Unternehmensmitarbeiter mit dem Content-Workflow schwer. Jeder Text sollte wirklich geplant werden und einer Content-Analyse unterzogen werden. Welchen Zweck soll der

Das Content-Marketing

Blogbeitrag erfüllen? Wie viel Zeit soll darauf verwandt werden? Zahlt er auf die Reputation ein oder soll er die Markenbekanntheit steigern oder sogar verkaufsfördernd wirken? Es geht hierbei um die richtige Content-Inszenierung. Jeder Blogger sollte mit seiner Persönlichkeit einen Beitrag dazu leisten, ein Thema mit seiner eigenen persönlichen Perspektive aufzuwerten. Das Persönliche gehört somit zu einem Blogposting dazu, sollte aber nie einem Selbstzweck dienen und dadurch von der Unternehmensbotschaft ablenken. Damit tun sich viele Deutsche besonders schwer. Die öffentliche Präsenz wird in unserer Kultur nicht unbedingt als erstrebenswert angesehen, sie wird gar als störend empfunden: So hören schon Kinder den Satz: „Spiel Dich nicht so in den Vordergrund." In anderen Ländern wie den USA wird das Sich-Selbst-Präsentieren sehr viel positiver betrachtet.

Für das Content-Marketing mit Blogs benötigen Sie Professionals, die sich im Social-Media-Management genauso wie in der Redaktionsarbeit auskennen und in der Lage sind, Ihren Marken-Content zu erstellen und zu vermarkten. Das bedarf eines gewissen Mindsets und einer guten Verortung in der digitalen Welt. Wer nur wenige Kontakte auf Xing, Facebook oder LinkedIn hat, wird sich schwer tun mit der Kontaktanbahnung bei Influencern. In Ihrem Social-Media-Team sollten Mitarbeiter sein, die erste Erfahrungen im Content-Marketing und in der Content-Strategie aufweisen. Diese benötigen Sie im Unternehmen, um Content-Prozesse aufzusetzen und Ihre Content-Aktivitäten erfolgreich zu machen. Dazu sollten sie das Zusammenspiel von Paid-, Earned und Owned Media beherrschen und den organisatorischen Zugang zum gesamten Corporate Content haben. Wie eine Redaktion aufgebaut sein sollte, haben wir bereits in Kapitel 5.5 beschrieben.

Für die Suchmaschinenoptimierung sind relevante Inhalte essentiell. Leider werden die guten Artikel einer Website von vielen online überhaupt nicht wahrgenommen. Erst wenn jemand sich gezielt über eine Marke informieren will, sucht er in der Regel eine Unternehmenspräsenz auf. Ganz anders stellt sich das bei Corporate Blogs dar, die sowohl Aktualität wie auch Fachlichkeit aufweisen. Onliner teilen die Inhalte aus Blogs sehr gerne auf Facebook und Twitter. Auf Websites verlinken sie hingegen fast gar nicht. Die Inhalte eines Blogs lassen sich leichter vermarkten und stoßen eher auf positive Resonanz als klassische Website-Inhalte. Dadurch sind sie ein wichtiger Bestandteil einer Content-Marketing-Strategie, auch wenn sich in der Praxis ein anderes Bild zeigt. Denn noch nutzt bisher nur jedes zweite DAX30-Unternehmen die Möglichkeit eines oder mehrerer Blog(s), wie das Blog Karrierebibel in einer quantitativen und qualitativen Analyse von DAX30- und weiteren Blogs ermittelt hat. 43 Prozent dieser Blogs davon sind Karriereblogs. Beiträge erscheinen unregelmäßig und selten und sie haben ein Interaktionsproblem: Zwei von drei Blog-Texten ernten keinerlei Kommentare, der Rest erhält im Schnitt zwei Zuschriften. Das liegt unter anderem daran, dass sich die Interaktion auf Social

6 Content-Marketing mit Blogs

Media Touchpoints wie Facebook und Twitter verlagert hat. Es zeigt aber auch, wie schwierig es ist, Leser generell zum Content-Engagement zu bewegen.

Völlig unverständlich ist die Zurückhaltung der Firmen beim Bloggen nicht. Viele sind im Netz noch immer nicht richtig angekommen. Vor allem in den Chefetagen fremdelt man weiter mit der flinken, nichthierarchischen, oft überraschenden Kommunikation im Netz, mit der ungewohnt direkten Sprache. Das entzieht sich dem Kontrollbedürfnis konservativ strukturierter Unternehmen: „Wie gehen wir mit einem Shitstorm um?", fragen sich viele — und bleiben lieber fern (was aus Sicht der Krisenprävention ein großer Fehler ist).

Idealerweise sollten Sie Ihr Corporate Blog als Kommunikationszentrale betrachten, über die sich Ideen und Informationen mit Influencern teilen lassen, was für Ihr Content-Marketing essentiell ist. Über ein Blog erhalten Ihre Stakeholder einen Blick hinter die Kulissen Ihres Unternehmens und können sich über Ihre Branchenthemen informieren. Anders als die Website ist ein Corporate Blog nicht statisch, sondern lebt von seiner Aktualität. Deshalb ist es wichtig, mehrmals in der Woche neuen Content zu veröffentlichen. Es bieten sich Möglichkeiten, das Unternehmen in ausführlichen Beiträgen darzustellen, sich zu Themen zu positionieren und ein eigenes Online-Magazin aufzubauen. Eines ist dabei entscheidend: Das Blog sollte keine Werbeplattform sein, nicht auf Pressemitteilungen setzen und nur kurze News bieten. Vielmehr geht es darum, die Zielgruppe stets im Blick zu behalten — ob Influencer, Geschäftspartner oder Kunden. Deshalb sollte auch sachliches Feedback, das man zu einem Blog bekommt, als Chance verstanden werden, sich stets zu verbessern. Das wirkt sich positiv auf die Reputation aus. Auch das Image als Arbeitgebermarke kann im Blog verbessert werden, beispielsweise durch Mitarbeitervorstellungen und Berichte über Mitarbeiteraktivitäten. Via Corporate Blogging sind die Blog-Autoren in der Lage, gezielt Multiplikatoren anzusprechen (Influencer Relations) und auf diese Weise ihre Themen auf die öffentliche Agenda zu setzen. Gleichzeitig steigt dadurch die Transparenz des Unternehmens.

Ausgangspunkt dafür ist die Blog-Strategie, die sich an der übergreifenden Content-Strategie orientiert, und dafür sorgt, dass die Markenreputation durch die richtigen Inhalte unterstützt wird. Die Content-Strategie hingegen steckt insbesondere inhaltliche Elemente des Blogs ab, wie zum Beispiel die Issues, die abgedeckt werden sollen oder welcher Content bereits vorhanden ist. Aber auch organisatorische Prozesse müssen berücksichtigt werden: Welche Abteilungen publizieren? Insbesondere Kommunikation, Marketing, Vertrieb, Kundenservice und HR sind hier gefragt. Wie läuft der Redaktionsprozess ab? Wie läuft die Kommunikation im Krisenfall?

Das Content-Marketing

Ein Redaktionsplan gibt allen Beteiligten den jeweils aktuellen Überblick. So können ausgehend vom Corporate Blog alle Social-Media-Kanäle für die jeweilige Zielgruppe bespielt werden. Ein Blog bietet im Unterschied zu anderen Kanälen die schnelle und einfache Möglichkeit, auf alle eigenen Online-Aktivitäten zu verweisen und diese zusammenzuführen. Zu Beginn Ihrer Blogger-Laufbahn sollten Sie jedoch Ihre Zielgruppen genau analysieren. Wenn die entsprechenden Stakeholder nicht affin für ein Corporate Blog sind, kann eine andere Plattform geeigneter für ein Social-Media-Engagement sein. Gleiches gilt für die gesteckten Ziele: Ist ein Blog das richtige Medium, um Ihre Markenziele zu erreichen? Wichtig ist auch die Ressourcenplanung. Der Aufwand für ein Blog sollte nicht unterschätzt werden. Fehlen Zeit und/oder Mitarbeiter für den Aufbau des Blogs und die Content-Erstellung, kann es sinnvoller sein, eine andere Plattform zu nutzen.

TIPP

Kommt es zu einer Krise, kann man auf das Unternehmensblog als Owned Media zurückgreifen, auf dem man das „Hausrecht" hat und selbst moderieren kann. Die meisten Corporate Blogs haben keine Probleme mit kritischen Kommentaren. Sogenannte Shitstorms finden eher auf Twitter oder Facebook statt. Aber mit einem Blog erhält man eine digitale Verteidigungslinie; denn auf der eigenen Plattform kann man erklären und direkt auf die Kritik einwirken. Für das reaktive Content-Marketing lohnt es sich, ein Corporate Blog zu betreiben, weil Sie darüber Ihre Meinung klar hervorheben und sehr gut verbreiten können.

Natürlich geht es bei ihrer Content Creation immer auch darum, mit Ihren Inhalten auf das große Ganze einzuzahlen: Ihre Unternehmensreputation. Unserer Ansicht nach reicht es jedoch nicht aus, beim Betreiben eines Corporate Blogs nur auf die großen Ziele zu schielen. Jeder einzelne Online-Artikel kann auf ein konkretes Thema einwirken. Wenn Sie bereits in der Content Creation an die Zielsetzung des Blogpostings denken, ersparen Sie sich viel Mühe bei der Content-Vermarktung.

7 So messen Sie den Erfolg Ihres Contents

„Wissen ist Macht."

Francis Bacon

Die Mess- und Auswertbarkeit aller Content-Aktivitäten ist für viele Marketer ein guter Grund, sich mit dem Content-Marketing näher zu beschäftigen, vor allem im Web. Mit den generierten Daten können Sie jedes einzelne Content-Stück wie auch das große Ganze leichter einordnen und genau definieren, wie viel Budget und Ressourcen notwendig sind, um im Content-Marketing erfolgreich zu sein.

Anders als bei einem klassischen Verlagsmedium geht es im Content-Marketing nicht darum, einen wunderbaren Text zu verfassen oder ein filmisches Epos auf Video zu bannen. Die Content-Stücke verfolgen immer einen bestimmten Zweck, der über jedes künstlerische Ansinnen hinausgeht, denn Unternehmen verfolgen wirtschaftliche Interessen. Es geht längst um viel mehr als nur um das reine Image. Content-Marketing darf nicht „nice to have" sein, sondern muss die Kunden unmittelbar erreichen und bei diesen die Marken-Awareness verbessern. Gelungenes Content-Marketing hat das Potential, neben dem Aufbau eines größeren Vertrauens auch neue Kaufimpulse auszulösen. Natürlich dürfen Sie auf großartigen Content stolz sein und sich freuen, wenn ein Video ein viraler Erfolg wird, doch jedes Content-Produkt muss sich indirekt refinanzieren, indem es zum wirtschaftlichen Erfolg des Unternehmens beiträgt. Das geht über Likes, Shares und Webtraffic hinaus. Was sind 100.000 Fans auf einer Facebook-Fanpage wert, wenn sich das Kundenengagement dadurch kaum verbessert und nur wenige Kunden gewonnen werden? Ist Ihr Content einmal nicht erfolgreich, sollten Sie überprüfen, woran es lag, und sich gegebenenfalls davon trennen und diese Aktivität nicht fortsetzen. Jeder Aufwand muss sich mittel- bis langfristig lohnen. Aus diesem Grund kommt der Messbarkeit eine enorme Bedeutung zu.

Ein Content-Erfolg kommt nicht über Nacht. Dafür wurden in der Regel vorher enorme Ressourcen aufgewandt. Diese sollten Sie immer im Gesamten sehen und nicht nur die kurzfristigen Investitionen in die jeweilige Content-Produktion betrachten. Dazu kommen alle Aufwände für die Content-Strategie, das Content-Marketing und die Influencer Relations etc. Doch das wird leider oftmals vergessen, weil sich eine Organisation gerne von kurzfristigen Erfolgen blenden lässt.

So messen Sie den Erfolg Ihres Contents

Am Anfang einer Content-Strategie sollten daher immer Ihre Ziele stehen. Diese müssen Sie intern vermitteln, damit Sie Unterstützung erhalten. Da Sie normalerweise kein Medienhaus sind und Sie kein Interesse an der Refinanzierung Ihrer Medieninhalte haben, sondern einen Zweck verfolgen, der außerhalb der Medienproduktion liegt, müssen Sie klären, was Sie im Einzelnen mit Ihrem Content erreichen wollen.

Welches Content-Controlling Unternehmen haben

Viele Unternehmen in Deutschland gehen dabei individuell vor. *„Bei der Erfolgsmessung sind noch keine allgemeingültigen Standards in Sicht",* meint etwa Markus Walter, Online-Redakteur und Social Media Communicator in der Unternehmenskommunikation der Allianz Deutschland AG. Seiner Ansicht nach kann ein Content dann erfolgreich sein,

- wenn er viele „Likes" erzeugt, selbst wenn er kaum virale Verbreitung findet,
- wenn er von Multiplikatoren aufgegriffen und weiterverbreitet wird,
- wenn er den Sprung von den „neuen" in die „alten" Medien schafft,
- wenn er eine lebhafte Diskussion in Gang bringt,
- wenn er in Fachkreisen, in der Branche als Best Practice gehandelt wird,
- wenn er zu Vertriebserfolgen führt, also monetär messbar wird,
- wenn er etwa die Suchmaschinenplatzierung des Unternehmens verbessert,
- wenn er das Image des Unternehmens nachhaltig fördert,
- wenn er Fachkräfte, Bewerber auf das Unternehmen aufmerksam macht,
- wenn er Investoren überzeugt,
- wenn er Kritiker umstimmt,
- wenn er unzufriedene Kunden befriedet.

Darüber hinaus ist die Zeit wichtig, die Ihre Stakeholder mit Ihrem Content verbringen. Sie ist ein wichtiges Zeichen in einer Erfolgsbetrachtung. Es bringt Ihnen schließlich wenig, wenn die Besucher Ihrer Website oder Ihres Corporate Blogs den Artikel in weniger als 15 Sekunden scannen und nicht wirklich lesen. Wer den ganzen Beitrag liest, ist empfänglicher für weitergehende Angebote und zeigt tatsächliches Interesse an Ihrer Marke. Vielleicht können Sie denjenigen mit zusätzlichen Assets noch stärker anziehen und für eine vertiefende Betrachtung gewinnen. Dazu eignen sich Fachartikel, E-Books, Slideshare-Vorträge, Webinare und Videos. Hierbei können Sie die Kunden näher kennenlernen, erhalten ihre E-Mail-Adressen und können in den konkreten Dialog treten. Umfassender Content zeigt Ihre Expertise im Thema und verbessert dadurch für Ihre Marke die Reputation.

7 So messen Sie den Erfolg Ihres Contents

Wenn jemand mit dem Lesen eines Content-Stücks fertig ist, sollte er immer weitere Angebote erhalten, die auf sein Interesse stoßen. Je mehr sich die Stakeholder mit Ihrem Corporate Content auseinandersetzen, desto leichter können Sie diese in Kunden verwandeln. Deshalb lohnt es sich, ein gutes Webcontrolling durchzuführen und die Seitenbesuche genauer zu betrachten. Darüber erfahren Sie sehr viel über die konkreten Kundenbedürfnisse und können Ihren Content entsprechend weiterentwickeln.Die Zielsetzungen in den einzelnen Fachbereichen eines Unternehmens (Kommunikation, Marketing, Vertrieb, HR etc.) sind sehr unterschiedlich und spiegeln die Firmen- oder auch nur Bereichskultur wider. Dementsprechend verschieden sind auch die Erfolgskriterien. Svea Raßmus, Teamleiterin Social Media Management Marketing und Social Media bei DB Bahn, bestätigt, wie unterschiedlich die Erfolgskriterien ausfallen können: *„Wir messen den Erfolg. Qualitativ oder quantitativ bewerten wir Inhalte und ihre Formate nach Kennzahlen, die sich in Reichweite, Engagement, allgemeines Interesse und verbindliches Interesse (Sales Funnel) unterteilen. Natürlich hören wir auch mit Hilfe des Monitorings ins Netz und bewerten Gesagtes rund um den Personenverkehr der Deutschen Bahn, also der Marke DB Bahn. Hier geht es auch um die Tonalität und wie sie sich verändert oder stabilisiert in Bezug auf ein Thema."*

Dabei gibt es eine Vielzahl an Möglichkeiten, was im Content-Marketing oder in der Social-Media-Kommunikation gemessen werden kann. *„Messdaten, die das anzeigen, gibt es aufgrund der zunehmenden Digitalisierung der Kommunikation zuhauf"*, meint Meike Leopold, Senior Manager Social Marketing and Engagement bei Salesforce. *„Google Ranking, Klickraten, Verweildauer, Social Shares, Blogkommentare, Downloadzahlen für Gated Content und vieles mehr. Es kommt vor allem darauf an, die KPIs zu definieren, die für das eigene Content-Marketing ausschlaggebend sind, und dann die Kommunikation entsprechend daran auszurichten. Dabei sollte das Interesse der Adressaten bzw. Kunden niemals aus dem Auge verloren werden. Wenn die Download-Zahlen von Whitepapers oder E-Books gut sind, ist das nur eine Messgröße. Noch wichtiger ist es, dass der Sales-Prozess nach einer freiwilligen Adressabgabe durch den potenziellen Kunden strategisch sehr genau und überlegt aufgesetzt wird. Denn was hilft es am Ende, wenn man die „Prospects" mit zu viel Kommunikation bedrängt und vertreibt, statt sie zu gewinnen?"*

Auch die Onlinemarketing Managerin bei Neusta Etourism Julia Jung ist dieser Ansicht: *„Der Erfolg des Contents ist abhängig von aus der Strategie abgeleiteten Zielen und deren Messbarkeit. Wenn es Ziel ist, die Buchungen zu steigern, was sehr gut in Zahlen messbar ist, legt man viel Wert auf SEO und SEA. Sprich, man richtet die Texte auf die Auffindbarkeit der Website in den Suchmaschinen aus und muss Landingpages und perfekte Minitexte erstellen. Steigen die Buchungen darüber, ist das der Erfolg meiner Maßnahmen. Ist Imageveränderung das Ziel, arbeitet man gegebenenfalls mit mehr Bildern und Videos. Hier ist der Erfolg schon schwieriger zu messen, andere Messmethoden als die puren Zugriffs- oder Kaufzahlen werden benötigt."*

So messen Sie den Erfolg Ihres Contents

Für die Messung und Auswertung von Content-Marketing gibt es keine allgemein gültigen Weisheiten, auf die Sie sich berufen können. Auf keinen Fall sollten Sie ziellos Daten sammeln oder sich nur auf Ihre Webanalyse verlassen. Entscheidend sind immer Ihre geschäftsrelevanten Kennzahlen.

Was Sie für ein Content Controlling tun müssen

Damit Sie Ihre Content-Strategie erfolgreich umsetzen können, müssen Sie KPIs definieren, die wirklich für Ihr Business hilfreich sind. Es nützt Ihnen gar nichts, wenn Sie alles sammeln, aber die Informationen nicht in ihrem strategischen Zusammenhang betrachten. Konzentrieren Sie sich deshalb am besten auf Ihre aussagekräftigsten Daten, die Ihnen am meisten über die Kundenbedürfnisse verraten und es Ihnen leichter machen, passgenaue Inhalte zu produzieren. Miriam Löffler nennt diese Informationen in ihrem Buch „Think Content!" *Smart Data*.

Die Messbarkeit ist eine wichtige Voraussetzung für die Überprüfung einer Content-Strategie. Sie erfolgt im Prinzip ständig. Jedes einzelne Content-Stück sollte zum Gesamtbild Ihrer Marke beitragen und auf diese einzahlen. Das geht weit über die Relevanzfrage hinaus. Natürlich ist es wichtig, dass Ihr Content wirkt, wahrgenommen und weiterverbreitet wird. Doch darüber hinaus gibt es weitere Faktoren, die Sie beim Content-Controlling nicht ausblenden sollten.[1]

- Bestimmen Sie die KPIs, die für Ihre Marke entscheidend sind!
- Welches Budget benötigen Sie, um Ihre Ziele zu erreichen?
- Welche Lead-Generierungsvorhaben gibt es?
- Wie erfolgreich sind Ihre Marketingaktionen?

Beim Content-Controlling dürfen Sie nicht vergessen, dass es mitunter schwierig ist, den Erfolg einer Maßnahme genau nachzuvollziehen. Die Besucher einer Website können über die Suche oder durch einen TV-Bericht, einen Zeitschriftenartikel, einen Tweet oder Facebook-Share kommen. Um herauszufinden, warum der Traffic bzw. die Sharing-Rate eines bestimmten Inhalts steigt, müssen Sie zunächst einmal alle Ihre eigenen Content-Aktivitäten im Blick haben. Wenn Sie alle crossmedialen Informationen, die Sie publizieren, in einem Sheet zeitlich genau verfolgen, lässt sich das Zusammenspiel sehr gut analysieren. Darüber hinaus benötigen Sie ein Social Media Monitoring, welches die einzelnen Issues aufzeigt, die über Influencer bekannter geworden sind. Auf diese Weise lassen sich Content Creation und Content-Marketing feiner miteinander abstimmen und durch Paid Media gegebenenfalls verstärken.

---

[1] Auf die einzelnen Key Performance Indicators (KPIs) gehen wir in den nächsten Kapiteln näher ein.

7 Relevanter Content & SEO

Wie das Content Controlling aussieht

Auf jeden Fall, selbst wenn Ihr Content eine enorme Verbreitung erzielt und Sie dadurch eine gute Medienpräsenz erzielen, müssen Sie von Anfang an regelmäßig messen, wie sich Ihre auf dieser Basis erstellten Content-Angebote auswirken, und das in einem guten internen Reporting festhalten, auswerten und gegenüber dem Topmanagement darlegen können. Wie viel finanzielle und personelle Ressourcen sind dafür in das Content-Projekt geflossen? In welchem Verhältnis steht die erfolgreiche Content-Kampagne zu anderen Content-Maßnahmen? Was kostet der Regelbetrieb der Content-Organisation? In den Reportings sollten Sie sowohl Fortschritte als auch Rückschritte intern vermitteln. Wie ändert sich durch den Content-Einsatz Ihre Markenwahrnehmung? Wie reagieren Ihre Kunden und Influencer? Mit den richtigen KPIs können Sie jeglichen Content-Einsatz und seine Distribution bestens steuern. Entscheidend dafür ist es, das große Bild vor Augen zu haben und den Webtraffic, die Content-Shares und das Engagement Ihrer Kunden zu überprüfen.

In vielen Unternehmen wird das Content Controlling manuell betrieben. Bisher gibt es keine einheitlichen Tracking-Systeme, die alle Erfordernisse der Unternehmen erfüllen können. Sie müssen auf verschiedene Softwarelösungen setzen, um Ihren Facebook- und Google+-Auftritt, Ihre Website, Ihre Videos auf Youtube, Ihre Bilder auf Flickr und Instagram und vieles mehr jeweils auswerten zu können. Hinzu kommt die Entwicklung der Newsletter-Zahlen und deren Öffnungsraten.

7.1 Relevanter Content & SEO

Das Marketing hat sich daran gewöhnt, den Erfolg einer Website an den Zugriffszahlen und der Sichtbarkeit im Netz zu messen. Deshalb ist in der Vergangenheit viel Geld in die SEO-Optimierung des Contents geflossen. Auf die Qualität der Inhalte haben Unternehmen hierbei weniger geachtet. Doch es reicht längst nicht mehr aus, mit den Inhalten gefunden zu werden. Der Content muss genau zum Suchenden passen und dessen Ansinnen befriedigen, ansonsten bleibt er mit einer enttäuschten Markenwahrnehmung zurück. Magazin- und Bloginhalte machen deutlich, wie sehr sich Leser eine Content-Aufbereitung wünschen. Gut geschriebene Blogs wie Online-Magazine profitieren seit 2011 von den Google Updates, die schlechten Content abstrafen und Qualität hervorheben. Dadurch erhalten Onliner bessere Suchergebnisse und werden vor reinen SEO-Seiten bewahrt, die nur die richtigen Keywords, aber keine Antworten liefern.

So messen Sie den Erfolg Ihres Contents

Wer heute noch erfolgreich SEO betreiben will, der benötigt eine gute Content-Strategie und ein Content-Marketing, welches die Assets sichtbar macht. Wer oberflächliche oder nur schlecht aufbereitete Inhalte zu einem Thema anbietet, wird durch die Google Penguin und Panda Updates der vergangenen Jahre bestraft. Ist das offensichtlich der Fall, lohnt es sich für die Websitebetreiber, den eigenen Internetauftritt zu optimieren und die Inhalte insgesamt aufzuwerten. Qualitativ hochwertiger Content ist die einzige Chance, sich von seinen jeweiligen Wettbewerbern online abzuheben und nicht Opfer des Content-Schocks zu werden. An die Stelle der technischen Optimierung tritt somit zunehmend die redaktionelle Kompetenz, die sich unmittelbar auf den Content-Erfolg auswirkt. Allerdings ist der Aufwand für diese Art des Inbound Marketings als Alternative zur SEO enorm. Deshalb lohnt sich das Content-Marketing nur, wenn Sie damit auch weitere Ziele wie beispielsweise Kundenbindung und -gewinnung, Influencer Relations, Markenawareness, Reputationsoptimierung und Vertrauensaufbau verfolgen.

Wer sich nur auf Keywords, Verlinkung und Shares verlässt, verliert im Wettbewerb um Aufmerksamkeit. Denn in der Regel verpuffen die Social Signals innerhalb von wenigen Stunden oder allenfalls Tagen. 18 Minuten soll laut SEOmoz-Autor Peter Bray die Halbwertszeit eines Tweets betragen. Danach nimmt die Retweet-Rate rapide ab. Andere gehen von sieben Stunden auf Social-Media-Plattformen aus. Selbst wenn Sie mehrfach auf Ihren Content verweisen, wird die Sharing-Rate nicht wesentlich höher gehen. Im Online-Journalismus erreichen einige Player wie Heftig, Upworthy, Buzzfeed und Viral Nova mit wenigen Inhalten unglaubliche Erfolge über Social Signals. Jens Schröder veröffentlicht regelmäßig die Social Media News Charts von 10000flies. Dabei stellte der Journalist im Mai fest: *„Unglaubliche 2,356 Mio. Likes, Shares, Tweets etc. erreichte Heftig im April mit ganzen 90 Beiträgen. Zum Vergleich: Spiegel Online und Bild.de erreichten mit ihren gesamten Inhalten – rund 6.000 Artikel – 2,618 Mio. Flies."* Mit ihren Klickfänger-Überschriften erreichen sie ihre Zielgruppen vor allem über Facebook. Das lässt sich aus Reputationsgründen nur in Maßen von Unternehmen übernehmen. Zudem sagen Klick- und Sharing-Raten wenig über das tatsächliche Leserverhalten aus. Im Durchschnitt nehmen sich die meisten Leser online nur 15 Sekunden Zeit für eine Webseite, bevor sie weiterklicken. Das fand Chartbeat Anfang 2014 bei einer Analyse von 580.000 Online-Artikeln heraus. Von Lesen kann man hierbei nicht mehr sprechen. Das Sharing hat wenig mit der tatsächlichen Aufmerksamkeit gemein. Tony Haile, CEO von Chartbeat, hält den Glauben des Marketings für einen Mythos, dass wir lesen, was wir klicken. Content-Marketer achten meistens zu wenig auf das tatsächliche Leserverhalten. Der Seiten-Traffic allein spricht daher noch nicht für einen Erfolg. Der erfolgreichste Content der Chartbeat-Analyse erhielt nur rund 100 Facebook-Likes und 50 Tweets, dafür nahmen sich die Seitenbesucher jedoch für ihn viel Zeit. Hingegen nahmen sich die Leser für den Beitrag mit den meisten Tweets nur etwa ein Fünftel der Zeit, die sie für den erfolgreichsten Artikel aufwandten. Viel wertvoller sind Inhalte, die die Stakeholder mit ihrer Content-Qualität ansprechen und zu einem erneuten Besuch verleiten.

SEO bleibt wichtig

Auch wenn der Anteil der Social Signals in der Traffic-Generierung insgesamt wächst, sollten Sie nicht Ihre Suchmaschinenoptimierung vernachlässigen. Diese spielt bei den meisten Online-Angeboten die größte Rolle. Es wird immer noch viel gesucht. Lassen Sie sich nicht von den tollen Reaktionen auf Facebook oder Twitter blenden, werfen Sie lieber einen täglichen Blick in die eigenen Analytik-Daten. Die Suchenden wissen viel besser, was sie lesen wollen, als diejenigen, die auf einen Twitter- oder Facebook-Link klicken. Das drückt sich auch in der längeren Verbleibdauer auf dem Blog aus. Aus diesem Grund lohnt es sich, etwas mehr Zeit in die Suchmaschinenoptimierung der Blogartikel zu investieren. Bereits mit wenigen Minuten Investment können Sie kleine Erfolge erzielen und besser gefunden werden.

Bereits bei der Überschrift lohnt es sich, an die Leser zu denken. Wonach suchen diese in der Suchmaschine? Nutzen sie dieselbe Sprache wie Sie? Ein kurzer Blick in den Google Keyword Planer kann genügen, um zumindest einen ersten Eindruck zu erhalten. Der Zugriff auf den Planer ist kostenlos über das Google AdWords-Konto möglich. Darüber können Sie verschiedene Suchbegriffe miteinander vergleichen und einschätzen, wie gut diese grundsätzlich funktionieren würden. Auch die Autovervollständigung bei Google ist sehr hilfreich. Wenn Sie einen Begriff aus dem Blog-Titel eingeben, können Sie daraus ableiten, was am häufigsten gesucht wird. Allerdings legt Google Suggest auch Ihre Suchvorgänge zugrunde, die Sie mit aktiviertem Webprotokoll durchgeführt haben, und bezieht sich auf Ihre Google+ Profile.

> **TIPP**
>
> Deshalb sollten Sie bei einer Keyword-Suche immer einen anderen Browser nutzen, dort nicht bei Google+ eingeloggt sein und kein Webprotokoll aktiviert haben. Besonders empfehlenswert ist hierfür Ubersuggest. Darüber lassen sich schnell umfangreiche Suchbegriffe kombinieren und per Copy & Paste einfach exportieren. Es erspart viel Zeit, wenn Sie dieses Tool nutzen. Eine Anmeldung ist nicht notwendig.

Entscheidend für die Aufmerksamkeit, die ein Online-Artikel erhält, ist seine Überschrift. Wenn diese treffend beschreibt, um was es in einem Posting geht, profitieren Sie davon. Idealerweise sollte der Blog-Titel einige Ihrer wichtigsten Keywords enthalten und identisch mit der URL des Beitrags sein. Dabei sollten Sie jedoch nicht nur an SEO denken, sondern die Lesbarkeit berücksichtigen. Selbst wenn das Social Sharing erst am Anfang ist, wächst es schnell. Deshalb sollte eine Überschrift immer einen gewissen News-Charakter haben, neugierig auf den Inhalt machen und ein Nutzenversprechen enthalten und dieses einlösen. In den Newsreadern werden oftmals nur die Titel angezeigt, auf Twitter sieht man in der Regel auch viele Überschriften. Ist Ihr Blog-Titel beschreibend, wird dieser häufig so getwittert.

7.2 Die KPIs im Content-Marketing

Wer seine Erfolge im Content-Marketing überprüfen will, sollte vier Hauptfragen beantworten:

1. Inwiefern überzeugen Sie damit Ihre Stakeholder?
2. Können Sie damit an anderer Stelle Geld sparen?
3. Erreichen Sie damit die Aufmerksamkeit Ihrer Kunden?
4. Verbessert sich damit Ihre Markenreputation?

Die Zahl der Visits, die wir über einzelne Maßnahmen erzielen, sind allenfalls ein Indiz für einen kleinen Erfolg, drücken aber eigentlich erst wenig aus. Schließlich müssen Sie Ihre Erfolge immer im Zusammenspiel eines integrierten Ansatzes betrachten. Welches Silo hat was zu den Ergebnissen beigetragen? Wie ist die Resonanz auf den einzelnen Content tatsächlich? Welchen Einfluss hat der Content jeweils auf Sales gehabt? Entscheidend ist das Verhältnis zwischen der Sichtbarkeit Ihrer Content-Aktivitäten, den Aufwänden dafür und die Zahl der Kunden, die Sie darüber gewinnen konnten.

Reichweite

Falls Sie Ihre Marke bekannter machen wollen, sollten Sie im Content-Marketing darauf achten, dass Ihr Content möglichst häufig geteilt wird und Sie darüber Ihre mediale Präsenz offline wie online stärken. In den Suchmaschinen erhöht sich dabei die Sichtbarkeit Ihrer Marke, wenn Sie alles richtig machen und gute Anlässe zum Teilen Ihrer Inhalte bieten. In der Aufmerksamkeitsökonomie kommt es darauf an, die richtigen Stakeholder mit den richtigen Informationen zu erreichen. Deshalb ist es wichtig, die Zahlen der Leser, der wiederkehrenden Leser und Seitenabrufe zu messen. Durch eine gute Webanalyse können Sie erfahren, wie sich

7 Die KPIs im Content-Marketing

Ihre Content-Aktivitäten direkt auf den Traffic Ihrer Website oder Ihr Corporate Blog auswirken. Dabei lässt sich in einem Reporting festhalten, wie viele Webseiten Ihre Besucher abgerufen und wie viel Zeit sie auf einzelnen Angeboten verbracht haben. Je mehr Interesse Sie mit Ihren Inhalten erzeugen, desto besser ist das für Ihre Marken-Awareness. Allerdings empfiehlt es sich nicht, die Seitenaufrufe nur für sich genommen als KPI zu definieren. Die reine Traffic-Gewinnung verführt zur bloßen Klickoptimierung von Überschriften. Dabei kann es auch an der Informationsarchitektur liegen, dass einzelne Inhalte nicht wahrgenommen werden.

Manchmal ist es sinnvoller, die einzelnen Online-Abrufe genauer zu betrachten. So bringt der Aufruf eines Blogartikels sicher weniger für die Leadgenerierung wie ein Whitepaper, in dem Sie Ihre Expertise umfassender zur Geltung kommen lassen können. Zudem können Sie in einem Social Media Monitoring herausfinden, wie oft im Social Web über Ihre Marke gesprochen wird und daraus eine Mediareichweite ablesen. Wenn wichtige Influencer über eine Marke berichten, verbessert das in der Regel die Markenwahrnehmung enorm. Deren Backlinks auf Ihre Content-Stücke verhelfen Ihnen zu besseren Ergebnissen im Google-Ranking. Darüber hinaus sehen Sie das Interesse an Newslettern und deren steigenden Abonnement-Zahlen. Sie nehmen wahr, wie oft Ihr Content jeweils auf Twitter, Facebook und Google+ verlinkt und empfohlen wird. Aufgrund des Nutzerverhaltens können Sie entscheiden, ob es sich lohnt, auf einer bestimmten Plattform aktiver zu sein als auf einer anderen und entsprechend Ihre Content-Aktivitäten gewichten.

Kundenloyalität und Engagement

Zu den wichtigsten KPIs gehört das Engagement der Stakeholder. Wer sich lange Zeit mit Ihrem Content auseinandersetzt, ist empfänglich für Ihre Markenbotschaften. Deshalb sollten Sie immer messen, wie intensiv sich Kunden mit Ihren Inhalten beschäftigen. Es reicht längst nicht mehr, seine Kunden über Push Marketing mit Informationen zu bombardieren. Es stellt sich deshalb die Frage, ob Kunden Ihren Content noch per E-Mail oder einem anderen Push-Instrument akzeptieren und wie viel Zeit sie dann damit verbringen.

Wenn unterschiedliche Mitarbeiter in Social Media aktiv sind, bieten sie differenzierte Anknüpfungspunkte für die Stakeholder und erleichtern es diesen, den Kontakt zur Marke zu pflegen. Außerdem entsteht eine persönliche Beziehung, die durchaus vergleichbar mit der analogen Welt ist. Wer ein konsistentes Markenbild bietet und regelmäßig gute Content-Angebote persönlich inszeniert, kann darüber mit der Zeit eine vertrauensvolle Beziehung aufbauen. Wer regelmäßig gute Antworten von Ihren Experten erhält, ist vermutlich auch irgendwann bereit zu reagieren — etwa einen Kauf zu tätigen oder sich zu bewerben (je nach Zielsetzung Ihres Content-Marketings). Mit der (digitalen) Nähe erziehen Sie Ihre Stakeholder, zeigen diesen Möglichkeiten auf und laden sie zur wiederkehrenden Interaktion ein.

Onliner sind wählerisch und verhalten sich schnell illoyal. Sie folgen nur denjenigen auf Twitter oder anderen Kanälen, die gute Informationen zu bieten haben. Wer dabei nicht überzeugt, fliegt schnell wieder aus dem Relevant Set heraus und wird durch den nächsten ausgetauscht. Liefern Sie eine gleichbleibende Qualität in Ihren Blogartikeln, die genau die Kundenbedürfnisse trifft, können Sie mit einer stetig wachsenden Leserschaft, vielen Empfehlungen und treuen Lesern rechnen.

Auf Facebook ist es schwer, im Newsfeed wahrgenommen zu werden, deshalb kommt es hierbei besonders auf unterhaltsame und informative Botschaften an, die dem Geschmack Ihrer Markenfans entgegenkommt und sie zum Engagement einlädt. Von selbst sprechen Onliner nicht unbedingt über Marken. Deshalb müssen Sie ihnen immer wieder einen guten Anlass bieten. Geben Sie Ihren Stakeholdern, was sie wirklich wollen, und erzählen Sie dazu passende (authentische) Geschichten (Storytelling), die sie antriggern.

Businessrelevante Leadgenerierung

Im Idealfall steigern Sie durch das Content-Marketing Ihre Leads — und machen mehr Umsätze. Für ein Unternehmen ist es noch kein wirtschaftlicher Erfolg, wenn es seinen Content sehr gut syndiziert. Ausschlaggebend ist der Beziehungsaufbau, der aus Ihrer Content-Aktivität hervorgehen sollte. Wie viele Stakeholder haben Sie durch Ihren Content bisher gewinnen können? Wie viele Besuche auf Ihren Kontaktseiten und -profilen haben Sie erhalten? Wenn Sie durch Ihren Content keinerlei spürbaren Leads generieren, ist es vermutlich der falsche Ansatz, den Sie verfolgen. Adressen sammeln allein reicht bei Weitem nicht aus. In diesem Fall empfehlen wir Ihnen eine umfassende Content-Analyse. Auf diese Weise erfahren Sie, welche Inhalte funktionieren und Ihre Stakeholder ansprechen und welche überflüssig sind.

Einkommen erzielen

Was bringt Ihr Content-Marketing ganz konkret, wenn es um die Gruppe der Kunden geht? Gewinnen Sie dadurch neue Kunden und können Sie darüber alte Kunden halten? In welcher Weise können Sie Leads über Ihren Content dazu inspirieren, eine Kundenbeziehung einzugehen? Wie effektiv wirkt sich Ihre Content-Strategie auf Ihren Geschäftserfolg aus? Und wie viel mussten Sie pro Kunde im Durchschnitt

Die KPIs im Content-Marketing 7

in Ihren Content investieren, um diesen zu gewinnen? Wenn Sie das Verhältnis Ihrer Website-Besucher zu den daraus generierten Leads kennen, können Sie versuchen, die Konversion durch die Content-Qualität zu verbessern. Zudem können Sie darüber hinaus die Besucherzahlen durch Ihre Content-Distribution, Influencer Relations und eine aktivere Content-Vermarktung (Paid Media) steigern.

Bereits bei der Content-Produktion sollten Sie das jeweilige Ziel definieren. Es gibt Inhalte wie Infografiken, die zum Sharing einladen. Andere Inhalte sind eher provokativ und ermutigen dadurch zur Interaktion. Wieder andere Contents zahlen auf Ihre Leads und Ihren Vertriebserfolg ein.[2] Es gibt keinen Content-ROI und keine KPIs für jedermann. Hierbei ist es immer erforderlich, alle zeitlichen und finanziellen Ressourcen zu bedenken, die in das Content-Marketing und in die Content-Strategie fließen. Am besten berücksichtigen Sie alle Personal- und Agenturkosten und werten den Marketing-Impact aus. Es macht keinen Sinn, einen Kanal losgelöst von anderen zu betrachten. Oft profitieren einzelne Touchpoints davon, wenn diese von anderen unterstützt werden. Schließlich kann die Reputation einer Marke sich durch eine bestimmte Maßnahme verbessert haben, was sich dann auf konkrete Handlungen auswirkt.

---

[2] Selbst bei unserem Buch „Content-Revolution" stellt sich die Frage, ob wir damit die richtigen Personen erreichen. Als Buchleser sind Sie vielleicht bereits ein Kunde der Eck Consulting Group oder ein potenzieller Kunde oder jemand, der sich als Journalist, Blogger oder Berater ebenfalls mit dem Thema Content-Strategie auseinandersetzt. Falls es uns gelingt, Sie damit zu einer Kontaktaufnahme mit uns zu verleiten, freuen wir uns.

8 Budgetplanung für Content-Strategie und Content-Marketing

„Ein Geschäft, das nur Geld einbringt, ist ein schlechtes Geschäft."

Henry Ford

Um es gleich vorwegzunehmen: Auf die Frage, wie viel eine Content-Strategie und das darauf basierende Content-Marketing kosten dürfen, gibt es noch keine eindeutigen Antworten, die für alle gleichermaßen gelten könnten. Beim Aufbau der Content-Strategie zum Beispiel kommt es darauf an, wie viel Know-how Sie dazu im Haus haben und wie viel Sie von außen benötigen. Es kommt auch darauf an, ob Sie bereits erste redaktionelle Strukturen haben, auf die Sie bauen können, ob Sie von Grund auf eine Redaktion aufbauen müssen oder ob Sie nicht lieber gleich eine externe Redaktion beschäftigen wollen. Aus diesem Grund empfehlen wir, schon beim Aufbau der Content-Strategie einen Controller mit ins Boot zu holen, der die Kosten des Aufbaus und des geplanten laufenden Betriebs im Blick behält.

Aber es gibt einige Indizien, auf die Sie achten sollten. Wenn Sie sich auf die veränderten Umweltbedingungen in der digitalen Welt einstellen wollen, sollte sich das auf die Verteilung der Budgets in Marketing und anderen Bereichen des Unternehmens auswirken. Ein jedes Unternehmen braucht für Content-Strategie und Content-Marketing seine besondere Lösung — und damit seine individuelle Kalkulation für Aufbau und Betrieb. Sie besteht aus

- zusätzlichen Kosten (für den Aufbau der Content-Strategie, Einstellen von Redakteuren, neue Aufträge für Dienstleister etc.);
- Kosteneinsparungen, die durch den Betrieb der Content-Strategie entstehen (durch Synergieeffekte);
- Umschichtungen innerhalb der Budgets (je nachdem, welche Abteilung und welcher Content am besten performt).

Bevor Sie über Ihr Content-Budget nachdenken, sollten Sie zunächst einen Vergleich wagen und über folgende Fragen nachdenken: Wie gewinnen Sie aktuell Ihre Kunden? Vielleicht investieren Sie einen Großteil des Werbebudgets in die TV- und Radiowerbung? Oder Ihre Mittel fließen ins Direktmarketing (E-Mail, Print), in Veranstaltungen (Sponsoring) oder in die Kaltakquise am Telefon. Das sind direkte Möglichkeiten, um eine gewisse quantitative Reichweite zu erzeugen — aber Ihre

Budgetplanung für Content-Strategie und Content-Marketing

Erfolgsquote im Verkauf ist aller Wahrscheinlichkeit nach trotz hoher Kosten nicht sehr groß. Warum sollten Sie weiterhin dasselbe Geld für Anzeigen und Werbung ausgeben, wenn die Medienreichweiten der Zeitschriften und TV-Sender in Ihrer Zielgruppe zurückgehen? Gute Beziehungen zu Kunden und Empfehlungen von diesen sind oftmals vielversprechender, zumal die Laufzeit einer Werbekampagne immer begrenzt ist und danach keinerlei Aufmerksamkeit mehr erzielt. Das E-Mail-Marketing funktioniert vielleicht noch ein wenig, selbst wenn nur wenige Ihre Botschaften tatsächlich in ihrer Mailbox aufrufen und durchlesen. Gute Verkäufer sind Gold wert, doch verursachen laufende Kosten. Wenn Ihre besten Verkäufer Sie verlassen, nehmen sie auch ihre guten Netzwerke mit.

Demgegenüber bietet das Content-Marketing einige finanzielle Vorteile. Im Prinzip entstehen die Kosten mit der Aktualisierung und Pflege Ihrer Owned Media, zum Beispiel Website und Social Media Kanäle (aber auch Offline-Content wie Broschüren und Geschäftsberichte). Im Idealfall zieht Ihr Content an diesen Touchpoints Kunden an und wird zu einem mächtigen Verkaufsinstrument. Es lohnt sich deshalb unbedingt, die eigene Website und die Social-Media-Kanäle weiterzuentwickeln und gezielt zu vermarkten. Viele Unternehmen reduzieren aus diesem Grund bereits die Ausgaben für die traditionelle Werbung und reagieren damit im Prinzip auf den Medienwandel. Sie investieren gleichzeitig in eigene Digital-Kanäle wie Online-Magazine, Websites, Facebook, Twitter und Corporate Blogs und werden damit zu Corporate Publishern, die medial denken und arbeiten müssen — wollen sie damit erfolgreich sein.

Content-Marketing-Budgets gibt es

126.000 Euro ist das Durchschnittsbudget im Jahr, das die befragten Unternehmen hierzulande für Content-Marketing ausgeben wollen. Das ergab eine kleine Studie, die Facit Research in Zusammenarbeit mit der Fachzeitschrift Horizont 2013 durchführte. 43 Prozent der befragten Marketingleiter und Marketingverantwortlichen gehen davon aus, dass das Content-Marketing-Budget sicher weiter wachsen wird. Weitere 50 Prozent antworteten mit einem „vielleicht". Nur sieben Prozent wollten nicht mehr investieren. Obwohl solche Studien in Hype-Zeiten immer mit Vorsicht zu genießen sind, zumal das Verständnis von Content-Marketing sehr unterschiedlich ist, zeigt es eine deutliche Tendenz und signalisiert Offenheit für die Veränderung. Ermutigend für Content-Strategen dürfte es zudem sein, dass 64 Prozent der Befragten an Etat-Erhöhungen im Content-Marketing glauben, nur 36 Prozent sind der Ansicht, dass die Investitionen durch Kanalumverteilungen aus den klassischen Medien, Sponsoring oder PR zustande kommen werden.

8 Budgetplanung für Content-Strategie und Content-Marketing

Das Problem mit derartigen Studien ist nicht zuletzt der daraus hervorgehende Durchschnittswert, der nicht zu jeder Unternehmensgröße passen kann. Letztlich hängt Ihr Budget von Ihren vorhandenen Ressourcen und Ihrer Organisation ab. Wie groß ist Ihre Marketing- und PR-Abteilung? Wie komplex sind Ihre internen Prozesse? Inwiefern arbeiten Sie mit Agenturen zusammen oder erstellen und distribuieren Sie Ihren Content bislang selbst? Wieviel Geld investieren Sie in Ihre Öffentlichkeitsarbeit, wieviel für Corporate Publishing oder in das Marketing? Bei einer Content-Analyse (Kapitel 4) werden Sie womöglich feststellen, dass Sie bisher schon sehr viel Geld für Ihre Inhalte ausgegeben haben — und immer noch ausgeben. Allerdings gab oder gibt es dafür meistens kein abteilungsübergreifendes Content-Marketing-Budget. Es heißt sicherlich anders und verteilt sich vermutlich auf verschiedene Abteilungen, die mit der Produktion und Distribution zu tun haben. Eine Pressemitteilung, ein Fachartikel oder eine Produktvorstellung auf einer Website müssen erstellt und verteilt werden. Daraus entstehen im Unternehmen Kosten für personelle Ressourcen und das Content-Management selbst.

Braucht Content-Marketing wirklich höhere Budgets?

In einer komplexen Organisation kommt es häufig vor, dass Content in vielen Abteilungen doppelt und dreifach erdacht und produziert wird. Dadurch erstehen erhebliche Kosten, die Sie über ein Content-Audit überprüfen und straffen können. Zu einer erfolgreichen integrierten Content-Strategie gehört es, die Aufwände für Content-Produktion und Content-Marketing im Blick zu behalten. Wenn Sie eine kleine Content-Revolution im Unternehmen einleiten, können Sie durch neue Crossmedia-Publishing-Strukturen viele Kosten reduzieren. Überprüfen Sie daher am besten Ihre aktuellen Marketing-Budgets und entscheiden Sie dann, ob es nicht besser ist, umzuverteilen und mehr Geld für den Aufbau einer Content-Strategie und darauf basierenden Content-Marketing auszugeben.

Für die Kalkulation Ihrer Content-Strategie und Ihres Content-Marketings müssen Sie alle Ihre internen wie externen Kostenfaktoren berücksichtigen. Dazu gehören beispielsweise die Investitionen in Konzeption, Strategie, Schreiben, Videoproduktion, Hosting, Fotografie, Workflowmanagement, Content Management, Content Distribution, Content-Vermarktung, Influencer Relations etc. Wenn ein Fachartikel für Ihr Magazin oder Corporate Blog verfasst wird, müssen Sie jeweils den Zeitaufwand für die Planung, Creation, Management, Distribution und Curation sowie Paid Media kalkulieren. Darüber hinaus benötigen Sie dafür die entsprechende Software, um all das umzusetzen. Als Faustregel gilt, dass die Vermarktung und Distribution eines Content-Stücks rund 50 Prozent des Produktions-Budgets ausmacht.

Budgetplanung für Content-Strategie und Content-Marketing

Ohne Content-Marketing-Budget gehen Sie ein Risiko ein

Leider verstehen viele Marketiers noch nicht, dass sie längst zu Multimedia-Publishern geworden sind, an welche die Kunden neue hohe Erwartungen haben. Sie können es sich nicht mehr leisten, an vielen Touchpoints falsche oder schlechte Informationen anzubieten und damit Ihre Kunden zu langweilen, wenn nicht sogar zu nerven. Achten Sie lieber darauf, an allen Kontaktpunkten konsistente Informationen zur Verfügung zu stellen, sodass Ihre Inhalte im Netz aufeinander verweisen und überall denselben positiven Eindruck hinterlassen. Das muss noch nicht Ihr Content-Marketing-Budget sprengen. Ab einer gewissen Unternehmensgröße lohnt es sich darüber nachzudenken, dafür intern Content-Manager oder zum Start einen Content-Strategen einzustellen. Die Gehälter hängen hierbei sehr stark von der Verantwortung der Position ab und orientieren sich an den üblichen Größen im Marketing in Ihrer Branche.

Wenn Sie zu viel veröffentlichen und dafür niemanden interessieren, verbrennen Sie unnötig Marketing-Budget. Daher sollten Sie in eine Content-Marketing-Plattform investieren, die bei der Erfolgsmessung hilft, oder zumindest Ihr Team eine interne Strategie erstellen lassen (z. B. Überblick über Social Sharing, Seitenaufrufe, Qualität neuer Kontakte und Blog-Kommentare). Wenn Sie den Einfluss Ihrer Content-Strategie auf diese Bereiche messen, können Sie feststellen, welche Content-Typen zu mehr Kontakten, Seitenbesuchern und Kundenintegration führen und entsprechend das Budget gewichten.

Bei den Content-Marketing-Tools gibt es eine enorme Bandbreite. Oft werden die Software-Lizenzen und -Services monatlich bezahlt. Nach Ansicht von Stefan Rosenträger, Projektmanager bei Moresophy, sollten Unternehmen im Content-Marketing von einem Minimum im hohen vierstelligen Bereich (5.000 bis 7.000 Euro) und von einer monatlichen Betriebsgebühr von rund 500 Euro ausgehen. *„Eine genaue Ziffer lässt sich aber erst festlegen"*, so Rosenträger, *„wenn eine Bestandsaufnahme sowohl des Contents als auch der Systemarchitektur erfolgt ist. In der Regel sollte aber ein fünfstelliges Budget für das Content-Marketing eingeplant werden, um eine saubere Lösung zu implementieren. Content beschränkt sich nicht auf Marketing-Texte. Für uns zählen sämtliche Dokumente vom Einkaufsbeleg bis zu Formularen in Finanz- und Personalabteilung zum Content-Inventar. Die Aufbereitung und Vernetzung sollten Unternehmen ernst nehmen und ein umfassendes ‚Content-Engineering' betreiben."*

8 Eine Content-Maschine gibt es nicht

Lean Content Budget

Kleinere Unternehmen haben in der Regel kein großes PR- und Marketing-Budget, das sie für eine Content-Marketing-Strategie nutzen können. Aber selbst in größeren Organisationen fehlt es oftmals an Budgets für neue Lösungen. Aus diesem Grund müssen Sie sich auf möglichst agile und kreative Lösungen konzentrieren. Wer seine Content-Strategie insgesamt gut plant, kann auch mit kleinen Budgets am Anfang viel erreichen, zumal es zahlreiche Tools gibt, die Sie umsonst nutzen können (Wordpress, Slideshare, Hootsuite, Buffer, Visual.ly, Infogr.am etc.). Ein Corporate Blog zum Beispiel lässt sich in kurzer Zeit zu günstigen Preisen aufsetzen. Alternativ können Sie auch darüber nachdenken, ob Sie Ihre ganze Website nicht auf Basis der Blogsoftware Wordpress aufsetzen wollen. Das spart erhebliche Kosten und kann völlig ausreichend sein. Allerdings benötigen Sie für die Content Creation feste Budgets, um kontinuierlich am Markt mit Ihren Inhalten vertreten zu sein und um damit wahrgenommen zu werden. Nicht jedes Unternehmen muss sein Geld in große Content-Marketing-Kampagnen wie Red Bull investieren. Ganz im Gegenteil. Es geht beim Content-Marketing vor allem um den Regelbetrieb, in dem Marken zeigen sollten, wofür sie stehen. Abhängig von Ihren konkreten Ressourcen (Personal, Finanzen) können Sie in die Content-Planung gehen und sollten dabei immer auf die Effizienz Ihrer Maßnahmen achten. Mehr kreativen Mut würde sich die Gründerin der Agentur Digitalaffairs Judith Denkmayr wünschen: *„Medien und Unternehmen setzen viel zu oft noch zu sehr auf Quickwins, einfach und schnell zu produzierende Inhalte, die oft zu austauschbar sind. Da können und müssen wir noch mutiger werden, denn diese Entwicklung ist beim Content-Marketing ebenfalls schon zu beobachten."*

8.1 Eine Content-Maschine gibt es nicht

Wie schön wäre es doch, wenn sich alle Inhalte automatisch erstellen, verteilen und kalkulieren ließen. Diesen Traum haben tatsächlich einige Manager. Sie würden am liebsten eine „Content-Maschine" hinstellen, die alles weitere von selbst erledigt, dafür wäre dann kein Personal mehr nötig. Schließlich haben sie sich bereits für den Kauf einer solchen Lösung entschieden. Oftmals ist die Software für das Content-Management und das Workflow-Management bereits die größte Investition, die für das Realisieren der Content-Strategie unternommen wurde. Einige Topmanager sind der naiven Ansicht, dass die Inhalte nur einmal erstellt werden müssen und dann quasi vollautomatisch crossmedial angepasst und verbreitet werden. Sie glauben damit an ein sehr einfaches Content-System, was in der Realität so nicht existiert und schon gar nicht funktioniert. Diese Wunschvorstellung klingt zunächst einmal verführerisch, meint der Innovationsmanager Frank

Budgetplanung für Content-Strategie und Content-Marketing

Kleinert: *„Denn dadurch können mit dem Content mehr Menschen günstiger über unterschiedliche Wege versorgt werden."* Das Internet hat die Illusion erzeugt, dass sich Inhalte kostenlos distribuieren lassen, sodass insgesamt größere Reichweiten kostengünstig zu haben sind. Mit den sinkenden Verbreitungskosten für Content könnten eigentlich mehr finanzielle Mittel für die Content Creation und für das Content-Marketing insgesamt investiert werden. Doch das ist ein Irrtum: *„Durch das veränderte Kommunikations- und Mediennutzungsverhalten müssen seit einigen Jahren im redaktionellen Bereich eher noch Kosten gesenkt werden"*, meint Kleinert. *„Über viele Jahre sind teils sehr komplexe CMS geschaffen worden. Das sehr nützliche und historisch gewachsene CMS muss weiter gepflegt und betrieben werden, damit die bisherigen Content-Wege in gewohnter Qualität versorgt werden. Also wird der Rotstift bei den Inhalten angesetzt und bei der Erstellung von Inhalten Kosten eingespart. So folgt dann möglicherweise eine Kostenreduzierungsrunde nach der anderen mit entsprechenden Auswirkungen auf das Gesamtsystem."* Allzu oft wird nicht bedacht, dass es zahlreiche Folgeinvestitionen für das Content-Management und für das Content-Marketing gibt. Zudem muss man der Wahrheit ins Auge sehen: Eine Automatisierung der Content-Prozesse ist definitiv nicht möglich.

Wie sich ein digitales Content-Budget berechnen lässt

Sobald Ihre Content-Maschine gestartet worden ist, beginnt die eigentliche Arbeit. Im Prinzip erhalten Sie mit einem Content-Management-System (CMS) oder einem Social-Media-Management-System erst die Basis, um mit den Owned Media in die Außenkommunikation treten zu können. Es wird viel Geld für Technologie ausgegeben, allerdings startet sie dann niemand erfolgreich. Stattdessen wird lieber an der Content-Strategie und am Content-Marketing gespart, weil sie als zusätzliche Kostenfaktoren wahrgenommen werden. Dabei sind sie es, die eine Content-Maschine erfolgreich machen. Nicht das Auto fährt — sondern der Fahrer. Am besten betrachten Sie alle Content-Kosten und zerlegen diese in die einzelnen Bestandteile. Dazu müssten Sie Ihre konkreten Ausgaben in den einzelnen Segmenten genauer betrachten:

- Personelle Ressourcen für die jeweilige Tätigkeit (intern/extern)
    - Analyse
    - Strategie
    - Konzeption
    - Redaktion (Text/Bild/Video)
    - Markenbotschafteraufbau
    - Influencer Relations
    - SEO (Seeding)

8 Eine Content-Maschine gibt es nicht

- IT (Software)
- Anzeigenmanagement
- Controlling
- Tools für das Content-Marketing
  - CMS (Content-Management-System)
  - Workflow Management
  - Social CRM (Influencer Relations)
  - Webanalytics
  - Monitoring & Tracking
  - SEO-Tools
  - Content Curation Tools (für interne und externe Zwecke)
  - Social Media Dashboard
  - Media Asset Management (Bilder, Videos, Texte)
- Paid Media für die Content-Vermarktung
  - Kosten für Sponsered Postings
  - Kosten Native Advertising
  - Kosten für SEA

Sie werden bei der Betrachtung der einzelnen Positionen je nach Komplexität Ihres Unternehmens und Ihres Content-Einsatzes womöglich erkennen, dass Sie in Relation sehr viel Geld für die (IT-)Content-Maschine ausgeben, um damit die Prozesse aufzusetzen, die für erfolgreiches Content-Marketing nötig sind. Vielleicht haben Sie noch nicht alle notwendigen Content-Marketing-Tools, doch die wichtigsten werden Ihnen zur Verfügung stehen, sodass Sie darauf aufsetzen könnten.

▶ **BEISPIEL**

Nehmen wir einfach einmal an, dass Sie in einem Corporate Blog im Jahr rund 90 Textbeiträge mit Bildern veröffentlichen wollen, dann sind Sie selbst bei niedrigen Content-Kosten schnell bei einem Jahresbudget von 12.000 Euro für die Creation. Dazu müssen Sie allerdings noch Konzeption, Design, Software und Hosting eines Corporate Blogs einkalkulieren. Diese Betriebskosten liegen schnell bei rund 8.000 Euro im Jahr. Außerdem muss es in Ihrem Unternehmen dafür einen Redakteur geben, der sich im Monat rund eine Woche lang mit der Content-Planung und dem Management beschäftigt. Die jährlichen Kosten für ein Corporate Blog:

12.000 Euro	Text & Bild
8.000 Euro	Design, Technik, Hosting
16.000 Euro	Blog-Manager
36.000 Euro	Blog-Betriebskosten

Budgetplanung für Content-Strategie und Content-Marketing

Demgegenüber könnten sich die Kosten für den Aufbau einer Website in einem größeren Unternehmen so darstellen:

50.000 Euro	Text & Bild
250.000 Euro	Design, Technik, Hosting
50.000 Euro	Content-Manager
350.000 Euro	Website-Betriebskosten

Das Verhältnis zwischen Content und Technologie/Management liegt im Blog-Beispiel bei 1:3, während es bei einer Website wie im genannten Fall sogar oft bei 1:7 liegt oder sich sogar noch schlechter darstellt. Je komplexer ein Webauftritt ist, desto mehr verändert sich die Relation zu Ungunsten des Contents. Diese Annahme ist eine unserer Erfahrungen mit vielen großen und mittelständischen Unternehmen. Die Komplexität führt zur vorgestellten Content-Maschine, die hohe Investitionen erforderlich macht. Nur wird aufgrund der Kostensituation allzu schnell vergessen, dass die Inhalte das Betriebsmittel sind, mit der eine Marke erfolgreich bei den Kunden platziert wird. Wer lieber an der Qualität seiner Inhalte spart, bringt sich in eine schlechte Position in der Aufmerksamkeitsökonomie, in der es immer mehr auf hochwertige Owned Media ankommt. Zusätzlich zum beschriebenen Content-Management kommen durch das Content-Marketing neue Aufgaben hinzu, die wir Ihnen im Kapitel 6 vorgestellt haben. Dafür müssen Sie im Prinzip nochmals 50 Prozent Ihres bisherigen Content-Budgets (Creation) einplanen.

Sie haben hoffentlich nicht so viel Geld in Ihre (alte) Content-Maschine investiert, um den Motor an entscheidender Stelle ins Stocken geraten zu lassen. Kleinert wundert sich ein wenig über die Entwicklung bei großen Unternehmen: *„War der Wert des Inhaltes im Vergleich zum Wert des CMS früher durchaus angemessen, ist es nach entsprechend vielen Kostenreduzierungsrunden eher ein verzerrtes Verhältnis. Für mich ist es ein Widerspruch in sich, wenn das System zur Bereitstellung eines Inhaltes mehr kostet als der Inhalt an sich."*

Die Alternative zur Content-Verwaltung heißt Content-First-Kultur

Wenn Sie Ihre Inhalte nicht nur administrieren, sondern mit ihnen erfolgreich in der Aufmerksamkeitsökonomie bestehen wollen, sollten Sie in Ihrem Unternehmen eine „Content-First-Kultur" etablieren, in der die Inhalte bereits bei ihrer Konzeption crossmedial und von ihrer Wirkung her gedacht werden. Auf diese Weise vermeiden Sie teure Anpassungen. Wenn Sie hierbei nicht auf die Aufbereitung,

Qualität und vor allem die Distribution des Contents achten, sparen Sie an der falschen Stelle und reduzieren Sie die Erfolgsaussichten der Markenbotschaften.

Es darf in Unternehmen nicht mehr um den „Betrieb" einer Website oder eines Blogs gehen. Derlei Content-Maschinen passten vielleicht noch zu den Anfangstagen des digitalen Zeitalters, doch inzwischen hat Social Media die Art und Weise, wie und wo wir Content wahrnehmen, fundamental verändert (vgl. Kapitel 2.4). Eine Content-Zentrale, wie sie die Website war, macht keinen Sinn mehr. Vielmehr zählt das einzelne Content-Stück, das auf Ihrem Social Hub oder auch ganz woanders für Ihre Marken wirken kann. Die Stakeholder von heute interessieren sich keineswegs für Ihren kompletten Webauftritt, sondern sind allenfalls an einzelnen Assets interessiert, die genau ihrem jeweiligen Bedürfnis entgegenkommen und jederzeit und irgendwo verfügbar sind. Dafür lohnt es sich, Geld auszugeben, nicht aber für eine überdimensionierte Content-Maschine namens Website mit einem dahinterliegenden Content-Management, das den finanziellen Ton angibt. Oder kennen Sie die Zugriffszahlen auf Ihre wichtigsten einzelnen Content-Stücke? Angesichts des enormen Wettbewerbs und des potenziellen Content-Schocks sollten Sie sich genau überlegen, wie Sie Ihren Unternehmensbotschaften effektiv zum Erfolg verhelfen können. Wer langweilige Inhalte markenfern für die eigene Content-Maschine publiziert, setzt sein Content-Budget völlig falsch ein und wird in der Aufmerksamkeitsökonomie den Kampf verlieren. Content wirkt vor allem außerhalb der eigenen Website. Wenn Sie jedoch eine (neue) Content-Maschine mit relevanten Inhalten füttern, können Sie großartige Reichweiten erzielen und Ihren Content im Sinne der Customer Journey arbeiten lassen. Auf diese Weise sind Sie stets in der digitalen und analogen Nähe Ihrer Kunden und helfen diesen an Ort und Stelle bei ihren Problemen. Wer sein Content-Budget geschickt plant, kann mit jedem Euro tatsächliche Bedürfnisse seiner Stakeholder abdecken, sie für sich einnehmen und sogar binden.

8.2 So finden Sie den richtigen Content-Marketing-Dienstleister

Woran man gute Content-Strategen erkennt und wie man Content-Produzenten brieft, haben wir in den Kapiteln 5.3 und 5.5 beschrieben. Eine weitere wichtige Frage aber ist: Wie wähle ich Marketing-Dienstleister aus, die nicht nur einen einzelnen Content-Beitrag produzieren sollen, sondern ein umfassendes Content-Marketing-Konzept? Woran erkennt man, ob sie langfristig gut passen?

Budgetplanung für Content-Strategie und Content-Marketing

Informieren Sie Ihre derzeitigen Agenturen frühzeitig darüber, dass Sie dabei sind, eine Content-Strategie aufbauen und implementieren zu wollen. Das können Sie durchaus als eine Art Test sehen. Wenn diese neugierig darauf reagieren, mehr erfahren wollen und Interesse an dem Ablauf oder den Ergebnissen der Ist-Soll-Analyse haben, könnte das ein Hinweis darauf sein, dass sie verstanden haben, worauf es in Zukunft ankommt, und dass sie diese gerne mitgestalten würden. Wenn sie aber — quasi aus dem Nichts — kurzatmige Content-Ideen anbringen, die eigentlich in die Werbung gehören, dann ist Vorsicht geboten. Dann hat die betreffende Agentur womöglich noch nicht verinnerlicht, worauf es im Content-Marketing ankommt und welche neue Denkweise sie dazu braucht. In jedem Fall lohnt sich ein ausführliches Gespräch mit jedem einzelnen Dienstleister, von der PR-Agentur bis zur SEO-Schmiede, um alle darauf vorzubereiten oder gar, bei dementsprechendem Vertrauen, in die Entwicklung mit einzubinden. So könnte der ein oder andere Profi, etwa ein Corporate Publisher, Mitglied der Taskforce werden, um dort seine Prozesserfahrungen einbringen zu können.

Wenn Sie in aller Konsequenz Content-Marketing für Ihr Unternehmen erschließen wollen, brauchen Sie Dienstleister, die nicht nur Top-Ideen haben, sondern auch als langfristige Partner geeignet sind, denen Sie vertrauen können. Weil Content-Marketing ein wichtiger, mutiger Schritt ist, spricht nichts gegen einen Pitch mit kleinen und großen Marktteilnehmern. Auf diese Weise erfahren Sie die Unterschiedlichkeit, mit der Content-Marketing angegangen werden kann. Sie könnten zum Beispiel einladen:

- Ihre aktuelle Agentur, sofern sie den Anforderungen des Content-Marketings gewachsen ist;
- andere Agenturen, wobei Sie aber vorher herausfinden sollten, ob ihnen Content-Marketing überhaupt liegt, oder ob sie eher Werbeagenturen im „herkömmlichen Sinne" sind und sich den Begriff „Content-Marketing" nur auf die Fahnen schreiben;
- eine PR-Agentur, die das „Marketing" im Begriff „Content-Marketing" verstanden hat und praktizieren kann;
- einen Corporate Publisher, der viele Kanäle bespielen kann;
- Newcomer, die während des Content-Marketing-Hype entstanden sind. Das können gerne auch kleine Marktteilnehmer sein, sofern sie ein gutes Netzwerk besitzen.

Bei der Auswahl kommt es natürlich stark darauf an, welche Aufgaben des Content-Marketings Sie im Haus erledigen wollen und welche Sie nach draußen geben möchten. Sie müssen die Auswahl treffen anhand der Ziele, die Sie gesteckt haben, anhand der Probleme, die gelöst werden sollen und anhand der Content-Arten, die Ihnen vorschweben — ob Sie zum Beispiel eine aufmerksamkeitsstarke

8 So finden Sie den richtigen Content-Marketing-Dienstleister

Content-Marketing-Kampagne haben wollen, fundierte Artikel in einem Blog, eine stärkere Vermarktung Ihrer bisherigen Inhalte oder einen Aufschlag in einer speziellen Stakeholder-Gruppe. Davon abhängig sollten Sie bei der Auswahl der Kandidaten und im Briefing für den Pitch die Schwerpunkte setzen und auch die Runde zusammenstellen, welche die Kandidaten kennenlernt. Diese kann zum Beispiel aus einem Marketingentscheider, dem Redaktionsleiter und der PR-Chefin bestehen. Auf alle Fälle sollten es Menschen sein, die verantwortungsvolle Positionen für jene Content-Marketing-Aufgaben einnehmen werden, die im Haus gemanagt werden sollen. Sie sollten die Ergebnisse der Ist-Soll-Analyse kennen und bereit sein, neue Wege im Marketing zu gehen. Es kann auch sinnvoll sein, den Content-Strategen zu bitten teilzunehmen, weil er womöglich schneller erkennt, welche der vorgestellten Ideen realisierbar sind und welche nicht.

Sollten Sie während des Pitches Präsentationen voller guter Ideen erwarten, müssen Sie sich darüber im Klaren sein, dass Sie dafür bezahlen müssen, denn die Teilnahme an einem solchen Pitch bedeutet für alle Teilnehmer sehr viel Aufwand. Wenn Sie zu hohe Kosten befürchten, sollten Sie stattdessen interessante Dienstleister zu ausführlichen Gesprächen bitten (gerne auch in deren Räumen, das gibt einen ersten Eindruck). Für solche Treffen sollten Sie einen Fragenkatalog vorbereiten sowie ein Bewertungsschema, das Sie für jedes einzelne Gespräch verwenden. Das erhöht nicht nur die Qualität der Interviews. Es hilft auch bei der sachlichen Entscheidung für oder gegen einen Kandidaten. Ein weiterer Vorteil dieser Kategorien: Sie sichern sich ab gegen Kritik an Ihrer getroffenen Auswahl.

Woran erkenne ich einen guten Content-Marketing-Dienstleister?

Bitte beachten Sie: In den Gesprächen oder Präsentationen könnte es durchaus sein, dass der Beste kein überzeugendes Auftreten hat — und umgekehrt ein Teilnehmer mit einer umwerfenden Performance nicht die nötige tiefgehende Kompetenz besitzt. Gerade im Content-Marketing geht es nicht (nur) um den „Boah"-Effekt, sondern um viele Details, die sowohl kreativer, aber auch organisatorischer Natur sind. Sollte ein Kandidat vor und während des Pitches viele Fragen stellen, dürfen Sie das keinesfalls als Makel werten, sondern vielmehr als Indiz für einen sensiblen Content-Marketer, der Ihr Unternehmen und Ihre Marke richtig verstehen und unterstützen will. Viele Fragen sind ein Pluspunkt.

Daran erkennt man gute Content-Marketer:

- Sie denken langfristig, kreativ und strategisch zugleich.
- Sie haben großes Interesse an Ihren Markenwerten und Stakeholder-Informationen (Ist-Soll-Analyse).

- Sie respektieren die Tiefe und Erfahrung Ihres Unternehmens und interessieren sich für die Leistungen eines jeden einzelnen Content-Silos.
- Sie versuchen, mit ihren Strategien an den unternehmensinternen Content-Workflow anzudocken oder diesen zu unterstützen.
- Sie wissen, was der Unterschied ist zwischen Content-Marketing und Werbung.
- Sie konzipieren Storytelling langfristig und sind frei von kurzlebiger Kampagnendenke.
- Sie besitzen ein ausgeprägtes Teamverhalten und kooperieren professionell mit anderen Dienstleistern.

> **BEISPIEL**
>
> Für den Wurstfabrikanten Rügenwalder ist die Teamdenke sehr wichtig. Er verlangt, dass sich seine Dienstleister, die im Content-Markting miteinander zu tun haben, regelmäßig treffen — ohne Rügenwalder. *„Jedes Treffen ist wie ein vertrauter Stammtisch, dessen Mitglieder die Fürsorge um die Marke eint. Alle Beteiligten profitieren von diesem intensiven Erfahrungs- und Gedankenaustausch, der sich letztendlich in unseren erfolgreichen Maßnahmen widerspiegelt"*, sagt der Produktmanager Jörg Bunk.

Ein weiteres Indiz eines guten Content-Marketers: Er schätzt die Arbeit der Content-Strategen. Leider ist das nicht unbedingt selbstverständlich. Es gibt Content-Marketer, die recht wenig Interesse an der Leistung der Content-Strategen haben — und ihnen stattdessen mit vielerlei kreativen Ideen auf die Füße steigen. *„Marketingprofis ignorieren ... häufig Inhalte der technischen Redaktion und (er-) finden ganz neue Darstellungen und Bezeichnungen"*, bemängelt etwa Stefan Rosenträger vom technologiebasierten Content-Strategie-Unternehmen moresophy. Er fordert von Content-Marketern mehr Interesse an der Leistung der Content-Strategen und anderen Kommunikationsmanagern des Unternehmens: *„Die Kunst des Marketings liegt in der Verbindung der Produkteigenschaften mit dem Kundennutzen und in der Art und Weise, wie beides zueinander findet."* Die Content-Strategen hingegen fühlen sich bisweilen berufen, die Kreativität der Content-Marketer zu überwachen, anstatt zu unterstützen. Wer auch immer in Ihrem Unternehmen Dienstleister für diese beiden Disziplinen auswählt: Er sollte darauf achten, dass sie konstruktiv zusammenarbeiten.

Und wann sollte man eher misstrauisch werden? Wenn ein Kandidat behauptet, er beherrsche rundweg alles, was für Content-Strategie und Content-Marketing nötig ist. Wertschätzen Sie lieber Dienstleister, die offen und ehrlich ihre Stärken eingrenzen und ein gutes Netzwerk für weitere Kompetenzen besitzen. Full-Service ist sehr schwer bei komplexen Aufgaben, wie sie das Content-Marketing mit sich bringt.

8 So finden Sie den richtigen Content-Marketing-Dienstleister

> **BEISPIEL**
>
> Dass für gutes Content-Marketing völlig neue Anforderungen als an Werbung gestellt werden müssen, zeigte der Content-Marketing-Pitch von L'Oréal im Frühjahr 2014. Die bisherigen Agenturen des Hauses hatten das Nachsehen, denn der Kosmetikkonzern entschied sich für Ogilvy. Die Düsseldorfer haben die content-orientierte Zukunft L'Oréals wohl besser verstanden: *„Im Zeitalter des Content-Marketing eine umsetzbare Vision für ein neues Agenturmodell zu identifizieren und dabei ein sehr schnelles Verständnis für die Anforderungen unserer Marken zu beweisen, das zusammen hat uns klar überzeugt"*, sagt L'Oréal-Mediadirektor Andreas Neef. Ogilvy gründet für L'Oréal nun eine Spezialeinheit namens Content-Factory, die 60 bis 70 Mitarbeiter bekommen und sich ausschließlich um Content-Marketing-Strategien für die Konzernmarken kümmern soll.

Es scheint, als habe man bei Ogilvy die Zeichen der Zeit verstanden. In den Werbedachmedien war zu lesen, dass sich das Content-Marketing auf die Strukturen und Arbeitsprozesse der Agentur auswirken werde. Der Medienstratege Bert van Loon bringt die Veränderungen, die das Content-Marketing in Agenturen auslösen kann, auf den Punkt: „Aus ‚Mad Men' werden ‚Meaningful Men'."

Das Briefing: ein klarer Rahmen, der Freiheiten akzeptiert

Natürlich muss das Briefing, das Dienstleister für einen Pitch oder zu Beginn eines Auftrags erhalten, ausführliche Informationen enthalten, die für eine Content-Marketing-Strategie wichtig sind. Wenn Sie eine Ist-Soll-Analyse gemacht haben, dürfte Sie es Ihnen leichtfallen, Ihre Auftragnehmer mit Informationen zu versorgen, die sie für eine erfolgreiche Arbeit brauchen. Die Analyseergebnisse sollten mit weiteren Infos über den Markt sowie über die Produkte und die Konkurrenz ergänzt werden. Je detaillierter und klarer das Briefing formuliert ist, desto besser.

> **! WICHTIG**
>
> Neben dem Budgetrahmen sollte Ihr Briefing auch einen Zeitrahmen enthalten und womöglich auch schon die Zeitpunkte für einzelne Etappenziele nennen. Diese können natürlich nachträglich verhandelt werden, je nach Größe der Aufgaben. Aber generell sollte man doch die Termine im Blick haben — zu schnell läuft ein solches Vorhaben aus dem Ruder. Vielleicht gibt es ja Verzögerungen im eigenen Haus, für die der Dienstleister nichts kann? Es ist deshalb wichtig, auch die reine Arbeitszeit zu kalkulieren, nicht nur den Projekt-Zeitrahmen. Zudem sollte man in dem Briefing erklären, wie man den Zielerfolg kontrollieren möchte.

Budgetplanung für Content-Strategie und Content-Marketing

Ein Briefing darf jedoch nicht als eine Art Befehl verstanden werden, der exakt ausgeführt werden muss. Vielmehr ist es die Grundlage für den Dienstleister, sein Bestmögliches zu zeigen. Er wird vielleicht Vorschläge machen, die nicht exakt dem Briefing entsprechen, aber betrachten Sie dies als Bereicherung und hören Sie zu. *„Zählen Sie darauf, dass ihr Gegenüber eigenes Wissen und eigene Erfahrungen in das Ergebnis einbringt. Lassen Sie ihm Raum dafür"*, schreiben Louis Back und Stefan Beuttler in ihrem „Handbuch Briefing"[1], das wir hier gerne empfehlen. Es bietet zwei ausführliche Checklisten mit Empfehlungen, welche Inhalte in ein Strategie-Briefing und welche in ein Kreativ-Briefing gehören. Diese Listen können eine wertvolle Unterstützung für das Formulieren Ihres Briefings sein.

Nachdem wir erst am Anfang der Content-Revolution stehen und derzeit viele Dienstleister sich als Content-Marketer ins Spiel bringen wollen — die einen zu Recht, andere eher weniger — ist es zugegebenermaßen nicht leicht, jenen herauszufiltern, der Ihren Qualitätsansprüchen genügt. Wenn Sie aber sachlich-systematisch vorgehen und einen gut kategorisierten Bewertungsbogen verwenden, vermindern Sie die Gefahr, einem nicht geeigneten Dienstleister den Zuschlag zu geben. Und zu guter Letzt, nicht zu vergessen: Die Chemie muss stimmen! Wenn Sie bei dem besten Kandidaten befürchten, dass die Zusammenarbeit schwierig werden könnte (die sich ja womöglich über viele Jahre hinzieht), sollten Sie überlegen, ob der Zweitplatzierte nicht die bessere Wahl ist.

---

[1] Back, Louis; Beuttler, Stefan: „Handbuch Briefing: effiziente Kommunikation zwischen Auftraggeber und Dienstleister". Schäffer-Poeschel Verlag 2003.

9 Von wegen Paukenschlag: Die Revolution kommt in leisen Schritten

„Man merkt nie, was schon getan wurde, man sieht immer nur, was noch zu tun bleibt."

Marie Curie

Keine Frage, die Vehemenz, mit der Content-Strategie und Content-Marketing zu Megahypes hochgejubelt wurden, ist beachtlich. Aber irgendwann, so ist der Lauf der Dinge, wird sie nachlassen und vielleicht sogar ganz verschwinden. Lassen Sie sich dann aber nicht zu einer fatalen Fehleinschätzung verleiten: dass Content-Strategie und Content-Marketing bedeutungslos seien, nach dem Motto „Hab' ich es doch schon immer geahnt: viel Geschrei um nichts." Vielmehr geschieht dann etwas anderes: Die Entwicklung wird in die tieferen Ebenen vordringen — in die Ebenen der Praxis, der Realisierung. Vermutlich geschehen die größten Umwälzungen erst dann, wenn es in der Öffentlichkeit leise geworden ist um das Thema Content. Doch für den Aufbau von Strukturen und Prozessen wird ein beachtlicher Zeitrahmen benötigt. Wir reden von Jahren — so lange hält kein Trend durch.

Die Content-Revolution, wie wir sie verstehen, wird deshalb eher unter Ausschluss der Öffentlichkeit stattfinden, in den Maschinenräumen der Unternehmen. Erfahrene „Agents of Change", wie sich Content-Strategen und Content-Marketer so gerne nennen, kennen die zum Teil mühselige Arbeit dort und praktizieren dementsprechend eine Strategie der kleinen Schritte. Der Gesamterfolg aller Mühen wird dann, irgendwann, fast beiläufig wahrzunehmen sein: an einer deutlichen Verbesserung der Kommunikation, an einer höheren Qualität und Prägnanz der einzelnen Content-Angebote sowie an einem größeren Vermarktungsgeschick. Die Content-Zukunft wird kommen — aber ohne Paukenschlag.

Die Kommunikationsbranche hingegen könnte es mit deutlichen Veränderungen zu tun bekommen, die stärker und umfassender sein können, als vielen bewusst ist. Denn Content-Marketer könnten, sofern sie professionell und erfolgreich der Marke zuarbeiten, eine wichtige Rolle in der Kommunikation übernehmen — und damit einen nicht unerheblichen Teil des Budgets für sich beanspruchen. Der meinungsstarke und erfahrene Mediaexperte Thomas Koch empfahl in der Wirtschaftswoche sogar, Content-Marketern den Lead zu übergeben. Denn Werbeagenturen, Mediaagenturen und Online-Agenturen — sie alle hätten den Lead für sich beansprucht und alle seien sie gescheitert. Warum also sollte man nicht Content-Marketern die Chance geben? Ein wichtiger Grund spräche dafür, so Koch: *„Sie setzen dort an, wo die Marke ihren Kern besitzt, wo sie sich unterscheidet, wo sie sich dem Verbraucher erklärt. Dort entstehen die Inhalte, die Geschichten, die den entscheidenden Unterschied über Erfolg oder Misserfolg machen. … Ihnen kann gelingen, selbst schwierigste Zielgruppen … für Marken zu gewinnen."* Das würde bedeuten, dass eher kleinere, auf Content fokussierte Dienstleister großen Werbeagenturen zeigen dürften, wo es langgeht. Thomas Koch findet: *„Das Experiment ist es wert."*

Falsche Versprechen und Bequemlichkeit gefährden die Entwicklung

Kochs Vorschlag ist eine interessante, mutige und durchaus praktikable Idee — aber nur unter zwei Bedingungen:

1. **Pioniergeist statt Eitelkeit:**
   Die Unternehmen dürfen sich nicht der Hoffnung hingeben, dass sie einfach nur einen Dienstleister mit einer Art Content-Marketing-Kampagne beauftragen müssten, die „on top" funktionieren und Unternehmensstrukturen unbehelligt lassen soll. Nach der Forrester-Studie „Compare Your B2B Content Marketing Maturity" haben nur vier Prozent der befragten Marketer verstanden, wie Content-Marketing funktioniert. Die meisten hingegen tun nur so, als ob: *„Die Wahrheit ist, dass Marketer sich selbst gerne als Content-Marketer bezeichnen, ohne dementsprechend zu arbeiten und dann wundern sie sich, warum Content-Marketing so ‚ineffektiv' ist"*, resümiert Amber van Natten, Content-Marketer beim Plattformdienstleister NewsCred. Unternehmen und ihre Marketer müssen sich den internen Veränderungen stellen. Sonst wird die Content-Revolution nicht gelingen, so grandios Ihr externer Dienstleister auch sein mag. Dazu gehört unter anderem, die pulsierende, manchmal spontane und schnelllebige Art des Content-Managements zu akzeptieren. Manche Marketer, so hart es klingen mag, haben wenig Talent für Kommunikation — dafür umso mehr für verwalterisches Management. Sie müssen lernen: Nicht jedes Content-Detail lässt sich an einen Projektplan ketten. Deshalb kann es aus unserer Sicht gefährlich sein, das Content-Marketing organisatorisch zu stark mit dem klassischen Marketing zu verbinden. Beide haben zum Teil erheblich unterschiedliche Prozesse, die behindernd für den jeweils anderen sein können.

2. **Tiefes Verstehen statt leerer Versprechen:**
   Der auserwählte Content-Marketing-Dienstleister muss halten, was er verspricht: Es darf niemand sein, der sich nur aus geschäftstaktischen Gründen mit diesem Begriff schmückt. Ein Auftraggeber muss sich deshalb ausreichend Zeit nehmen, um herauszufinden, ob ein potenzieller Kandidat wirklich die nötigen

Kompetenzen mitbringt. Der „schöne Schein" kann also sowohl in Unternehmen als auch bei Dienstleistern anzutreffen sein. Aus unserer Sicht ist diese unheilvolle Mischung aus Eitelkeit und Schlamperei der schlimmste Feind der Content-Revolution. Es besteht die Gefahr, dass die — dann unausweichlichen — Misserfolge quasi als generelle Belege dafür herhalten müssen, dass Content-Strategie und Content-Marketing nicht funktionieren. Den inhaltsleeren Versprechen inkompetenter Marktteilnehmer und der Trägheit von Unternehmen zum Opfer zu fallen — das hätten die beiden Disziplinen nicht verdient.

Üppig: Der Content-Proviant für die Customer Journey

Auch wenn wir wiederholt darauf hingewiesen haben, dass es im Content-Marketing gewiss nicht um das Erhöhen des ohnehin schon überbordenden Angebots geht — es gibt eine Ausnahme: Mehr Inhalte wünschen die Konsumenten in den Phasen zwischen erstem Kontakt und letztendlichem Kauf. Aber natürlich gilt auch hier: Zumüllen ist kontraproduktiv. Die Angebote müssen eine Top-Qualität an allen Touchpoints haben, damit sie im „Zero Moment of Truth", also in jenem Moment, an dem ein Konsument die Kaufentscheidung fällt, überzeugen. Wie genau hier vorzugehen ist, werden wir erst anhand unserer künftigen Erfahrungen lernen.

Klassische Werbung bleibt wichtig

Dass klassische Werbung keine Zukunft mehr habe, wird immer wieder gerne behauptet, sobald ein Trend in der Kommunikationsbranche aufkommt und als besonders gewichtig auffallen soll. Im Fall von Content-Strategie und Content-Marketing fragen wir uns: Was soll das? Lead-Debatte hin oder her — die Aufgabe des Content-Marketings ist es nicht, klassische Werbung komplett abzulösen, dazu sind ihre Aufgaben zu unterschiedlich. Wir sollten bedenken, dass wir keine besonders logisch agierenden Wesen sind: 90 Prozent unserer Entscheidungen sind irrational, behauptet die Neuroforschung. Der Erfahrungsschatz klassischer Werber ist also sehr wertvoll! Deshalb muss es — jenseits der künftigen Budgetgewichtung der einzelnen Disziplinen — darum gehen, die Zusammenarbeit zu fördern. Denn eins haben die beiden gemeinsam: Sie begleiten zusammen die Customer Journey. Was wir also brauchen, ist ein funktionierendes Team aus Werbung und Content-Marketing, keine Konkurrenz.

Von wegen Paukenschlag: Die Revolution kommt in leisen Schritten

Native Advertising braucht eine neue Vertrauensbasis

Als besonders aufmerksamkeitsstark gilt das „Native Advertising", also das kostenpflichtige Platzieren von Beiträgen in Medien, die einen guten Ruf haben. Allerdings hat diese Art des doch recht kostenaufwändigen Content-Marketings ein größeres Problem: das mangelnde Vertrauen. Denn eigentlich wird diese Form der Kundenansprache seit Jahrzehnten praktiziert — aber das offenbar eher ungeschickt. Denn die Konsumenten sind geradezu verschreckt, fand das Online-Magazins Contently mit einer Leserbefragung heraus: Demnach misstrauen 54 Prozent dem Sponsored Content. Zwei von dreien berichteten sogar, sie seien von solch einem Artikel bereits getäuscht worden. Sponsored Content hat deshalb ein massives Vertrauensproblem — allen aktuellen Erfolgsmeldungen zum Trotz. Was man dagegen unternehmen kann? Stets beste Qualität bieten, sehr geduldig sein und das Native Advertising vehement gegen direkte Geschäftsinteressen aller Art verteidigen. Es darf nie mehr zu einer scheinheiligen Verkaufsveranstaltung verkommen. Das mühsam wiedererrungene Vertrauen wäre schlagartig wieder weg.

Unsere Chance: Spitzenkommunikation mit weniger Aufwand

Welche Content-Strategie ein Unternehmen braucht, hängt natürlich von seinen Strukturen und seinem Businessmodell ab. Doch muss man unbedingt darauf achten, dass die Content-Strategie nichts verkompliziert, sondern vieles vereinfacht! Sie sollte eher robust und für alle nachvollziehbar sein, frei nach dem ehemaligen Claim des VW Käfer *„Er läuft und läuft und läuft."* Deshalb zeigen wir Ihnen zum Abschluss zwei Grafiken: Die erste bildet im Groben den Content-Workflow eines Unternehmens vor der Implementierung einer Content-Strategie ab, die zweite danach.

Die erste Grafik steht als Beispiel für die vielen Ungereimtheiten, die in Unternehmen dafür sorgen, dass am Ende nichts zusammenpasst und die Inhalte an allen Content-Touchpoints wirken wie „Kraut & Rüben". Jede einzelne kommunizierende Abteilung arbeitet so gut wie autark und manche von ihnen beschäftigen externe Kommunikationsdienstleister, die wiederum nicht ordentlich gebrieft sind. Es gibt keine konkreten Content-Guidelines, die für alle Gültigkeit haben (von einigen Vorgaben aus dem Marketing einmal abgesehen). Redaktionelle Strukturen? Archiv (A) für alle? Fehlanzeige. Stattdessen hortet die PR-Abteilung ihre Pressemitteilungen, das Marketing seine alten Werbekampagnen und die Agentur des Vertriebs ihre bisherigen Leistungen für den Kunden. Jeder produziert seinen eigenen Content und benutzt dazu seine eigenen Tools (T). Dass als Folge kaum etwas zusammenpasst, viel doppelt produziert, sehr viel Arbeitskraft verschwendet und viel Geld für Externe ausgegeben wird — wen wundert's?

9 Von wegen Paukenschlag: Die Revolution kommt in leisen Schritten

Implementierung einer Content-Strategie: vorher

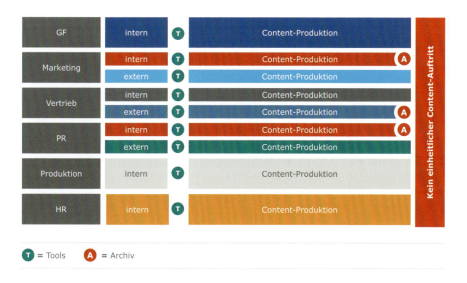

Abb 9.1 Implementierung einer Content-Strategie: vorher

Die zweite Grafik zeigt, wie ein Content-Workflow aussehen könnte, der systematisiert und für alle verbindlich gestaltet wurde. Es gibt dort

- Content-Guidelines, die für alle Kommunizierenden Gültigkeit haben;
- eine gemeinsame Tool-Landschaft;
- eventuell ein Info Center, das alle mit wichtigen Informationen versorgt (statt Archiv);
- eine Themenredaktion, in der Themen festgelegt werden, die für das gesamte Unternehmen Gültigkeit haben;
- eine oder mehrere Redaktionen, die anhand des Themenplans Content-Marketing-Themen für unterschiedliche Content-Arten und Kanäle entwickeln und realisieren;
- externe Dienstleister, die dank der Redaktionsvorgaben gut gebrieft werden und somit passende Inhalte beisteuern können.

Wenn wichtige Arbeiten und Verantwortlichkeiten, die im Content-Prozess anfallen, für alle systematisiert, gebündelt und gestrafft werden, bleibt den einzelnen Abteilungen viel Management- und Produktionsaufwand erspart und die kostspielige Gefahr von Überschneidungen ist überwunden. Auch die Stakeholder bemerken dann diese verbesserten Abstimmungsprozesse: An den Touchpoints ent-

Von wegen Paukenschlag: Die Revolution kommt in leisen Schritten

decken sie Inhalte, die eine neue Qualität bieten und wie aus einem Guss wirken. Das Unternehmen spricht nicht mehr mit mehreren Stimmen, sondern mit einer: der seiner Marke („One Voice").

Implementierung einer Content-Strategie: nachher

Guidelines	Tools	Info- und Controll-Center		Themenredaktion			Einheitlicher Content-Auftritt
			GF	Redaktion mit PR	intern	Content-Produktion	
			Marketing	Redaktion	intern	Content-Produktion	
					extern	Content-Produktion	
			Vertrieb		intern	Content-Produktion	
					extern	Content-Produktion	
			PR	Redaktion	intern	Content-Produktion	
					extern	Content-Produktion	
			Produktion	Redaktion	intern	Content-Produktion	
			HR	Redaktion	intern	Content-Produktion	

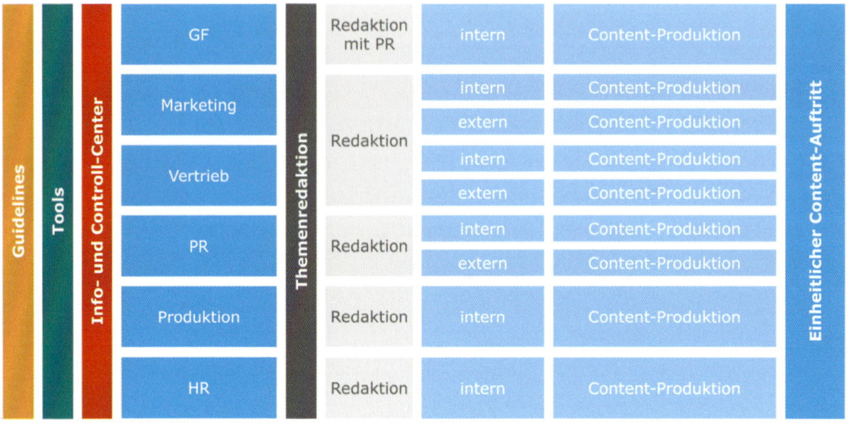

Abb 9.2 Implementierung einer Content-Strategie: nachher

Bleibt zu guter Letzt eine Frage: Wird das Wort Content als solches überleben? Ehrlich gesagt: Wir gehen nicht davon aus. Doch das tut der Bedeutung der Revolution keinen Abbruch. Sie ist unaufhaltsam, weil dank Content die nötige Balance in der Kommunikation zwischen Unternehmen und Stakeholdern wiederhergestellt werden kann. Dazu brauchen wir neue Formen der analytischen und medialen Kreativität, die wir gemeinsam aufbauen dürfen. Wenn es uns mit diesem Buch gelingt, diese so bedeutende Entwicklung voranzutreiben, dann freuen wir uns darüber sehr. Dann hat unser persönliches Content-Marketing-Projekt — das Buch — seine Ziele erreicht: Verständnis aufbauen, Impulse geben, Inspirationen bieten.

In eigener Sache

Klaus Eck

Content is King, zumindest in meinem Leben. Ich lese gerne und sehr viel analog wie digital, weil es mir viel Freude bereitet und ich als Newsjunkie mit meinem Content-Konsum umgehen kann. Deshalb verfolge ich viele Medien und Menschen auf Twitter und freue mich über die Anerkennung, die das Content-Marketing derzeit erhält. Schreiben und Lesen hat etwas mit Leidenschaft zu tun. Dem Thema Content widme ich mich seit Mitte der 90er Jahre. Beruflich hatte ich es mit vielen Facetten zu tun, als PR-Blogger ohnehin, aber darüber hinaus arbeitete ich einige Jahre als Journalist und Redaktionsleiter für Zeitschriften wie Global Online (Computerwoche Verlag) und werben & verkaufen. Kurz nach der Jahreswende machte ich mich selbstständig und arbeitete seither in zahlreichen Content- und anderen Digital-Business-Beratungsprojekten.

Die Content-Revolution ist zwar erst am Anfang, aber es gibt viele Menschen, die ihren Beitrag zur Digitalisierung der Gesellschaft leisten und damit für ein wenig Innovation sorgen. Denen möchte ich danken!

Ein Buch ist immer ein Gemeinschaftswerk. Deshalb bedanken Doris und ich uns bei den vielen Menschen, die mit ihren Inspirationen in Gesprächen und in Interviews zur „Content-Revolution" beigetragen haben: Judith Denkmayr, Björn Eichstädt, Elke Fleing, Ehrhardt F. Heinold, Markus Gogolin, Agnes Happich, Jens Hoppe, Julia Jung, Stefan Keuchel, Frank Kleinert, Frank Krings, Meike Leopold, Petra Meyer, Svea Rassmus, Stefan Rosenträger, Petra Sammer, Frank Seiffarth, Michael Schmidtke, Björn Simon, Markus Walter, Torsten Wingenter, Heinz Wittenbrink, Johannes F. Woll, Leane Zaborowski.

Besonderer Dank gebührt meinen Mitarbeitern in der Eck Consulting Group, ganz besonders dabei Thomas Euler, Marlene Körber und Franziska Stadler.

Unsere Grafiken hat Christian Ringleb realisiert, dem wir hierfür sehr danken.

So ein Buch entsteht meistens in der Freizeit und am Wochenende, deshalb ein ganz herzlicher Dank für die Unterstützung und die Geduld an meine Frau Renate und meinen Sohn Vincent.

Ohne Doris Eichmeier könnten Sie die Content-Revolution nicht in Ihren Händen halten. Es hat mir sehr viel Spaß gemacht, mit ihr dieses Werk zu realisieren.

Falls Sie mögen, können Sie sich jederzeit mit mir auf Facebook, Xing oder Twitter @klauseck verbinden. Ich freue mich auf Ihr Feedback.

http://www.eck-consulting-group.de
http://www.pr-blogger.de
klaus.eck@eck-consulting-group.de
https://twitter.com/eckconsulting

In eigener Sache

Doris Eichmeier

Ich bin ein Kind des Multimedia-Zeitalters und meine Begeisterung für die Medienvielfalt, die wir der Digitalisierung verdanken, wird mich wohl nie loslassen. Dementsprechend verläuft der rote Faden meiner Biografie durch viele unterschiedliche Kommunikationsbranchen. Ich arbeitete als Journalistin (unter anderem w&v und Börse online), in Werbe- und Online-Agenturen, in der PR, im Social-Media- und Website-Management, in Marktforschungsprojekten, in der TV-Produktion, in der TV-Moderation und selbst in einer Redaktion für Gebrauchsanweisungen. Schon meine Diplomarbeit widmete ich der digitalen Content-Produktion.

Wenn mir etwas auffiel an meinen beruflichen Stationen, dann dieses: Die Menschen dort interessieren sich recht wenig für anderes — andere Medien, andere Disziplinen und andere Kommunikationsarten. Warum das so ist — das habe ich nie begriffen. Aber das dürfte sich nun, dank Content-Strategie und Content-Marketing, ändern. Endlich! Es besteht die berechtigte Chance, dass wir eine völlig neue Kooperationsbereitschaft und Kreativität erleben werden — besseren Inhalten zuliebe.

Content-Projekte profitieren in der Regel von den vielen unterstützenden Menschen im Hintergrund. Was unser Buch betrifft, gab es davon jede Menge. So möchten wir uns — zusätzlich zu den Personen, die Klaus bereits namentlich erwähnt — zudem bedanken bei Miriam Löffler, der Autorin des ersten Buchs zum Thema „Think Content!", die während der Buchproduktion eine aufmunternde Gesprächspartnerin und Ratgeberin war. Ein herzliches Dankeschön geht auch an Sascha Stoltenow, der im Juli 2014 die internationale Konferenz Content Strategy Forum nach Frankfurt holte. Dort hatten wir die großartige Gelegenheit, uns ausgiebig mit internationalen Content-Experten auszutauschen. Klaus-Dieter Koch und Jürgen Gietl, Managing Partner bei Brand Trust, möchte ich dafür danken, dass sie mich in den vergangenen drei Jahren mit ihrem Enthusiasmus für die Marke angesteckt haben.

Liebevolle Unterstützung bekam ich von meinem Mann Thomas und unserem Sohn Jordan, die zu Hause das Regiment übernahmen, damit ich auch am Wochenende am Buch schreiben konnte. Danke Euch.

Und nicht zuletzt: Vielen Dank, Klaus! Die Diskussionen und das Schreiben des Buchs mit Dir haben sehr viel Freude gemacht (was ich auch nicht anders erwartet hätte).

Wer sich mit mir über Content-Strategie und Content-Marketing austauschen will: online bin ich anzutreffen unter …

http://www.pr-blogger.de
https://twitter.com/DorisEichmeier
https://plus.google.com/+DorisEichmeier
https://www.facebook.com/doris.eichmeier
https://flipboard.com/profile/DorisEichmeier
http://www.linkedin.com/pub/doris-eichmeier/9/2a2/b5
https://www.xing.com/profile/Doris_Eichmeier

Abbildungsverzeichnis

Abb 2.1 Porsche Newsroom – http://newsroom.porsche.com — 32

Abb 3.1 Ein „modernes Relikt" aus Studienzeiten: Das Modell besagt, dass in der Kommunikation Ausgewogenheit herrschen muss zwischen Rezipient, Medium und Inhalten — 36

Abb 3.2 Die Regenbogen-Schnecke: Die farblose Schnecke symbolisiert die Content-Strategie, der auf ihr ruhende bunte Ball das Content-Marketing — 40

Abb 4.1 Guter Content entsteht, wenn drei Perspektiven beachtet werden. Quelle: Eichmeier/Eck — 59

Abb 4.2 Allein durch die Recherche, welcher Content an welchen Touchpoints angeboten wird, können viele dramaturgische Fehler aufgedeckt werden. Quelle: Eichmeier/Eck — 66

Abb 4.3 Detailverliebtheit und Geduld sind für ein Content Audit von Vorteil. Das Beispiel zeigt die Tabelle, die für die Website der FH Joanneum in Graz entstand — 70

Abb 4.4 Mit quantativen Bewertungen, wie sie in einer Scorecard festgehalten werden, können verschiedene Content-Arten verglichen werden. Quelle: Eichmeier/Eck auf Grundlage von Prof. Willy Schneider — 82

Abb 4.5 Schnelles Finden ist Trumpf: Die klassische Info-Website suedtirol.info dient dazu, Interessenten beim unkomplizierten Finden von Informationen zu unterstützen — 87

Abb 4.6 Verweilen ist Trumpf: Hochwertige Beiträge laden im Magazin „Was uns bewegt" zum ausgiebigen Konsum sowie zum Besuch weiterer Online-Angebote Südtirols ein — 88

Abb 4.7 Mit einer Marken-Scorecard können Sie festhalten, wie stark beziehungsweise wie schwach Ihre Marke in einem Content-Stück zum Tragen kommt. Quelle: Eichmeier/Eck — 91

Abb 4.8 Welche Abteilung und welche Dienstleister sind für welche Content-Arten zuständig? Mit diesen Informationen können Sie die Leistung einzelner Abteilungen bewerten — 95

Abb 5.1 Adidas Group Blog
http://blog.adidas-group.com — 110

Abb 5.2 Die US-Strategin Hilary Marsh bündelte in diesem „Table of Contents" alles, was für die Realisierung einer Content-Strategie nötig war und entwickelte dann daraus ein Wiki — 119

Abb 5.3 Content Supply Chain — 144

Abb 6.1 Selfie von Ellen DeGeneres
https://twitter.com/TheEllenShow/status/440322224407314432 — 158

Abb 6.2 Bellroy: Slim Your Wallet
http://bellroy.com/pages/slim-your-wallet — 160

Abbildungsverzeichnis

Abb 6.3 Coca Cola Journey
http://www.coca-cola-deutschland.de/ ... 161

Abb 6.4 Bosch World Experience ... 163

Abb 6.5 Curved
https://curved.de ... 164

Abb 6.6 Nestlé Marktplatz
http://www.nestle-marktplatz.de/view/Start?gclid=CM24m56Sx78CFfOhtAodnGQAO ... 166

Abb 6.7 Blendtecs „Will it Blend"
http://www.willitblend.com/ ... 167

Abb 6.8 Tvino
http://www.tvino.de/25/06/2014/dieter-meier-der-wein-und-seine-leidenschaft ... 168

Abb 6.9 NIVEA Deo Stresstest ... 168

Abb 6.10 https://www.apple.com/de/your-verse/orchestrating-sound/Apple_Salonen ... 169

Abb 6.11 Gawker
http://gawker.com/this-is-the-161-year-old-new-york-times-article-about-1-1535199589 ... 184

Abb 6.12 Content Recycling in Variation eines Blog-Artikels ... 185

Abb 6.13 Audi Newsroom
http://audi-newsroom.de/ ... 188

Abb 6.14 Drachenschädel am Strand von Dorset ... 189

Abb 9.1 Implementierung einer Content-Strategie: vorher ... 241

Abb 9.2 Implementierung einer Content-Strategie: nachher ... 242

Autoren

Klaus Eck
ist Geschäftsführer und Gründer der Eck Consulting Group. Seit mehr als 18 Jahren berät er Firmen bei der Digitalisierung von Unternehmens-, Marketing- und Kommunikationsprozessen. Dazu zählen die Optimierung der Online-Reputation oder des Social-Media-Engagements sowie die strategische Implementierung von Enterprise 2.0. Seit 2004 betreibt Klaus Eck den PR-Blogger und schreibt über die Themen Reputation Management, Social-Media-Strategie und Online-Kommunikation. Als Jurymitglied ist er für den Deutschen Preis für Online-Kommunikation und die Pressestelle des Jahres (Bundesverband deutscher Pressesprecher) aktiv. Zu seinen bisherigen Buchpublikationen zählen „Corporate Blogs", „Karrierefalle Internet" sowie „Transparent und glaubwürdig".

Doris Eichmeier
arbeitet als freiberufliche Content-Strategin, Content-Managerin und Content-Produzentin in München. Zu ihren aktuellen Kunden gehören unter anderem die Eck Consulting Group, KircherBurkhardt, die PR-Agentur cocodibu, die markenzentrierte Managementberatung Brand Trust, die Agentur für Komplettfilm Neverest und die Agenturgruppe Serviceplan. Ihr Wissen gibt die Diplom-Medienberaterin und Informationswissenschaftlerin in Workshops und Seminaren weiter, unter anderem an der Leipzig School of Media. Die ausgebildete Journalistin schreibt für den PR-Blogger, der zu den erfolgsreichsten Online-Publikationen zum Thema Online-Kommunikation gehört und von Klaus Eck gegründet wurde.

Quellenangaben

Abel, Scott / Bailie, Rahel Anne (2014): „The Language of Content Strategy". XML Press

Adlin, Tamara; John Pruitt (2010): „The Essential Persona Lifecycle". MK Morgan Kaufmann

Apple (2014): http://www.apple.com/de/your-verse/

Bitkom (2013): „Trends im E-Commerce - Konsumverhalten beim Online-Shopping"; http://www.bitkom.org/files/documents/BITKOM_E-Commerce_Studienbericht.pdf

Back, Louis; Beuttler, Stefan (2003): „Handbuch Briefing: effiziente Kommunikation zwischen Auftraggeber und Dienstleister". Schäffer-Poeschel Verlag

Bailie, Rahel Anne (2013): „Content Strategy in The Content Economy", http://de.slideshare.net/rahelab/content-strategy-in-a-content-economy

Bloomstein, Margot (2012): „Content Strategy at Work". MK Morgan Kaufmann Publishers

Content and the Buyer's Journey. Studie. (2014): http://www.demandmetric.com/content/content-buyers-journey-benchmark-report

Content Marketing Institute (2013): „The Essentials of a Documented Content Marketing Strategy" http://contentmarketinginstitute.com/the-essentials-of-a-documented-content-marketing-strategy-36-questions-to-answer/

Content Marketing Institute (2014) B2C Content Marketing — Benchmarks, Budgets and Trends — North America
http://contentmarketinginstitute.com/wp-content/uploads/2013/10/B2C_Research_2014-withlinks.pdf

Content Marketing Institute (2014): B2B Small Business Content Marketing: 2014 Benchmarks, Budgets, and Trends — North America
http://contentmarketinginstitute.com/wp-content/uploads/2014/02/B2B_SMB_2014_CMI.pdf

Quellenangaben

Cooper, Charles / Rockley, Ann (2012): „Managing Enterprise Content" 2. Ausgabe. New Riders

Curata (2014): 2014 Content Marketing Tactics Planner - Creation, Curation & Syndication,
http://www.curata.com/resources/ebooks/content-marketing-tactics-2014/

Deutsche Bank (2014): Innovation im digitalen Zeitalter mit Holm Friebe.
https://www.youtube.com/watch?v=qN5mk-a_QJw

Domizlaff, Hans (1982): Die Gewinnung des öffentlichen Vertrauens —
Ein Lehrbuch der Markentechnik. Marketing Journal

Eccolo Media (2014): 2014 B2B Technology Content Survey Report,
http://eccolomedia.com/2014_B2B_executive_summary.html#sthash.oZuxFMZZ.hMYaYW3G.dpbs

Eck, Klaus (2010): „Transparent und glaubwürdig - Das optimale Online Reputation Management." Redline Verlag

Eck, Klaus (2008): „Karrierefalle Internet: Managen Sie Ihre Online-Reputation, bevor andere es tun!" Hanser Verlag

Eck, Klaus (2007): „Corporate Blogs. Unternehmen im Online-Dialog zum Kunden." Orell Fueslli

EConsultancy (2014): „Eight free content calendar templates to help plan your output",
https://econsultancy.com/blog/64587-eight-free-content-calendar-templates-to-help-plan-your-output#i.3q16ti78xek0wn

Eichmeier, Doris (2014): „Immer mehr Unternehmen wollen auf Content basierende Geschäftsmodelle" Interview Prof. Heiko Beier (PR-Blogger),
http://pr-blogger.de/2014/01/28/immer-mehr-unternehmen-wollen-auf-content-basierende-geschaftsmodelle/

Eichmeier, Doris (2014): „Was Ihre Content-Strategie erfolgreicher macht" Interview mit Margot Bloomstein (PR-Blogger),

http://pr-blogger.de/2014/06/05/was-ihre-content-strategie-erfolgreicher-macht-bloomstein/

Eichmeier, Doris (2013): „IBM: Ohne Content-Strategie funktioniert's nicht mehr" Interview mit Raphael Fellin (PR-Blogger),
http://pr-blogger.de/2013/11/01/ibm-ohne-content-strategie-funktionierts-nicht-mehr/

Eichmeier Doris (2014): „Südtirol: Mit ‚Was uns bewegt' verlassen wir die Werbewelt" Interview mit Greti Ladurner (PR-Blogger)

Evanish, Jason (2014): The Product Thesis,
https://medium.com/@Evanish/the-product-thesis-3fd204e890a6

Franck, Georg (1998): „Ökonomie der Aufmerksamkeit". Hanser

Gietl, Jürgen (2013): „Value Branding — vom hochwertigen Produkt zur wertvollen Marke". Haufe

Google, ZMOT-Handbook (2012): „Ways to win shoppers at the zero moment of truth",
http://www.thinkwithgoogle.com/collections/zero-moment-truth.html

Google, ZMOT-Handbook (2011): Winning the Zero Moment of Truth eBook (2011),
http://www.thinkwithgoogle.com/research-studies/2011-winning-zmot-ebook.html

Grindlay, Steven; Campton Noreen (2014): „2014 Content Strategy Survey" (CSC Content Strategy Collective)
http://contentstrategyalliance.com/wp-content/uploads/2014/03/Revised-Content-Strategy-Report1.pdf

Grotendorst, Theresa; Klingelhöfer, Ute (2014): „The Future is now. Content Strategy for Smart Content"
http://www.slideshare.net/TheresaGrotendorst

Halvorson, Kristina (2010): „Content Strategy for the Web" New Riders

Harbaugh, Kelly (2014) The relationship between content strategy and content marketing

http://csforum.eu/articles/relationship-between-cs-and-cm

Quellenangaben

Honigman, Brian (2014): Seven Steps to Effectively Manage an Outsourced Content Marketing Team
http://www.skyword.com/contentstandard/featured-editorials/seven-steps-to-effectively-manage-an-outsourced-content-marketing-team/

Huber, Eberhard Huber (2014): Resilienz vor Effizienz.
http://www.pentaeder.de/projekte/2014/06/27/resilienz-vor-effizienz/

Jones, Colleen (2014): What Are the Benefits of Content Strategy?
http://content-science.com/expertise/content-insights/benefits-content-strategy

Jutkowitz, Alexander (2014): „The Content Marketing Revolution" Harvard Business Review.
http://blogs.hbr.org/2014/07/the-content-marketing-revolution

Kahnemann, Daniel – im Interview mit ideal lab (2014): Nobel Laureate Daniel Kahneman on Making Smarter Decisions.
http://www.inc.com/daniel-kahneman/idea-lab-what-you-see-not-all-there-is.html

Klement, Alan (2014): Replacing Personas With Characters - Resolving the destructive effects of Personas
https://medium.com/down-the-rabbit-hole/aa72d3cf6c69

Klingelhöfer, Ute (2014): Content Strategie — Drei wichtige Erkenntnisse
http://www.contentwerk.eu/blog/content-strategie-und-was-machen-wir-jetzt-damit/

Koch, Thomas (2014): Das langsame Sterben der Marken
http://app.wiwo.de/unternehmen/dienstleister/werbesprech-das-experiment-ist-es-wert/10168310-2.html

Kroeber-Riel, Werner und Gröppel-Klein, Andrea (2013, 10. Auflage): Konsumentenverhalten. Vahlen

Lazauskas, Joe (2014): „Study: Sponsored Content Has a Trust Problem"
http://contently.com/strategist/2014/07/09/study-sponsored-content-has-a-trust-problem-2/

Leibtag, Ahava (2013): „The Digital Crown". Morgan Kaufmann

Leopold, Meike (2013): Corporate Blogs. Von der Strategie zum lebendigen Dialog. O'Reilly

Lieb, Rebecca (2011): Content Marketing: Think Like a Publisher — How to Use Content to Market Online and in Social Media. Que Publishing

Link, Oliver (2014): „Das alles und noch viel mehr" Interview mit Gerrit Heinemann
http://www.brandeins.de/archiv/2014/im-interesse-des-kunden/gerrit-heinemann-handelsexperte-das-alles-und-noch-viel-mehr.html

Löffler, Miriam (2014): Think Content! Content-Strategie. Content-Marketing, Texten fürs Web. Galileo Press

Lui, Herbert (2014): 8 Scary Stats For Content Marketers — And What You Can Do About Them
http://contently.com/strategist/2014/04/10/8-scary-stats-for-content-marketers-and-what-you-can-do-about-them-2/

McGovern, Gerry (2013): When content audits are not a good idea
http://www.gerrymcgovern.com/new-thinking/when-content-audits-are-not-good-idea

McGovern, Gerry (2014) It's about branding (how traditional branding is killing the Web)
http://www.gerrymcgovern.com/new-thinking/it%E2%80%99s-about-branding-how-traditional-branding-killing-web

MSLLondon (2014): Research: UK companies embrace content marketing, but suffer from "the content headache"

http://www.msllondon.com/blogs/2014/may/7/research-uk-companies-embrace-content-marketing-but-suffer-from-the-content-headache

Mulder, Steve with Yaar Ziv (Buch 2007): „The User Is Always Right". New Riders

Mulder, Steve (2007): Präsentation „The User Is Always Right"
http://de.slideshare.net/MulderMedia/the-user-is-always-right-making-personas-work-for-your-site

Quellenangaben

Newman, Daniel (2014): The Role Of Influence In The New Buyer's Journey
http://www.forbes.com/sites/danielnewman/2014/04/10/the-role-of-influence-in-the-new-buyers-journey/

Nielsen Company (2014): „The Role of Content in The Consumer Decision Making Process"
http://www.inpwrd.com/nielsen

Old Spice (2010): https://www.youtube.com/watch?v=YwXX2aqHRME

Pulizzi, Joe (2014): Epic Content Marketing. Mc Graw Hill Education

Radl, Brigitte Alice; Raffer, Karin (2012): Content-Strategie in der Praxis Part I: Das quantitative Content Audit
http://wll.fh-joanneum.at/2012/04/content-strategie-in-der-praxis-part-i-das-quantitative-content-audit/

Radl, Brigitte Alice; Raffer, Karin (2012): Content-Strategie in der Praxis Part II: Das qualitative Content Audit
http://wll.fh-joanneum.at/2012/04/content-strategie-in-der-praxis-part-ii-das-qualitative-content-audit/

Radl, Brigitte Alice (2013): Let's Face Facts! Content Audits als Basis für Website-Strategien
http://de.slideshare.net/brigittealiceradl

Rosenträger, Stefan (2014): Content in Context: Semantik für innovative Konzepte in der Produktkommunikation nutzen
http://www.infolox-news.de/katalogerstellung/infolox-content-taskforce-nun-mit-content-in-context/alpi/3689/

Kessler, Doug (Übersetzung: Mael Roth 2014): „Content Marketing muss granularer werden"
http://maelroth.com/2014/06/content-inbound/content-marketing-muss-granularer-werden/

Scheier, Christian; Held, Dirk (2012): Wie Werbung wirkt — Erkenntnisse des Neuromarketing. Haufe

Schneider, Willy Prof Dr. (2013): „Marketing-Forschung und Käuferverhalten". Oldenburg Verlag

Schug, Tanja: „Wir wollen das Authentische der Marke Alma erlebbar machen"
Interview mit Julia Jussel
http://www.brand-trust.de/de/insights/artikel/2013/Markenlehrgang-Kaesemarke-Alma-Rupp-Jussel.php

Schwarz, Sonja (2014): Warum jede Firma einen Head of Content braucht
http://textmelange.at/organisation/warum-jede-firma-einen-head-of-content-braucht

Schüller, Anne M. (2013, 4. Auflage): „Touchpoints — auf Tuchfühlung mit dem Kunden von heute". Gabal

Scott, David Meerman (2012): Newsjacking. How to Inject your Ideas into a Breaking News Story and Generate Tons of Media Coverage. Wiley

Teradata (2013): Data-Driven: So nutzen europäische Marketers Technologien für datenbasiertes Multi-Channel-Marketing
http://applications.teradata.com/ddmsurveyeurope-de/survey/.ashx

The NYTimes Digital Innovation Report (2014):
http://mashable.com/2014/05/16/full-new-york-times-innovation-report/

Unisphere Research (2013): Content Marketing gets Social — 2013 Survey on Content Marekting Trends
http://www.skyword.com/study-content-marketing-gets-social/

Universität Leipzig (2013): Unternehmenskommunikation aus der Perspektive des Top-Managements
http://de.slideshare.net/communicationmanagement/studie-unternehmenskommunikation-aus-der-perspektive-des-topmanagements-juni-2013

van Natten, Amber (2014): Content Marketers Have No Idea What They're Doing
http://blog.newscred.com

Wittenbrink, Heinz (2011): Content-Strategie und Unternehmen — sechs Thesen
http://wittenbrink.net/lostandfound/2011/11/content-strategie-und-unternehmensechs-thesen/

Wittenbrink, Heinz; Radl, Brigitta Alice (2013): Content Strategy 101
http://de.slideshare.net/SMCMUC/contentstrategy-101-heinz-wittenbrink?ref=http://smcmuc.wordpress.com/2013/11/08/heinz-wittenbrink-content-strategy-101-prasentation/

Quellenangaben

Zambito, Tony (2014): The CMO Modern Marketing Guide To Buyer Personas And Buyer Insights Research (Part 2)
http://tonyzambito.com/cmo-modern-marketing-guide-buyer-personas-buyer-insights-research-part-2/

Weitere Informationen zum Thema Content-Strategie und Content-Marketing finden Sie regelmäßig unter:

http://www.pr-blogger.de

https://medium.com/content-revolution

https://flipboard.com/profile/DorisEichmeier

https://flipboard.com/profile/KlausEck

G+-Community Content-Strategie:
https://plus.google.com/u/0/communities/109794279885354791919

Stichwortverzeichnis

B
Befragungsmethode 79
Branded Content 42, 44, 90
Briefing 235
Briefing externer Mitarbeiter 131

C
CardSorting 89
Cluetrain-Manifest 18, 30
Content Audit 68–70, 183
Content-Aufbereitung 141
Content Controlling 212, 214, 215
Content Creation 104, 108, 116, 136, 142, 156, 174, 227, 228
Content Curation 133, 186
Content-First-Kultur 32, 116, 230
Content-Marketing-Strategie 25, 38, 146, 147, 154, 161, 205, 208, 235
Content Scorecard 81
Content Seeding 198
Content Sharing 193
Content Syndication 25, 121
Content-Touchpoint 63, 66, 98, 109, 240
Curated Media 137
Customer Journey 43, 73, 172

D
Digitalisierung 20
Dokumentation 98

E
Earned Media 31, 137, 179, 195
Evergreen Content 184

I
Inbound-Marketing 152
Info-Center 132

M
Marken-Scorecard 91
Media Asset Management 133, 138, 229
Mediennutzungsverhalten 43

N
New Journalism 125, 169
Newsjacking 157, 180, 188, 190
Newsroom 31, 187

O
Owned Media 27, 137, 145, 180, 187, 195, 199, 201, 210, 224, 228

P
Paid Media 137, 148, 161, 193, 198, 201, 203, 205, 229
Personas 83
Produktionsphasen Content-Beitrag 129

R
Redaktionsplan 130

S
Scorecard 79, 101
Seeding 204, 228
Social Hub 30, 31, 231

T
Themenredaktion 123
Top-Management 49, 106

W
Website 22–26, 30, 33, 68, 70, 135, 154, 162, 193, 208, 209, 213, 215, 221, 227, 230, 231
Werbung 151, 152
Wunsch-Analyse 59–61, 99

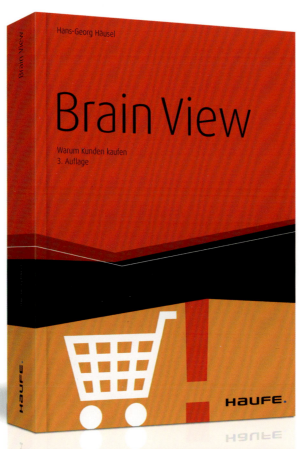

295 Seiten
Buch: € 29,95
eBook: € 25,99

Richtige Zielgruppenansprache durch Neuromarketing

Warum hat das Knacken eines Kekses mehr Einfluss auf die Kaufentscheidung, als der Konsument ahnt? Weil die meisten Kaufentscheidungen auf unbewussten Programmen beruhen. „Brain View" erklärt, nach welchen Regeln diese Programme im Gehirn des Kunden ablaufen. Lernen Sie Ihre Kunden aus einer neuen Perspektive kennen und finden Sie neue Wege zu effektiverem Marketing für Produkte und Dienstleistungen.

Jetzt bestellen!
www.haufe.de/fachbuch (Bestellung versandkostenfrei),
0800/50 50 445 (Anruf kostenlos) oder in Ihrer Buchhandlung

ca. 220 Seiten
Buch: € 39,95
eBook: € 35,99

Haptik: „The Next Big Thing in Marketing"

"Das fühlt sich gut an, das will ich haben" – in diesem Buch erfahren Sie, wie der Haptik-Effekt zum Kaufen verführt. Mit dem richtigen "Touch" eröffnen sich Ihnen ganz neue Möglichkeiten für Ihre Marketingmaßnahmen.

> Die Geheimnisse des multisensorischen Marketings
> So färbt der Tastsinn die menschliche Wahrnehmung
> Haptische Codes entschlüsseln
> Haptik-Tipps für Verpackungen, Werbemittel, Messen, Point of Sale, den direkten Kundenkontakt und vieles mehr

Jetzt bestellen!
www.haufe.de/fachbuch (Bestellung versandkostenfrei),
0800/50 50 445 (Anruf kostenlos) oder in Ihrer Buchhandlung